**기독교문서선교회**(Christian Literature Center: 약칭 CLC)는 1941년 영국 콜체스터에서 켄 아담스에 의해 시작되었으며 국제 본부는 미국 필라델피아에 있습니다.
국제 CLC는 59개 나라에서 180개의 본부를 두고, 약 650여 명의 선교사들이 이동도서차량 40대를 이용하여 문서 보급에 힘쓰고 있으며 이메일 주문을 통해 130여 국으로 책을 공급하고 있습니다. 한국 CLC는 청교도적 복음주의 신학과 신앙서적을 출판하는 문서선교기관으로서, 한 영혼이라도 구원되길 소망하면서 주님이 오시는 그날까지 최선을 다할 것입니다.

이 왕 재 박사
서울대학교 의과대학 교수, 월간 「건강과 생명」 발행인

전요섭 교수는 제가 발행인으로 있는 정기간행물 월간 「건강과 생명」에 이 책의 내용을 개괄적으로 소개한 바 있습니다. 월간 「건강과 생명」은 '땅끝까지 복음을 전하라'는 주님의 명령에 따라 전문 기독 의사들을 중심으로 1989년 창간된 국내 유일의 건강 선교지입니다. 지난 27년 동안 육신의 질병뿐만 아니라 마음의 병, 무엇보다 영혼의 병을 치유하는 '전인치료'를 목적으로 발간된 월간 「건강과 생명」은 전국 종합병원과 대학병원을 비롯하여 전국에 있는 교회와 각 기관에 배포되어, 많은 사람들이 여기에 수록된 글을 읽고 깨닫고, 변화되고, 치유되고, 회복되었습니다.

특히 전요섭 교수의 글은 우리가 어떻게 죄악으로부터 떨어져 바르게 신앙을 지키며 정결하게 살 수 있을까 하는 고민을 해결해 주는 내용으로서 많은 선한 영향력을 미쳐왔던 것이 사실입니다. 이것을 한 권의 단행본으로 출판하게 된 것을 기쁘게 생각하며 여러 사람들이 읽고 하나님이 기뻐하시는 선한 그리스도인이 되는 역사가 나타나기를 기원하며 이 책의 일독을 강력히 추천합니다.

진 문 일 박사
한양대학교병원 원목실장, 한국기독교신문사 사장

전요섭 교수의 저서 『7가지 악한 성품과 기독교상담』은 그야말로 우리 사회에서 많은 문제를 일으키는 7가지 죄의 문제를 기독교상담학적으로 풀어내는 책으로 현대인들이 반드시 읽어야 할 책으로 사료됩니다. 현대인들은 '죄'라는 단어에 일종의 알러지 반응을 보일 정도로 듣기를 좋아하지 않는 것 같습니다. 하지만 죄는 어떤 단어로 미화해도 죄이며 이는 하나님 앞에서 반드시 해결해야 할 문제가 아닐 수 없습니다.

죄의 문제와 심리적·정서적·영적 건강을 다룬 이 책은 모든 사람이 읽어야 할 좋은 책이라고 생각됩니다. 이 책을 읽고 자신의 죄의 문제를 해결 받음으로써 진정으로 몸과 마음과 영혼의 건강을 회복하는 기회가 되기를 바라며, 기쁜 마음으로 이 책을 추천합니다.

안 경 승 박사
아세아연합신학대학교 상담대학원 교수, 전국상담대학원협의회 회장

그동안 꾸준한 연구와 저술 및 번역 활동으로 한국의 기독교상담학 분야에 크게 헌신해 오신 전요섭 교수께서 『7가지 악한 성품과 기독교상담』이라는 책을 발간하게 되었습니다. 이 책은 사막의 수도사에서부터 시작되어 현재의 개신교에서도 주목하고 있는 7가지 죄의 목록을 구체적으로 살피고 있습니다. 상담 현장에서 펼쳐지는 여러 문제들을 보게 되면 "모든 것이 한 개인의 죄로 인한 것이라고 단정할 수는 없지만 실로 많은 것이 개인과 타인 그리고 세상의 죄로 인하여 발생된 것"임을 고백하게 됩니다. 그런데 그 죄의 영향력을 면밀히 분석하고 더 나아가 이를 극복하기 위한 제안은 원론적인 차원에서는 이야기되지만 상담과정에서는 적용되고 있지 못하는 것을 보게 됩니다.

이 책은 인간의 죄 문제와 그 고민을 풀어주고 있을 뿐 아니라 성도들의 성품을 성숙하게 하는 지침을 제시해 주고 있습니다. 대부분의 기독교상담자들이 인정은 하지만 어떻게 이해하고 개입해야 할지 몰랐던 죄의 주제를 이 책에서 다룬 것에 대해 깊이 감사드리고 기쁨으로 이 책을 추천합니다.

정 병 관 박사
총신대학교 선교대학원 교수, 세계로교회 담임목사

오늘 한국교회 안에 교회를 교회되지 못하게, 성도를 성도되지 못하게 하는 대표적인 두 가지 세력이 있습니다. 하나는 사탄의 역사이고, 다른 하나는 자신의 내면에 있는 죄악된 자아입니다. 결국 이것이 그리스도인의 영적 성장을 방해하고, 가정과 교회 공동체에서 하나님 나라의 실현을 방해하며, 하나님 나라의 확장을 끊임없이 방해합니다. 이번에 한국 기독교상담학 분야에서 지금까지 큰 기여를 해 오신 전요섭 교수의 저서 『7가지 악한 성품과 기독교상담』은 바로 이런 세력을 어떻게 이해하고 해결해야 하는지에 대한 매우 실제적인 도움을 제공합니다.

이 책은 인간의 대표적인 7가지 죄를 다루면서 하나님 형상으로 지음 받은 인간이 어떻게 건강하게 회복될 수 있는지를 깊이 있게 연구한 저서입니다. 그동안 죄의 영향력 아래 고통스러워하던 모든 사람이 온전히 회복될 뿐만 아니라 회복된 자들이 주님의 몸된 교회와 그분의 영광스러운 나라를 바르게 세우는 일에 이 책이 귀하게 사용되기를 기대하며 기쁜 마음으로 강력히 추천합니다.

7가지 악한 성품과 기독교상담

The Seven Deadly Sins and Christian Counseling
Written by Joseph Jeon
All rights reserved.
Korean Edition Copyright ⓒ 2019 by Christian Literature Center, Seoul, Korea

7가지 악한 성품과 기독교상담

2019년 5월 10일 초판 발행

| 지은이 | 전요섭 |

편집	정재원
디자인	박인미
펴낸곳	(사)기독교문서선교회
등록	제16-25호(1980.1.18)
주소	서울특별시 서초구 방배로 68
전화	02-586-8761~3(본사) 031-942-8761(영업부)
팩스	02-523-0131(본사) 031-942-8763(영업부)
이메일	clckor@gmail.com
홈페이지	www.clcbook.com
송금계좌	기업은행 073-000308-04-020 (사)기독교문서선교회

ISBN 978-89-341-1965-4 (93230)

이 도서의 국립중앙도서관 출판예정도서목록(CIP)은 서지정보유통지원시스템 홈페이지
(http://seoji.nl.go.kr)와 국가자료공동목록시스템(http://www.nl.go.kr/kolisnet)에서 이용하실 수 있습니다.
(CIP제어번호: CIP2019011299)
이 책의 저작권은 저자와 (사)기독교문서선교회가 소유합니다. 신저작권법에 의하여 한국 내에서 보호받는
저작물이므로 무단 전재와 무단 복제를 금합니다.

※ 이 책은 성결대학교의 연구비 지원으로 제작된 것임

7가지 악한 성품과 기독교상담

전요섭 지음

CLC

목차

추천사	이 왕 재 박사, 서울대학교 의과대학 교수	1
	진 문 일 박사, 한양대학교병원 원목실장	1
	안 경 승 박사, 아세아연합신학대학교 상담대학원 교수	2
	정 병 관 박사, 총신대학교 선교대학원 교수	2
저자 서문		8
여는 글	치명적인 죄의 내용	10
제1장	교만: 죄를 덮고 있는 이불	46
제2장	시기·질투: 뼈를 썩게 하는 독소	77
제3장	분노: 화산 분출 같은 마음	110
제4장	나태: 인간 이하가 되려는 노력	147
제5장	음욕: 결코 만족이 없는 욕구	178
제6장	탐욕: 모든 죄를 낳는 어머니	210
제7장	탐식: 목으로 넘어가는 쾌락	241
닫는 글	치명적인 죄의 해결	274
저자 소개		308

저자 서문

전 요 섭 박사

　인간은 모두 태생적으로 죄인이다. 그래서 모든 인간은 태어날 때부터 죄를 가지고 있다. 몸이 성장하면서 죄도 함께 자라고, 함께 자란 죄는 인간에게 치명적이기 때문에, 죄는 절대 가볍지 않고 심각한 문제이다. 인간을 치명적인 상태에 빠뜨리는 죄의 종류는 셀 수도 없이 많지만 교회에서는 전통적으로 교만, 시기·질투, 분노, 나태, 음욕, 탐욕, 탐식 등 7가지를 큰 죄로 취급해 왔다.

　기독교상담학자인 필자가 이 주제의 책을 쓰게 된 동기는 지금까지 상담심리학을 연구하고, 가르치고, 상담해 보고, 또한 다양한 상담사례들을 분석해 보았을 때 거의 대부분의 문제들이 이 7가지 죄에서 비롯된다는 사실을 발견하게 되었기 때문이다.

　스코트 설렌더(Scott Sullender)도 "목회진단적 체계로서 7가지 치명적인 죄"(The Seven Deadly Sins as a Pastoral Diagnostic System, 2014)라는 자신의 논문에서 "7가지 죄는 『정신장애의 진단 및 통계편람』(The Diagnostic and Statistical Manual of Mental Disorders, DSM-5)에 비추어 볼 때 정신장애와 밀접한 관련성이 있다"고 발표한 바 있다. 7가지 죄는 실제로 정신장애(psychotic disorder)를 비롯하여 많은 문제의 뿌리라고 할 수 있으며, 이 주제들을 기독교적, 성경적, 신앙적, 기독교상담학적으로 해결해 보고자 하는 생각에서 필자는 이 책을 쓰게 된 것이다.

필자가 근무하는 대학 규정에 따라 연구년을 마친 교수는 연구 실적을 저서로 출간하게 되어 있는데, 그동안 이 주제의 책을 쓰려고 여러 차례 마음을 먹었다가 바쁜 일정으로 뜻을 이루지 못하다가 2019년 연구년을 마치면서 연구 실적으로 내놓게 된 것이다.

이 책이 나오기까지 연구년을 허락해 주고, 연구비를 지원해 준 학교에 감사하며, 월간 「건강과 생명」의 발행인 서울대학교 의과대학 교수 이왕재 박사님, 교정에 힘써준 아내(황미선 박사), 그리고 이 책을 출판해 주신 CLC(기독교문서선교회) 박영호 사장님과 출판사 편집진에 진심으로 감사드린다.

SOLA GRATIA!

여는 글

치명적인 죄의 내용

인간의 정신과 영성을 파괴하는 심각하고 치명적인 것이 있을까? 있다면 그것이 무엇일까?

그것은 바로 '죄'(罪)이다. 모든 죄는 예외 없이 인간의 정신과 영성에 심각하고도 치명적이다. 하지만 전통적으로 신앙의 선조들은 많은 죄 가운데 '교만,' '시기·질투,' '분노,' '나태,' '음욕,' '탐욕,' '탐식' 등 7가지 죄에 대하여 예사로 취급하지 않았고, 이것들을 심도있게 다루었다.

불교에서도 이른바 '5욕락'(五欲樂)이라 하여 '식색수재명'(食色睡財名: 식욕, 색욕, 수면욕, 재물욕, 명예욕)을 모든 인간이 태어날 때부터 가지고 있는 본성이며, 모든 인간이 평생동안 이것을 추구하려는 강력한 욕구가 있다고 보았다. 이런 욕구들을 추구하다가 잘못되면 심각한 문제에 빠지게 되므로 인간이 피하거나 극복해야 할 것으로 보고 있다. 5욕락은 교회 전통에서 '치명적인 죄'(deadly sins)로 일컬어 왔던 7가지 죄 가운데 탐식, 음욕, 나태, 탐욕, 교만에 포함된 개념이라고 할 수 있다.

미국 캘리포니아주립대학교 심리학과 더글라스 스텐스트롬(Douglas M. Stenstrom)은 "교만, 나태, 음욕, 탐식, 시기, 탐욕, 분노: 7가지 치명적인 죄와 관련하여"(Pride, Sloth, Lust, Gluttony, Envy, Greed, Wrath: Rating the Seven Deadly Sins)라는 제목의 논문에서 "7가지 죄에 대한 내용은 종교적이든 아니든 상관없이 모든 인간에게 해당되는 것"이며, "사회적 문제"라고 주장했다. 스텐스트롬은 7가지 죄는 인간의 정서, 욕망, 삶의 태도, 인식, 행동 등의 문제로 심리학 분야에서도 충분히 다루어야 할 주제로 보았다.

1. 세상과 단절된 수도원에서도 범하는 죄

기독교 수도원 운동의 발상지는 사막이었다. 이집트 나일강 주변의 사막이나 시리아 지역의 사막은 수도사들이 세상의 죄와 유혹을 차단하고 수도하기에 더 없이 좋은 환경이었다. 사막은 인간이 생존하기에는 너무 어렵고 황폐한 곳인 반면, 인간의 모든 욕망을 끊을 수 있는 최적의 장소이기도 하다.

 A.D. 4세기에 이집트 사막에서 생활한 수도사들은 그들의 경건생활을 방해하는 것들이 무엇인가를 분석했다. 그리고 그것들을 파악하여 제시함으로써 자신들의 수도생활, 경건생활, 영적 생활, 정신건강을 보호하려고 노력했다. 수도사들은 신학을 연구한 학자들이거나 성직자들이 아니라 대부분 평신도들이었으며 학식이 없는 농부들, 목동들, 상인들로서 오직 죄악된 세상과 단절하고 철저한 경건생활만을 위해 은둔자의 삶을 살았던 사람들이다.

 4세기 사막의 교부이며, 수도원장 에바그리우스 폰티쿠스(Evagrius Ponticus, 345-399, 'Pontus의 Evagrius'라고도 부름)는 상당한 학식을 겸비한 수도사였다. 그는 자신의 내면에서 발생되는 죄와 욕망들로 인해 괴로워하다가 도대체 그것들이 무엇인가에 대해 많은 생각을 하게 되었다. 이런 죄와 욕망들은 폰티쿠스 자신만 시달리며 고통당한 것이 아니었다. 그는 세상과 등지고 경건생활과 수도에만 전념하는 다른 수도사들도 동일한 문제로 괴로움을 당하고 있다는 것을 발견하게 되었다. 그래서 성경에 기초하여 이것들을 경건생활에 방해하는 '주범'으로 여기고, 그 목록을 제시하게 되었다.

에바그리우스가 그 죄악들을 정리하니 8가지로 압축이 되었는데, 이는 신자들을 유혹하고, 쓰러뜨리는 일종의 욕망으로 교만(pride), 시기(envy), 분노(anger), 나태(sloth), 음욕(lust), 탐욕(greed), 탐식(gluttony), 우울(melancholy) 등이었다. 기독교 공동체에서는 이 8가지 욕망들을 인간의 정신과 영성을 파괴하는 것이며, 인간에게 고통을 안겨주는 주요 요인으로 인식해 왔다.

영성신학자이며 작가인 헨리 나우웬(Henri J. M. Nouwen)은 1979년에 뉴욕에 있는 남자 수도원에서 성직자로 사역한 일이 있다. 그는 수도생활을 하면서 자신의 내면에서 우글거리는 탐욕으로 인해 하나님께 간절히 울부짖은 일이 있다고 술회했다. 그는 '자신의 내면에서 이미 죽은 줄로 알았던 교만, 분노, 탐욕, 애착, 인색함, 자기 중심성 등 악한 성품들이 여전히 살아서 꿈틀거리고 있음을 깨닫고 이것들과 너무나도 힘겹고 처절한 투쟁을 하다가 지친 경험'에 대하여 자신의 저서를 통해 묘사한 바 있다.

수도원 생활이 이와 같은 죄악들이 표출될 정도로 유혹적인 상황이 아니었을 텐데 나우웬이 이렇게 힘든 투쟁의 시간들을 보냈다면, 4세기 사막 수도원에서 지냈던 수도사들은 얼마나 힘들었을지에 대해 어느 정도 짐작이 된다. 사막의 수도원장 에바그리우스가 수도사들이 집중해서 경계하고, 대항해야 할 죄목들을 제시했다는 것은 이해가 된다. 수도원 밖에 있는 우리들의 내면에서 훨씬 더 강력한 죄의 유혹들과의 투쟁을 스스로 인식하는 것은 그리 어려운 일이 아니다.

기독교회의 영향력 있는 사상가로서 서방교회 수도원 제도의 규범을 설정했던 인물이며, 금욕주의자인 존 캐시안(John Cassian of Marseilles, 360?-435)은 이것들에 대한 구체적인 관심을 갖고 에바그리우스의 8가지 죄에 '무관심(권태)과 허영'을 추가하였다.

그러다가 A.D. 590년에 로마 가톨릭교회 교황 그레고리 대제(Gregory the Great)가 이 목록을 7가지로 정리하여 교만을 제일 앞에 두고, 탐식을 제일 마지막에 두었다. 7가지 죄는 수도사들은 물론, 경건하게 살고자 하는 모든 신자들이 반드시 회피하고, 배격해야 할 대상으로 인식되어 왔으며, 그 반대의 개념은 추구하고 수립해야 할 것으로 간주되어 왔다.

경건생활을 해하는 '주범'인 죄악을 7가지로 정리한 이유는 교회가 전통적으로 숫자 7을 이른바 완전수로 이해하고 거기에 상당한 의미를 부여해 왔기 때문이다. 물론 이보다 더 많은 죄악들이 존재하지만 이 7가지를 인간이 범할 수 있는 대표적인 죄로 이해했던 것이다. 신학자이자 교육심리학자인 솔로몬 쉼멜(Solomon Schimmel, 1941-)도, 이 세상에 셀 수 없이 많은 죄와 악덕들이 나열될 수 있지만 7가지 죄를 치명적인 죄로 일컫고 이를 심도 있게 다루는 이유는 이것을 모든 죄의 기원이며 통로로 간주하기 때문이라고 했다.

또 일주일은 7일로서 일주일 동안 매일매일 그날에 부과되는 한 가지 죄에 집중하기 위해 7가지로 정리되었다고 볼 수 있다. 즉, 주일은 교만의 죄, 월요일은 시기·질투의 죄, 화요일은 분노의 죄, 수요일은 나태의 죄, 목요일은 탐욕의 죄, 금요일은 탐식의 죄, 토요일은 음욕의 죄를 다스리는 날로 생각해 왔다.

하지만 셀 수 없이 많은 죄들을 7가지로만 제한하는 것은 신학적으로, 성경적으로 문제가 될 수 있다. 또 교회는 7가지 죄에 대하여 이른바 '치명적인 죄'(deadly sin), 혹은 '죽을 죄'로 이해해 왔는데, 그 밖의 죄들은 치명적이지 않은 것처럼 인식되어 영적으로 죄의 의미를 약화 또는 희석할 가능성이 있기 때문에 문제라고 할 수 있다. 그래서 미국 '조지 폭스 대학교' 심리학과 교수이며 기독교상담학자인 다크 맥민(Mark R. McMinn, 1958-)은 "7가지 죄만을 치명적인 죄라고 부르는 것은 옳지 못하다"고 지적한 바 있는데, 그것은 '정당한 지적'이라고 할 수 있다. 임상심리학자이며 기독교상담학자인 윌리엄 베커스(William D. Backus, 1926-2005)는 "7가지 죄에 대하여 그것이 '치명적'이든 그렇지 않든 그것보다 중요한 것은 상담현장에서 관찰해 보았을 때, 이 7가지 죄가 인간의 삶에 그리고 인간의 심리에 심각한 문제를 야기해 왔던 것은 명백하다"고 분석했다.

종교개혁자들은 수도원 운동을 강력하게 지지하지 않았고, 7가지 죄를 로마 카톨릭교회에서 강조했기 때문에 그런 이유로 이것을 구체적으로 다루지는 않았다. 하지만 청교도들이 정결한 신앙생활을 추구하면서 7가지 죄에 대한 관심을 갖기 시작했다. 영국의 대주교 존 펙함(John Peckham, 1230-1292)은 많은 신자들이 이런 죄악들에 노출되어 심각한 문제들을 겪기 때문에 모든 성직자들에게 교회에서 매년 네 차례씩 대중적인 언어로 7가지 죄에 대하여 강론하도록 지시한 바 있다.

7가지 죄를 의미하는 라틴어 '수페르비아'(*superbia*, 교만), '아바리티아'(*avaritia*, 탐욕), '룩수리아'(*luxuria*, 음욕), '인비디아'(*invidia*, 시기), '굴라'(*gula*, 폭식), '이라'(*ira*, 분노), '아케디아'(*acedia*, 나태)의 첫 자를 따서 단어를 만들면 우리말로 '살리기아'(SALIGIA)로 발음이 된다. 그래서 7가지 죄는 사람을 살리기 위해 해결해야 할 문제들이라고 볼 수 있다.

7가지 죄의 목록은 초기 교회나 교부 또는 각 공회 등에서 신학적 논쟁을 통해 신조로 결정된 것은 아니다. 다만 이것은 전통적으로 신자들이 그들의 신앙생활에서 극복하기 어렵고 고민스러운 것들을 다룬 것들이라고 볼 수 있다. 그렇기 때문에 이것은 신학적이라기보다는 목회적이고, 심리적인 것이며 더 나아가 사회적인 것이라 할 수 있다. 때로는 7가지 죄가 문화적인 경우도 있는데, 책과 음악, 드라마, 영화 등 다양한 매체들이 7가지 죄를 현대인의 삶에 비극을 가져오는 내용으로 삼고 다루어 오기도 했다. 인간의 행복을 파괴하는 7가지 죄의 내용은 다음과 같다.

2. 7가지 죄의 내용

교만

교만(驕慢, pride, *superbia*)은 7가지 죄의 원인이 되는 근본적인 죄로서 제일 앞에 위치한다. 교만은 겸손의 덕에 반대되는 생각과 태도로서 의도적으로 자신을 다른 사람보다 높이고 과대평가하는 것이지만 그것만이 아니라 다른 사람을 무시하고, 업신여기고, 멸시하는 생각과 태도로 나타난다. 교만한 사람은 자신에 대한 의미의식을 지나치게 부각시킴으로써 자신의 존귀함만을 추구하려고 하여 야심, 명예욕, 허영 등의 형태로 이를 드러낸다. 교만한 사람은 하나님을 도외시하고, 자기애와 자기 중심성만을 생각하기 때문에 하나님이 가장 싫어하는 죄를 범하는 것이다. 그래서 교만은 죄악 가운데서도 가장 큰 죄라고 할 수 있다.

시기·질투

시기·질투(猜忌/嫉妬, envy, *invidia*)는 다른 사람들의 뛰어남, 행운, 성공, 축복, 형통, 직위, 명예, 평판, 실적, 외모, 조건 등에 불만을 품고 그들이 잘 되는 것에 대하여 불쾌, 거부, 혐오, 싫어하는 것이다. 시기·질투는 모든 사람이 예외 없이 가지고 있는 본능이며, 태초부터 있어 왔던 뿌리 깊은 죄이다. 모든 인간의 내면에 도사리고 있는 심리정서적 속성으로서 시기·질투는 사람들이 가장 숨기고 싶어 하고, 부정하고 싶어 하는 욕망이다. 하지만 이것은 감추려고 해도 감출 수 없으며 결국, 미움, 증오, 반목, 비방, 분노, 공격성 등으로 표출되어 마음의 평안을 없애고, 심리정서, 정신에 상당한 고통을 안겨주며, 영적 생활을 피폐하게 만든다.

분노

분노(憤怒, anger, *ira*)는 다른 사람들에게 복수하고자 하는 욕구에서 비롯되는 심리적 특성으로서 복수의 욕망이다. 분노가 폭발하면 화가 치밀어 올라 분개, 욕설, 모욕, 공격, 폭행, 저주, 투쟁, 살인 등이 나타나고 이성을 잃는 상태가 된다.

분노를 반드시 '죄'라고 할 수는 없으나 우리를 가장 빠른 죄의 지름길로 안내하는 부정적 정서임에 틀림없다. 화산이 폭발하면 용암이 분출되어 모든 아름다운 꽃과 나무, 동산을 초토화, 황폐화하는 것처럼, 분노는 모든 가정, 교회 및 공동체와 대인관계를 파괴하는 무서운 것이다. 분노는 자신을 신체, 정서, 심리, 행복 등을 해치는 것은 물론, 타인을 해치는 원동력이다.

나태

나태(懶怠, sloth, acedia)는 자신이 마땅히 해야 할 일을 미루거나, 하지 않거나, 할 수 있는 일이지만 하기 싫어서 다른 사람에게 맡기는 등 게으름을 의미한다. 나태는 시간을 효율적으로 사용하지 못하고 낭비하는 것이다. 문명의 이기(利器)가 인간에게 편리성을 제공하면서 동시에 인간을 나태하게 만드는 경우가 많다. 나태를 극복하지 못하면 인간은 무기력해지고 성장, 성숙할 수 없게 된다. 나태의 생각과 태도 속에는 어떤 숭고한 정신도 자리잡을 여지가 없다. 나태한 사람은 절대 하나님께 쓰임 받을 수 없다. 성경은 게으른 사람을 '악인'으로 평가하고 있으며, 성경 어느 곳을 보아도 하나님께서 게으른 사람을 쓰신 일이 없다.

음욕

음욕(淫慾, lust, luxuria)은 인간의 본능인 성적인 욕구의 왜곡, 오용, 남용 및 그와 관련된 생각과 행동 모두를 포함한다. 이는 절제 없이 성적인 쾌락을 추구하거나 이에 도취된 상태를 의미한다. 현대인들은 음욕으로 인해 육체적인 쾌락과 성기 중심적인 욕구에서 비롯되는 다양한 성적 문란이 나타나며, 상대방을 자신의 성적 쾌락의 도구로 삼으려는 죄를 쉽게 범하고 있다. 음욕으로 인해 이 사회는 인격이 파괴되는 수많은 사건들이 발생하고 있다. 음욕은 숭고한 인격과 사랑 그리고 생명의 신비는 더럽혀지고, 쾌락만 추구하며, 그것을 충족하려는 병적 이기심으로서 하나님의 창조질서가 더럽혀지고 손상되는 악이다.

탐욕

탐욕(貪慾, greed, *avaritia*)은 모든 인간이 태어날 때부터 가지고 있는 본능이다. 이 자체를 '죄'라고 보기는 어렵지만 인간이 타락하여 욕심이 순수하지 못하게 되었고, 이를 통해 쉽게 죄를 범하게 되었다. 모든 죄의 배후에는 탐욕이 있다고 볼 수 있다. 이것은 자신의 소유에 대한 만족을 갖지 못하는 심리로부터 시작하여 더 갖고자 하는 마음에서 비롯된다. 인간의 욕심은 마치 밑 빠진 독과 같아서 절대 욕심을 만족시킬 수가 없다. 탐욕적인 사람의 공통점은 다른 사람의 어려움에 관심이 없고 인색하다는 것인데, 다른 사람과 하나님을 위해 재물을 사용하지 않음으로써 이중, 삼중 죄를 동시에 범하게 만드는 것이 탐욕이다.

탐식

탐식(貪食, gluttony, *gula*)은 음식에 대한 욕심을 드러내어 지나치게, 절제 없이, 과도하게 먹는 즐거움과 쾌락을 추구하는 것이다. 식욕은 인간이 먹고 마시며 즐기는 것은 본능적인 욕구이며, 하나님의 선물과 축복이다. 하지만 먹는 즐거움이 지나쳐서 먹는 것을 삶의 목표로 삼고 이에 대한 쾌락을 추구하는 것은 인간의 품위를 하락시키고, 고귀함을 지키지 못하게 되며, 짐승처럼 된다. 탐식은 음식에 대한 무질서나 남용을 초래하며 우상숭배의 새로운 형태라 할 수 있다. 과음, 과식은 더 먹고, 더 즐기려는 의도로 인해 자신의 건강을 해칠 뿐만 아니라 '고귀한 인간이 동물화

되는 타락'의 모습이다.

    기독교상담학자 마크 맥민(Mark R. McMinn)과 티모디 필립스(Timothy Philips)는, 7가지 죄의 목록이 수립될 당시 수도원에는 7가지 죄에 상응하는 치료책이 있었다고 캐시안이 주장한 내용을 분석하여 제시하였다. 교만에 대해서는 겸손의 표현을 하게 하고 예수님의 명령에 복종함으로써 겸손을 고양하는 훈련을 했고, 나태할 때에는 독방에 들어가 영적인 독서와 기도를 해야 한다고 가르쳤다. 또 탐욕은 시기·질투로부터 발생한다고 믿었기 때문에 그것이 발생할 때는 그 대상으로부터 벗어나야 했다.

    분노의 경우에는 연장자들로부터 충고와 권고를 받도록 했고, 시기적절한 유감의 표현을 하게 했다. 분노자로 하여금 화를 낼 수 없게끔 떨어뜨려 놓기도 했는데, 이때 홀로 있음으로 해서 분노를 누그러뜨리는 명상과 빨리 본성으로 되돌아가지 않도록 인내의 훈련을 했으며, 시편을 노래함으로써 분노의 감정을 개선할 것을 묵상하도록 했다. 탐식과 정욕에 대해서는 금식을 통해 이를 다스리도록 했다.

3. 인간 발달과 7가지 죄

미국 프린스턴신학대학원 조직신학 교수 엘렌 체리(Ellen T. Charry)는 "7가지 죄는 모두 어린 시절 가정에서 부모에 의해 길러진다"고 주장했다. 이것은 매우 당연하고 타당한 주장이다. 하지만 조직신학자인 체리는 이를 구체적으로 설명하지는 못했다. 기독교상담학자 브라이언 그랜트(Brian W. Grant, 1939-)는 그것을 인간의 성장과 발달기에 맞추어 구체적으로 설명하였다.

    그랜트의 주장에 따르면 "아동기에는 나태와 탐식, 청소년기에는 분노와 음욕, 성인기에는 탐욕, 시기·질투, 교만이 나타난다"고 보았다.

미국 프린스턴신학대학원 기독교상담학 교수 도날드 캡스(Donald E. Capps, 1939-2015)도 이에 동의하면서 "신학적으로는 교만이 최초의 죄이며 가장 앞자리에 두어야 할 죄이지만, 발달심리학적인 차원에서 볼 때는 '탐식'이 최초의 죄이며 가장 앞자리에 두어야 할 죄"라고 주장했다. 유아나 아동에게 있어서 탐식 이외의 죄는 아직 잠재되어 있고 부각되어 나타나지 않지만, 탐식은 처음부터 강력하게 나타나기 때문에 그렇게 주장했다고 볼 수 있다.

7가지 죄에 대한 영어 표현은 주로 'deadly sin'(죽을 죄, 치명적인 죄)이 빈번하게 사용되지만, 'capital sin'(주요 죄) 또는 'root sin'(근원적인 죄), 'cardinal sin'(기본적인 죄) 등으로 표현하기도 한다. 우리말로는 7가지 죄를 한자에 근거하여 '대죄'(大罪), '7죄종'(七罪宗), '기본적인 죄,' '원천적인 죄,' '치명적인 죄,' '죽을 죄,' '죽을 수밖에 없는 죄,' '죽음에 이르는 죄' 등으로 불러왔다. 교회는 전통적으로 7가지 죄의 부정적이고 파괴적인 면을 부각하여 '치명적인'(deadly)이라는 용어 사용을 주저하지 않고, 이를 경계해 왔다.

치명적인 죄의 항목들은 사람을 죽음에 이르게 하는데, 그 죽음은 육체적 죽음을 포함하여 '정신적 죽음,' '도덕적 죽음,' '영혼의 죽음,' '관계의 죽음,' '사회적 죽음,' '공동체의 죽음' 등을 의미한다고 볼 수 있다. 그래서 스탠포드 라이만(Stanford M. Lyman)은 『7가지 치명적인 죄』(*The Seven Deadly Sins*)에서 "7가지 치명적인 죄는 단순히 개인이 범하는 개인적인 죄가 아니라 결국 사회적인 악으로 비화된다"고 보았다.

맥시 던남(Maxie D. Dunnam)과 킴벌리 레이스먼(Kimberly D. Reisman)은 '7가지 죄 가운데서 교만을 줄기로 보고 나머지 죄(시기·질투, 분노, 나태, 음욕, 탐욕, 탐식)를 줄기에서 뻗어 나온 가지'로 이해하였다. 이 죄들은 서로 얽혀 있어서 영국의 유명 소설가 크리스토퍼 사이크스(Christopher H. Sykes, 1907-)의 말대로 "하나를 범하면 다른 것도 쉽게 범하는 특징이 있다."

설렌더도 나무의 이미지를 포착하여 7가지 죄를 구체적으로 비유하였다. 하나의 나무가 뿌리를 기반으로 하여 큰 줄기와 다양한 가지들이 존재하여 열매를 맺는 것과 같이 '7가지 죄는 나무의 뿌리, 몸통과 줄기 그리고 가지에 비견된다'고 할 수 있다. 국어사전적 의미로 '줄기는 식물에 있어서 기본 기관의 하나로서 식물체를 받치고 뿌리로부터 흡수한 수분이나 양분을 각 가지에 나르는 역할을 한다.' 가지는 줄기에서 뻗어 나온 것으로서 또한 잔가지들이 많이 형성될 수 있다.

교부들의 견해에 따라 7가지 죄가 모든 죄악들의 뿌리가 되는 것으로 이해해 왔지만, 설렌더는 7가지 죄 가운데 '나무의 뿌리'에 해당하는 죄를 교만으로 이해했다. 즉 '모든 죄는 교만으로 통한다'는 의미이다. 교만을 뿌리로 하여 '탐욕'이라는 몸통에서 여러 갈래의 줄기들이 뻗어 나가게 되는 것이다.

또 하나의 큰 줄기는 탐식이다. 여기에 이어지는 가지들은 음주, 흡연, 약물남용 그리고 폭식, 강박적인 식사 등이다. 시기·질투의 줄기에는 비난, 거짓말, 괴롭힘, 악한 야망, 살인 등의 잔가지들이 있다. 그 옆에 붙어 있는 분노의 줄기에는 미움, 화, 불평, 불만, 다툼, 과격, 공격, 폭언, 폭행 등의 가지들이 달려 있다. 나태의 줄기에는 도적질, 게으름, 가난 등의 가지들이 붙어 있다. 그 다음 줄기는 음욕이다. 이 줄기에서 간음, 간통, 강간, 사이버 섹스, 성 매매, 성추행, 성학대, 성폭행, 성중독, 외설물 중독, 관음증 등과 같은 다양한 정욕의 잔가지들이 있다.

인간의 악한 성품으로부터 나오는 7가지 죄는 한 사람의 정서를 파괴하여 온갖 우울, 불안, 공포, 강박, 슬픔 등의 정서장애 및 신경증(psycho-neurosis) 및 정신증(psychosis)을 야기한다. 또 이 죄에 노출됨으로써 '정신과 영성의 약화' 또는 '세속화,' '타락' 등 다양한 폐해가 발생한다. 이 죄들은 하나님께서 인간에게 주신 가정과 대인관계를 파괴하여 행복을 짓밟고, 더 나아가 교회 및 사회의 다양한 공동체를 파괴하기 때문에 가히

'치명적'이라고 이름 붙이는 것이 무리가 아니다. 7가지 죄는 인생의 '장애물'이고, '함정'이며, '덫'이기도 하다. 성경에 기록된 다양한 사례들을 볼 때 죄의 파괴성을 관찰하는 것은 그리 어려운 일이 아니다. 또한 사회적으로 7가지 죄가 심각한 사회적 문제를 야기한다는 것에 대하여 이의를 제기할 사람은 아무도 없을 것이다. 그 파괴의 범주는 매우 다양하고 광범위하며 상상을 초월하기도 한다.

오늘날 현대인들은 '죄'라는 단어를 입에 올리려고 하지 않고 듣기 싫어하는데, 그것도 한두 가지가 아니라 7가지나 되는 죄를 여기서 논한다는 것은 심리적으로 매우 부담스러운 일이 아닐 수 없다. 그리고 인간으로서 이런 죄를 범하지 않는 사람을 실제적으로 찾아보기도 어려운 현실에서 이런 죄를 논하여 죄책감을 자극하고 심리적으로 불편하게 만드는 것은 사람들에게 충분히 반감을 갖게 할 수 있다. 그래서 댄 분(Dan Boone)은 7가지 죄를 일컬어 '불편한 진실'(the Uncomfortable Truth)이라는 표현을 사용하여 이것을 다룬 바 있다.

베커스는 미국의 기독교상담을 분석하면서 '기독교상담에서조차 내담자의 죄를 다루려고 하지 않는 현실'을 안타까워했다. 또한 그는 '심지어 설교자들조차도 죄를 악으로 보지 않고, 단순한 문제로 보며, 그렇게 설교하는 모습들은 현대 설교에서 매우 흔한 일'이라고 보았다. 현대인들에게 죄의 문제를 적나라하게 다루는 것은 매우 불편한 진실이 아닐 수 없다. 그러나 이는 반드시 다루어야 할 주제이다.

헨리 페얼리(Henry J. Fairlie, 1924-1990)는 『현대의 7가지 죄』(The Seven Deadly Sins Today)에서 "죄는 인간성을 손상시키고, 파괴하고, 우리를 너무 높이거나 너무 낮추며, 우리의 생각을 왜곡하고, 잘못된 행동을 하도록 하는 것"이라고 강조하면서, 바로 7가지 죄가 그 '통로'라고 보았다. 로마 가톨릭교회의 본부인 교황청에서는 최근 "로마 가톨릭교회 신자의 60%가 고해성사를 하지 않는다"는 통계를 발표한 바 있다. 가톨릭교회 신자들은 적어도 1년에 한 번 이상은 고해성사(告解聖事, penance)를 통해 사제에게 죄를 고백하고 용서받아야만 하는 교리적 규범이 있다.

현대인들은 너무나 많고, 다양한 죄를 범하고 산다. 죄에 대한 현대인들의 심리적 특성은 그것을 보편적인 현상으로 이해하려는 '일반화'(generalization), 양심의 가책이 없어지는 '둔감화'(desensitization), 죄를 다루고 싶어하지 않는 '회피'(avoidance), 죄를 죄로 보지 않으려는 '합리화'(rationalization), 죄를 마음속 깊숙이 숨기려는 '은닉화'(concealment), 죄를 범하지 않고 어떻게 살 수 있느냐는 '정당화'(justification), 죄를 아름답게 미화시키고 포장하려는 '위장'(camouflage) 등이 나타나고 있다.

또한 교만을 삶의 권리로, 시기·질투를 삶의 본능으로, 분노를 삶의 정의로, 나태를 삶의 여유로, 음욕을 삶의 쾌락으로, 탐욕을 삶의 원동력으로, 탐식을 삶의 기쁨으로 이해하고 미화하려는 죄에 대한 심리적 부담을 회피, 일반화, 합리화, 은닉화, 정당화하려는 현상, 즉 "나만 죄인인가?" "이 세상에 죄를 안 짓는 사람이 어디 있어?" "너무 반복되고 자주 범하는 죄라 회개하기도 귀찮다"는 등의 심리가 작용하여 죄를 범하고도 죄를 죄로 보려는 인식과 회개하려는 의지가 감소 또는 결여된 상태가 만연되어 있다.

로마 가톨릭교회에는 7가지 죄에 대하여 "이 죄를 범한 사람들은 지옥에 떨어지는 것을 면치 못한다"고 주장하여 그것을 이른바 '죽을 죄'라고 불렀다. 7가지 죄는 현대인들이 매우 듣기 싫어하며 귀를 막아버릴 정도의 내용임에 틀림없다. 기독교회에서는 크고 작은 죄라는 개념이 없기 때문에 이런 것들에 대해 다소 소홀히 여겨왔던 것이 사실이다. 하지만 근래에 기독교회에서도 이것들이 과연 '죽을 죄'라서가 아니라, '신자들의 심리정서, 정신 그리고 영성에 심각한 문제가 된다'는 것에 주목하게 되었다.

7가지 죄는 단지 교회에서만 다루는 설교의 주제를 넘어 시, 소설을 비롯하여 다양한 문학 분야, 그리고 그림, 조각, 영화, 음악 등 다양한 예술 분야에서도 관심이 집중, 증가되고 있으며, 서양문화와 예술 전반에 상당한 영향을 미쳤다고 볼 수 있다. 13세기 이탈리아 시인 알리기에리 단테(Alighieri Dante, 1265-1321)는 대표작 『신곡』(*Divine Comedy*) 가운데 "지옥편"(Inferno, 제1곡-제34곡)에서 구원 얻지 못한 사람들이 생전에 저지른 죄에 대한 벌로써 고통당하는 모습을 생생하게 그려냈다. 이 책에서 이들이 고통당하게 된 이유는 바로 7가지 죄를 범했기 때문이다.

미국 영화배우 브레드 피트(William Bradley Pitt, 1963-)가 주연한 영화 "세븐"(Se7en, 1995년 개봉작)은 바로 7가지 죄의 목록을 바탕으로 제작된 작품이다. 이 영화의 배경은 미국 어느 도심에서 발생한 연쇄 살인사건인데, 그 사건들은 7가지 죄를 토대로 전개된다. 데이비드 밀스라는 젊은 경찰(브레드 피트 분)과 40년간 강력계에 몸담고 있다가 은퇴를 일주일 앞둔 노(老)경찰 윌리엄 서머셋(모건 프리먼, Morgan Freeman)이 사건을 맡게 된다.

첫 번째 살인사건은 고도 비만인 남성이 손발이 묶인 상태에서 스파게티에 얼굴을 처박고 죽은 사건이다. 식도가 막히고 위가 터지도록 먹은 후 죽어 있는 살인 현장에서 범인은 토마토 케첩으로 '탐식'(Gluttony)이라는 단어를 남겼다. 이것은 살인자가 세상 사람들에게 전하는 메시지였다.

두 번째 살인사건은 돈밖에 모르는 유능한 검사의 사무실에서 범인이 검사의 살을 잘라내어 저울 위에 올려놓고 피로 '탐욕'(Greed)이라는 글씨를 쓴 사건이었다. 서머셋 형사는 도서관의 책자에서 이 사건들이 '7가지 죄'와 관련되어 있다는 것을 알게 된다.

살인사건은 한 창녀가 끔찍하게 살해당하는 사건으로 이어진다. 범인은 경찰을 비웃기라도 하듯 인간을 파멸에 이르게 하는 7가지 죄를 범한 사람들을 차례로 살해하는데, 그 수법이 너무나 치밀하고 잔혹하며 계획적이어서 사건은 오리무중에 빠진다. 그리고 유력한 용의자로 지목받던

'존 도우'라는 남성은 마지막 죄인 분노를 완성하기 위해 범죄를 계획한다.

캡스는 "7가지 죄가 일단 인간의 영혼에 스며들어오게 되면 제거하기가 너무나 어렵고, 그 영혼이 말라 비틀어 죽기 때문에 이를 '죽을 죄'라고 부를 만하다"고 말했다. 7가지 죄는 영혼의 암세포와 같아서 이것은 번지고, 커져서 결국 그 영혼이 죽게 되므로 이것을 '죽을 죄'라고 부르는 것은 이상한 일이 아니다. 인간이 이것을 극복하지 못하고는 온전한 성결을 이루기가 어렵고, 건강한 정신으로 살아가기도 어려울 것이다.

팔목할 만한 것은 임상심리학자이며 루터교회 목사인 베커스(William Backus)가 이른바 '죄성 검사지'(the Sin Test)라고 하여 7가지 죄에 기초하여 어떤 죄에 얼마만큼 노출되었는지를 분석하고, 진단할 수 있는 표준화된 검사지를 제작하여 그의 저서 『당신의 상담자가 당신에게 절대 말하지 않을 것』(What Your Counselor never Told You)에 소개했다는 것이다. 이로써 자신이 어느 부분에 취약한지를 알 수 있게 되며, 자신을 돌아보는데 과학적인 자료를 얻을 수 있도록 했다.

4. 죄의 영향력 순서

죄를 '많다, 적다,' '크다, 작다'로 나눈다는 것은 신학적으로 문제가 있다. 그래서 기독교회에는 '대죄,' '소죄'의 개념이 없다. 죄는 많거나 적거나, 크거나 작거나 모두 하나님의 뜻을 거역하고 반역하는 것이기 때문이다. 만일 '죽을 죄' 또는 '대죄'가 있다면 그것은 '성령을 소멸하는 죄'일 것이다. 예수님께서 "누구든지 말로 인자를 거역하면 사하심을 얻되 누구든지 말로 성령을 거역하면 이 세상과 오는 세상에서도 사하심을 얻지 못하리라"(마 12:32)고 말씀하셨으므로 성령을 거역하는 죄야말로 '죽을 죄'(deadly sin)에 해당된다.

기독교상담학자 시워드 힐트너(Seward Hiltner, 1909-1984)는 "하나님은 모든 죄를 미워하시기 때문에 하나님 앞에서 '대죄,' '소죄'를 구분할 수는 없지만, 현상적으로 살펴보면 '대죄' 혹은 '소죄'라고 어느 정도 인정할 만한 분류는 불가피한 것"으로 보았다. 죄로 인해 발생되는 피해와 영향력의 차이는 분명히 존재하기 때문에 살인죄나 사기죄가 죄라는 입장에서는 동일하지만 그 죄들이 동일한 영향을 미치는 것은 아니다.

로마 가톨릭교회에서는 죄를 '대죄'와 '소죄'로 분류하는데, 이에 소죄는 상대적으로 '경미한 죄'를 말하는 것이고, 대죄는 '매우 심각한 죄'를 의미한다. 여기서 대죄는 은총의 삶을 파괴하고 죽은 후에 지옥 영벌을 받게 되는 '매우 심각한 죄'를 뜻하는 것이다. 직접적으로 죽을 죄가 아니더라도, 소소한 죄들을 방치했다가는 결국, 그것들이 우리를 죽음에 이르게 하는 죄가 될 수 있다.

미국 보스톤대학교 철학과 교수 로저 스크루턴(Roger Scruton)은 "7가지 죄는 과거에만 통용되는 내용이 아니라 21세기에도 여전히 유효하다"고 주장했다. 물론, 이 죄들이 주로 심각하게 다루어지던 시대와 현대를 비교해 보면 죄를 보는 시각과 개념 및 인식이 다소 달라지기는 했지만 그것이 '죄'라는 사실에는 변함이 없다. 스크루턴은 "과거나 현재나 7가지 죄를 경계하지 않으면 이 통로를 통해 죄악의 함정에 깊이 빠지게 되어 결국, 헤어 나올 수 없어 죽음에 이르게 된다"고 이해했다.

로마 교황청의 발표에 따르면, '남녀의 성별에 따라 많이 범하는 죄목이 다르다'고 분석했다. 이 보고서를 작성한 예수회 학자 로베트로 부사(Roberto Busa, 1913-2011)는 로마 가톨릭교회 신자들의 고해성사를 분석한 결과라고 설명했다. 이 보고서에 따르면, 남성이 주로 범하는 7가지 죄 가운데 1순위는 음욕이며, 이어서 탐식, 나태, 분노, 교만, 시기·질투, 탐욕 순이고, 여성이 자주 범하는 7가지 죄는 1순위가 교만이며, 이어서 시기·

질투, 분노, 음욕, 탐욕, 탐식, 나태 순이었다.

우리말이나 영어에는 없지만, 독일어, 이탈리아어, 프랑스어를 비롯해서 유럽에서 사용하는 언어나 고어인 히브리어, 헬라어(그리스어, 희랍어), 라틴어 등에는 '성·수·격'이라는 것이 있다. 즉, 어떤 단어든지 그 단어는 남성, 여성, 중성의 '성'(性)이 있고, 단수, 복수의 '수'(數)가 있으며, 주격, 소유격, 여격, 목적격, 호격 등의 '격'(格) 있다. 라틴어에서 '교만'이라는 단어는 '수페르비아'(superbia)라고 하는데, 이것이 여성명사로 사용된 것은 매우 의미 있는 일이다. 이는 헬라어에서도 마찬가지인데, 교만을 '휘페레파니아'(ὑπερηφανία)라고 하며, 역시 여성명사로 되어 있다. 아마도 '교만'이라는 단어가 처음 생기고 그 단어의 성(gender)을 결정할 때 이를 여성의 심리적 특성으로 보고 여성명사로 분류한 것이 아닌가 생각된다.

국가적으로 볼 때 7가지 죄를 가장 많이 범하는 나라는 호주이고, 대한민국도 상위 10위 안에 포함된다. 과거 영국 죄수들의 유배지였던 탓인지 호주가 세계에서 가장 죄가 많은 나라로 조사됐다. 대한민국은 7가지 죄 가운데 음욕 부문에서 부끄럽게도 세계 1위에 올랐다. 이것은 영국의 한 연구소에서 세계 35개국을 대상으로 7가지 죄에 대한 조사연구를 통계분석한 결과에 따른 것이었다. 이 내용은 영국의 과학기술 정기간행물 「포커스」(Focus)지를 통해 보도했는데, 평가 기준으로서 음욕은 포르노 산업에 대한민국 국민 1인당 연간 지출액을 기준으로 측정했다. 분노는 폭행, 성폭행, 살인 등 폭력범죄 발생률, 시기·질투는 재산범죄 발생률을 기준으로 삼고 순위를 매겨 선정했다.

호주는 시기·질투에서 1위를 차지했고, 음욕과 탐식은 각 3위, 탐욕과 교만은 각 4위, 분노 7위, 나태 9위 등 모두 상위 10위를 차지했다. 종합 2위는 미국으로 탐식 1위를 비롯해 탐욕 3위, 나태 4위, 분노 6위, 음욕 9위에 달했다. 캐나다는 1위를 차지한 죄는 없지만 탐식 2위, 나태 6위 등을 기록하여 종합 3위를 차지했다. 대한민국은 음욕에서 1위를 기록했고, 탐식 부문에서 6위에 올라 핀란드, 스페인, 영국, 일본에 이어 8위를 차지했다.

각 죄악별 순위를 5위까지만 소개하면 교만은 1위가 아이슬란드, 사이프러스, 스페인, 호주, 그리스 순이었다. 시기·질투는 1위가 호주였으며, 덴마크, 에스토니아, 뉴질랜드, 영국 순이었다. 분노는 1위가 남아프리카공화국이고, 몬세라트, 세이셸, 모리셔스, 짐바브웨 순이었다. 나태는 1위가 아이슬란드였고, 스페인, 노르웨이, 미국, 핀란드 순이었다. 음욕은 1위가 대한민국이었고, 일본, 호주, 핀란드, 중국 순이었다. 탐욕은 1위가 멕시코였고, 러시아, 미국, 호주, 이탈리아 순이었으며, 탐식은 1위가 미국, 캐나다, 호주, 일본, 영국 순이었다.

5. 치명적인 죄의 성격

'욕망'의 문제

뉴욕공립도서관과 옥스퍼드대학교 출판부가 함께 기획하여 미국에서 각광받는 연구자, 작가, 비평가들이 집필한 『욕망의 심리학』(Seven Deadly Sins) 시리즈가 출간되었는데, 7가지 죄를 각 권에서 다뤄 총 7권으로 출간되었다. 이 책의 제목은 『교만, 당당한 나와 오만한 너, 우리는 무엇이 다른가?』, 『시기·질투, 나보다 잘난 너를 왜 미워하는가?』, 『분노, 나를 미치게 만들지 마! 그러지 않으면 후회할 거야!』, 『나태, 나는 더 게을러질 권리가 있어!』, 『음욕, 불타는 쾌락에 기꺼이 온몸을 던지다』, 『탐욕, 나는 원한다! 권력과 부 그리고 영원한 젊음을…』, 『탐식, 많이, 더 많이! 주체할 수 없는 식욕에 관하여…』이며, 저자들은 7가지 죄를 역사적으로 고찰하고 그것의 현대적 의미를 분석했다.

교만은 미국 펜실베니아대학교 종교학과 교수이며 미국에서 가장 영향력 있는 흑인 100인에 선정된 마이클 다이슨(Michael E. Dyson, 1958-)이 다루었다. 다이슨은 '교만'이란 마땅히 다른 사람들에게 돌아가야 할 명예를 가로막는 명예롭지 못한 심리라고 보았으며, '행동으로 나타나지 않고 마음속으로만 교만을 생각하더라도 문제가 된다'고 분석했다.

시기·질투는 정기간행물 「아메리칸 스콜라」(American Scholar)지에서 20년 이상 편집자로 활약한 심리전문가 조셉 엡스타인(Joseph Epstain, 1937-)이 저술했다. 엡스타인은 "인간이란 누구나 예외 없이 시기·질투하는 존재로서 이는 현대를 경쟁사회로 만들지만 그것 때문에 발전했다"고 분석했다. 엡스타인은 "시기·질투는 숨겨진 감정이기 때문에 본인조차도 자신의 행동 동기가 시기·질투에서 비롯된 것인지를 알아차리지 못한다"고 보았다.

분노는 로버트 서먼(Robert Thurman, 1941-)이 집필했다. 그는 미국 콜럼비아대학교 불교학과 교수로 은퇴했다. 불교학 교수가 죄에 대한 개념을 어떻게 이해하고 분노에 대한 글을 썼는지 흥미롭다. 이 책에서 필자는 분노를 7가지 욕망 중에서 '가장 파괴적인 감정'이라고 주장했다. 서먼은 "분노는 분노하는 사람뿐만 아니라 그 가정, 공동체, 대인관계 등을 파괴한다"고 보았으며 결국 '살인의 원인'으로 보았다.

나태는 희곡 『하이디 연대기』(The Heidi Chronicles)를 써서 퓰리처상과 토니상을 수상한 여류 극작가 웬디 와서스타인(Wendy Wasserstein, 1950-2006)이 다루었다. 그는 "현대인들은 근무시간이 길고 일이 많아짐에 따라 점점 바쁘게 살고, 스트레스를 많이 받아 나태는 자연스러운 현상"이라고 분석했다.

음욕은 영국 캠브리지대학교 철학과 교수 사이먼 블랙번(Simon Blackburn, 1944-)이 다루었다. 블랙번은 "남성들에게 있어서 성적 흥분이 절정에 이르게 되면 정상적인 사고가 불가능해지고 통제하기 어려운 행동이 나타난다"고 보았다. 경건한 신자라 할지라도 성욕이 강하게 발동할 때는 기도도 사라지게 되기 때문에 음욕은 '극복하기 매우 어려운 심리'라고 블랙번은 분석했다.

탐욕은 정기간행물 「퍼블리셔스 위클리」(Publishers' Weekly)지 종교부문 편집담당자를 지낸 필리스 티클(Phyllis A. Tickle, 1934-2015)이 다루었다. 저자는 "탐욕이란 과거에도 있었고, 현재에도 있고, 미래에도 있을 죄"라고 분석했다. 탐욕을 다른 말로는 '욕심,' '갈망,' '욕망,' '허욕' 등의 별명이 붙는가 하면, '인색'이라는 말로 나타내기도 한다. 티클은 "이것을 어떤 이름으로 부르든 탐욕은 '모든 죄의 모체이자 기반이며, 뿌리이자 짝'이다"라고 설명했다. 즉, 탐욕과 연결되지 않은 죄가 없을 만큼 탐욕은 모든 죄와 연결되어 있고, 모든 죄와 통하는 죄로 보았다.

미국 경제 정기간행물 「월스트리트 저널」(The Wall Street Journal)에서 예술 분야의 칼럼 작가로 활동하고 있는 소설가 프랜신 프로즈(Francine Prose, 1947-)가 탐식에 대해서 집필했다. 그는 현대인들은 비만으로 인해 식이요법(diet)에 강박적인 생각을 가지고 있으며, 비만 인구가 갈수록 늘고 있는 현대 사회에서 해결해야 할 매우 중요한 문제가 '탐식'이라고 주장했다.

죄는 귀신, 악령, 악마, 사탄, 마귀로부터 비롯되는데, 이에 대해 피터 빈스펠드(Peter Binsfeld, 1540-1598)는 "7가지 죄와 관련하여 이를 담당하는 일곱 마귀가 있다"라는 말을 했다. 빈스펠드는 1589년에 7가지 죄에 맞물려 한 쌍이 되는 마귀는 교만에 루시퍼(Lucifer), 시기·질투는 리바이어던(Leviathan), 분노는 사탄(Satan/Amon), 나태는 벨페고르(Belphegor), 음욕은 아스모데우스(Asmodeus), 탐욕은 맘몬(Mammon), 탐식은 바알세불(Beelzebul)이라고 보았다.

물론, 이것은 성경적, 신학적인 근거가 있다고 보기는 어렵지만 죄의 근원이 '마귀'라는 것을 생각해 본다면, 인간으로 하여금 7가지 죄를 범하도록 인간을 부추기고, 자극하고, 유혹하고, 이에 빠지도록 하는 근원적인 세력이 있다는 것은 틀림없다. 이에 대해 이미 에바그리우스 당대에도 그리스도인들이 겪는 육체적, 행동적, 심리정서적, 정신적, 영적 질병과 관련하여 그것을 담당하는 다양한 전문 영역의 마귀들이 있었다고 이해했다.

'사랑'의 문제

페얼리는 7가지 죄는 모두 사랑의 문제로 이해했다. 교만과 시기·질투, 분노는 변태적인 사랑(perverted love), 나태는 결핍된 사랑(detective love), 음욕과 탐욕 그리고 탐식은 지나친 사랑(excessive love)이라고 보았다. 이 잘못된 사랑이 급기야 자신을 파괴하고 가정과 교회 그리고 사회를 파괴하는 것이다.

7가지 죄와 사랑을 연결시킨 것은 매우 흥미로운 분석이기는 하지만 탐식을 '지나친 사랑'에 의한 죄 또는 증상으로 본 것은 현대 심리학적 시각과는 맞지 않는다. 물론 음식에 대한 지나친 사랑이라고 한다면 이해가 되는 표현이기는 하지만, 현대 상담심리학에서 볼 때 탐식은 폭식증(Bulimia)으로 이해되며, 배를 채우기 위해 지나치게 많이 섭식하는 것으로부터 배고픔과 상관없이 먹는 증상이다. 그 원인은 다른 사람들로부터 사랑 받지 못한 심리정서적, 정신적, 영적 공허감을 음식으로 충족하려는 것인데, 즉 탐식을 사랑을 대체하는 심리현상으로 분석하는 것이 심리학적 입장이다. 그렇기 때문에 탐식은 '결핍된 사랑'으로 분류해야 할 것이다.

'자기 중심성'의 문제

7가지 죄는 모두 극도의 이기주의(selfism), 자기애(narcissism), 자기 중심성(self centeredness, egocentrism)에 기반을 두고 있다. '자기 중심성'이란 다른 사람의 생각, 감정, 지각, 관점을 인정하지 않고 자신의 입장에서만 보는 경향성 또는 자신의 것만이 옳다고 주장하는 경향성을 의미한다. 이 개념은 본디 스위스의 발달심리학자 장 피아제(Jean Piaget)의 인지발달이론에서 아동이 물체를 볼 때 주로 물리적 관점, 즉 조망하지 못하고 자신의 입장, 한쪽 측면에서만 보는 현상을 설명하기 위해 제기된 용어와 개념이었다.

교만은 '다른 사람을 무시하고 자기 자신만 사랑하고, 자기 자신만 잘났다'는 마음이다. 시기·질투는 '자신보다 더 잘난 사람을 도저히 눈뜨고 못 봐주는 이기적 마음'이다. 분노는 어떤 대상이 자신의 마음에 안 들어서 화가 폭발하는 감정이다. 나태는 '자신의 몸뚱이만을 편하게 하려는 것'이다. 음욕은 '자신의 성적 욕망을 만족하기 위해 다른 사람의 성을 탐하는 것'이다. 탐욕은 '자신의 것을 손에 쥔 채 다른 사람의 것을 더 가지려는 욕심'이다. 탐식은 '다른 사람은 아랑곳없이 자신의 배만을 채우려는 욕심'이다. 항상 '나'가 문제이고 '나뿐인 생각'은 '나쁜 생각'으로서, 7가지 죄의 배경은 바로 자기만을 생각하는 '자기 중심성'이다.

프레드리카 홀리갠(Fredrica R. Halligan)은 "나르시시즘, 영적 교만과 원죄"(Narcissism, Spiritual Pride and Original Sin)라는 논문을 썼는데, 여기서 그는 "자기애를 현대 사회현상으로 보았으며, 이는 현대 사회에 전반적으로 너무나 팽배하고 만연되어 '자기애를 정직하게 논한다'는 것은 참으로 어려운 일"이라고 분석했다. 이 말은 '대부분의 사람들이 이기주의, 자기 중심성, 자기애에 노출되어 치명적인 죄를 드러내고 있다'는 의미로 볼 수 있다.

미국 기독교 윤리학자 라인홀드 니이버(Reinhold Niebuhr, 1892-1971)도 인간의 죄란 바로 '자기 중심성'이라고 단언했다. 상담심리학자 게랄드 코리(Gerald Corey, 1937-) 역시 "인간은 누구나 이기적이어서 자신의 입장에서만 상황을 보려는 자기 중심적 성향이 문제"라고 분석했다. 정신분석학자 시그문드 프로이드(Sigmund Freud, 1856-1939)도 처음에는 "심리치료에서 환자(내담자)의 말을 그대로 믿어야 한다"고 주장했다가 상담을 자주해보니까, "내담자의 말 가운데는 자기 중심성으로 자기 과시, 자기 합리화, 자기 편향 등을 비롯하여 자기를 미화하기 위해 의도적이든, 비의도적이든 거짓을 말하려는 경우가 있고, 거짓을 말하려는 것은 아니었겠지만 말하기 곤란한 몇 가지 내용을 빼고 보면 결국, 그 내용이 거짓이 되는 경우가 매우 흔히 있다"라고 말했다.

'모든 인간은 자기 중심성을 가지고 있다'는 사실은 사진을 보면 쉽게 알 수 있다. 단체 사진을 볼 때 전문 사진기사가 아무리 잘 촬영했어도 대부분의 사람들은 자신이 잘못 나오면 그것은 '잘못 찍은 사진'이고, 자신이 잘 나오면 그 사진은 잘 나온 사진이라고 생각한다. 다른 사람이 잘 나온 것은 자신과 아무 상관이 없는 일이다.

'낭비'의 문제

페얼리는 7가지 죄를 '낭비'(waste)라는 차원에서 이해했다.

첫째, 교만은 '하나님이 주신 권위의 낭비'라고 볼 수 있는데, 권위는 하나님께로부터 오지만 이것을 자신이 지나치게 과시하여 드러내고 하늘 높은 줄 모르고 올라가고자 하는 것이 '교만'이라고 볼 때 그것은 권위의 낭비임에 틀림없다.

둘째, 시기·질투는 다른 사람에 대한 '관심의 낭비'라고 볼 수 있다. 다른 사람에 대한 무관심은 또 다른 죄를 범하는 것이지만 다른 사람에 대해 지나친 관심을 갖고 그 사람의 장점, 업적, 명예, 평판, 지식, 재산, 소유 등을 시기·질투하는 것은 '관심의 낭비'라고 표현해도 틀린 말이 아닐 것이다.

셋째, 분노는 '자기 정당성의 낭비'이다. 자신의 정당성을 지나치게 부각하려다 보면 상대방의 정당성을 무시, 폄하하거나 상대방의 실수, 단점, 약점, 허물, 결함, 부족한 것들을 들추어내어 자신의 정당성을 주장하거나 그것을 인정받을는 것으로서 상대방을 희생 제물로 삼게 되는 경우가 많다. 여기서 공격성도 나타나고 타락한 인간의 추잡한 모습이 드러나게 된다.

넷째, 나태는 '시간의 낭비'이다. 나태한 사람들의 공통점은 시간의 귀중성을 알지 못하고 금 같은 시간을 아무것도 하지 않음으로써 마구 낭비한다. 결국 인생을 낭비하고, 생명을 낭비하는 것이 나태이다.

다섯째, 음욕은 '성욕의 낭비'이다. 성욕을 잘못 사용하여 얻게 되는 쾌락은 하나님의 선물을 함부로 사용하는 남용의 문제이다.

여섯째, 탐욕은 '재산의 낭비'로 볼 수 있다.

일곱째, 탐식은 '식욕의 낭비'이거나 '음식의 낭비'라고 할 수 있다. 적절한 양의 음식 이상으로 먹거나 남기는 것은 틀림없이 낭비이다.

'소비'와 '구매'의 문제

경제학자 헨나 쉬자랴(Henna Syrjälä)는 『소비에 있어서 7가지 죄』(Seven Deadly Sins in Consumption, 2018)에서 다음과 같이 지적했다.

첫째, 교만은 일반적인 표현으로 '과시'라고 할 수 있는데, "대부분의 소비자들은 자신의 단점, 약점, 부족, 열등감 등을 은폐, 위장하고 자신이 가지고 있는 재산을 다른 사람들에게 과시하기 위하여 구매와 소비를 한다"고 보았다. 다른 사람이 가지고 있지 않은 것, 다른 사람이 가진 것보다 더 좋은 것, 더 비싼 것, 더 귀한 것을 소유함으로써 자기 과시가 나타나게 되는 것이다. 특정 제품을 소유하고 있음으로써 상위집단, 특정집단에 속한다는 자부심, 자긍심을 갖도록 하고, 가진 자의 자존심을 유지하도록 하는 것은 판매심리학의 기본이라 할 수 있다.

둘째, 시기·질투는 구매와 소비의 강한 동기로 작용하는 부분이다. 경쟁적인 자기 과시는 시기·질투에서 비롯되는 것이며, 이런 심리상태에 빠지면 과도한 소비와 구매가 나타난다. 시기·질투가 자극되면 이성이 마비되어 충동구매를 많이 하게 된다. 자신이 소유하지 못한 것에 대하여 소비자가 분노하게 된다면 기업은 즐거운 비명을 지르게 될 것이다.

셋째, 특정 부유층에서만 소유하고 있어야 함에도 불구하고 하위층에서 소유하고 있음으로써 부유층의 분노를 야기하도록 만드는 것은 새로운 소비와 구매를 자극하고, 충동하는 전략·전술일 수 있다.

넷째, 나태는 제품의 생산에 반영되어야 할 가장 중요한 것인데, 사용하기에 점점 더 편해지고, 쉬워지고, 간단해진 제품이 매출을 증가하게 만들고, 현대인을 더욱 게으르게 만든다.

다섯째, '소비자의 성적 욕구(음욕, 정욕, 성욕 등)를 발산하고, 성적 매력을 이끌어 내는 제품이어야 판매가 잘 된다'는 것은 소비와 구매의 조건이 될 수 있고, 제품 생산의 원칙이 될 수 있다.

여섯째, 탐욕, 소비자로 하여금 갖고도 불만감, 불행감, 불쾌감을 갖도록 하기 위해서 계속 새로운 제품, 새로운 기능, 새로운 모양, 새로운 유행, 새로운 소비풍토를 조성해야 한다. 유행에 뒤떨어진 제품을 가진 것이 부끄럽게 느껴져야 새로운 소비와 구매가 이루어질 수 있다.

일곱째, 탐식은 새로운 맛을 창출하여 소비자로 하여금 구매하여 섭취하지 않고는 견딜 수 없게 만들고, 그 맛에 대하여 참을 수 없는 호기심을 자극해야 식품기업이 생존할 수 있게 된다. 또한 상위계층, 일부 부유층집단에서만 맛을 볼 수 있는 호화로운 음식은 탐식으로 유인하는 판매전략이 될 수 있다.

마케팅이 인간의 욕심과 관련을 맺지 않고, 욕심을 자극하지 않으면 실패하게 되는데, 그것은 당연한 결과이다. 따라서 교만, 시기·질투, 분노, 나태, 음욕, 탐욕, 탐식은 사회가 허용하는 범주 내에서 소비로 연결되도록 자극하는 것이 현대 산업의 전략이라 할 수 있다.

'왜곡'의 문제

기독교상담학자 테리 쿠퍼(Terry D. Cooper)와 신디 엡퍼슨(Cindy K. Epperson)은 죄를 '왜곡'(distortion)으로 이해했다. 하나님이 인간을 창조할 때 인간에게 본질적으로 부여하신 목적을 잘못 사용하는 것이 왜곡이다. 과도하게 사용하는 것도 왜곡에 포함되어야 하는 개념이지만, 지나치지 않아도 분명히 죄가 되는 것이 있고, 선한 것이라 할지라도 그것이 지나치면 죄가 될 수도 있다. 쿠퍼와 엡퍼슨의 시각에서 7가지 죄를 보면 다음과 같다.

첫째, 교만은 '자아존중감과 자부심의 왜곡된 마음'이다. 인간은 누구나 이 세상을 떳떳하고 당당하게 살아야 하지만 이것이 지나쳐서 하나님 없이도 당당하게 살고, 자신을 지나치게 존중하면서 살아가는 것은 그 자체가 교만이다. 기독교 변증학자 해리 블래마이어즈(Harry Blamires)는 "가장 근본적인 죄로서 교만은 자신을 우주의 중심으로 생각하는 의지의 왜곡"이라고 정의했는데, 그것은 과장되거나 잘못된 것이 아니다.

둘째, 시기·질투는 왜곡된 경쟁심이다. 과도하게 모든 것을 경쟁관계로 인식하고 자신의 뒤쳐짐을 분노하고, 자신이 앞서 있는 것을 과시하는 것은 잘못이다. 또, 다른 사람이 잘될 때 슬퍼하고, 다른 사람이 잘못되었을 때 기뻐하는 것은 틀림없이 정서적 왜곡이라 할 수 있다.

셋째, 분노는 자기 보호의 왜곡이다. 인간은 누구나 심리적, 물리적으로 자기를 보호하도록 되어 있지만 지나친 자기 보호가 상대방을 공격하고 분노하는 태도로 나타날 수 있다.

넷째, 나태는 안식과 안락의 왜곡이다. 인간은 일하는 존재이며, 일을 마친 후에 안식과 쉼을 갖도록 지음 받았다. 하지만 일을 포기하고 절제 없는 쉼을 추구하려는 왜곡된 상태가 나태이다.

다섯째, 음욕은 사랑의 왜곡이다. 인간은 누구나 자신의 내면에 성욕이 존재하고 이것을 통해 사랑을 하게 되고, 부부 관계를 맺으며, 하나님이 인간에게 부여하신 생육하고 번성하는 일을 하게 된다. 하지만 건전한 성욕의 범위를 벗어나는 성의 오용과 남용이 죄악을 불러일으키게 된다.

여섯째, 탐욕은 소망과 열정의 왜곡이다. 소망과 열정은 모든 성취의 기본으로서 이것이 없이는 되는 일이 없다. 하지만, 자신의 소망과 열정을 이루기 위해 다른 사람의 소망과 열정을 무시하고 짓밟거나 자신의 소망과 열정만을 중시하는 것이 탐욕이다.

일곱째, 탐식은 먹고자 하는 생각의 왜곡에서 비롯된 행동이다. 이것은 하나님이 인간의 생존을 위해 주신 본능으로 먹음으로 즐겁고, 먹어야 에너지를 얻어 활동하며, 삶을 유지해 나갈 수 있다. 하지만 이 욕구가 왜곡되어 잘못 먹고, 많이 먹고, 먹는 것에 삶의 목적을 두고, 더 먹으려고 다투는 모습은 틀림없이 잘못된 현상이며 결국, 죄가 되는 것이다.

'신념'의 문제

베커스는 7가지 죄에 대하여 '인지행동치료'(cognitive behavioral therapy)의 용어를 사용하여 '그릇된 신념'(irrational belief)에서 비롯되는 것으로 보았다.

첫째, 교만은 '자신이 높이 올라감으로써 전능자 또는 하나님의 위치까지 올라갈 수 있다'는 그릇된 신념을 갖는 것이다. 교만한 사람의 신념은 자신을 지나치게 중요시 여기고, 다른 사람이 자신에게만 관심을 가져야 하고, 존경을 강요하며, 섬김 받는 것에서 행복을 찾으려는 것이다.

둘째, 시기·질투는 '자신의 소유나 지위가 다른 사람의 것보다 커야 행복할 수 있다'는 그릇된 신념을 갖는 것이다. 이들의 신념은 다른 사람이 자신보다 더 크지 말아야 하고, 자신보다 못해야만 하며, 자신만이 인정받고, 뛰어나야 행복해질 수 있다고 믿는 것이다.

셋째, 분노는 '자신이 다른 사람에게 공격하고, 복수할 수 있다'는 우월성을 갖는 그릇된 신념이다. 그리고 분노하는 사람의 잘못된 신념은 '다른 사람이 자신의 심기를 불편하게 하지 말아야 자신이 행복해질 수 있다'는 것이다.

넷째, 나태는 '자신이 아무 일도 하지 않고 쉬는 것을 '인간이 누릴 수 있는 가장 큰 행복'이라는 그릇된 신념을 갖는 것이다. 나태한 사람은 '자신의 쉼과 마음 편한 여유와 느긋함의 보장을 받는 것에서 인생이 행복해질 수 있다'는 그릇된 신념을 가지고 있다.

다섯째, 음욕은 '자신의 성적인 욕구가 충족되어야 인생이 즐겁고, 만족한 삶을 살 수 있다'는 그릇된 신념을 갖는 것이다. 음욕에 찬 사람의 신념은 '자신의 성적 욕구의 충족 대상으로 다른 사람을 바라보고 오직 자신의 성적 욕구가 충족될 때 행복해질 수 있다'는 것이다. 하지만 성적 욕구에는 만족이 있을 수 없다. 더 새로운 욕구, 더 강한 욕구, 더 짜릿한 성적 욕구를 추구하다가 망하는 것밖에는 없다.

여섯째, 탐욕은 어떤 것을 소유하고자 하는 욕구의 충족을 최고의 가치로 여기는 그릇된 신념을 갖는 것이다. 탐욕에 가득한 사람의 신념은 '자신이 갖고자 하는 것은 무엇이든지 가져야만 행복해질 수 있다'는 것이다. 이것은 "삼가 모든 탐심을 물리치라 사람의 생명이 그 소유의 넉넉한 데 있지 아니하니라"(눅 12:15)는 예수님의 가르침에 반대되는 잘못된 신념이다.

일곱째, 탐식이 넘치는 사람의 신념은 먹고 싶은 것을 마음껏 먹고, 마시고 싶은 것을 마음껏 마시는 것이 인간으로서 누릴 수 있는 '최대의 행복'이라는 것이다.

8) '결핍'의 문제

7가지 죄의 반대되는 단어는 겸손(↔교만), 존중(↔시기·질투), 인내(↔분노), 근면(↔나태), 사랑(↔음욕), 절제(↔탐욕), 구제(↔탐식)이다. 7가지 죄의 반대 개념을 생각해 볼 때 7가지 죄를 결핍으로 이해해 볼 수 있다.

교만은 '겸손의 결핍'이고, 시기·질투는 '존중의 결핍'이며, 분노는 '인내의 결핍,' 나태는 '근면의 결핍,' 음욕은 '사랑의 결핍,' 탐욕은 '절제의 결핍,' 탐식은 '구제의 결핍'이라고 볼 수 있다.

"만물보다 거짓되고 심히 부패한 것이 인간의 마음"(렘 17:9)이므로 여기서 나오는 현상들은 선한 것이 없으며, 죄악된 것들뿐이다. 인간의 마음이 만물보다 거짓되고 심히 부패한 것은 예레미야가 살았던 그 당시나 지금이나 마찬가지라고 할 수 있다. 현대인들이나 고대인들이나 모든 인간은 더러운 죄성으로 인해 타락된 상태이다. 그래서 스코트 설렌더는 "현대인이나 2,000년 전의 인간이나 그 이전의 인간이나 인간은 죄성으로 인해 본질적으로 악한 성품을 가지고 있으며, 모두 치명적인 죄에 노출되어 있다"고 밝히고 있다. 현대인들은 과거와 다른 죄를 짓는 것이 아니라 과거와 근본적으로 동일한 죄를 다양한 형태로 범한다고 볼 수 있다.

죄악을 7가지로만 본다는 것은 죄를 지나치게 단순화시키고, 축소시킨 것이 될 수 있다. 물론, 7가지 죄에 대한 내용이 성경에 분명히 기록되어 있기는 하지만 딱히 7가지 죄만을 나열하여 이것이 '심각한 문제,' '죽을 죄,' '치명적인 죄'라고 기록된 곳은 신구약성경 어디에서도 발견하기 어렵다. 성경에 기록된 죄악은 7가지 이상의 훨씬 많고 다양한 죄악들이 기록되고 묘사되어 있다. 그럼에도 불구하고 7가지 죄는 유사 이래로 사람들이 가장 빈번하게, 가장 쉽게 범하는 죄라고 볼 수 있을 것이다.

기독교상담학자 브루스 리치필드(Bruce Litchfield)는 "7가지 죄는 많은 사람들로 하여금 상담 받게 만드는 고통을 일으키는 주제로 보고 이 죄들을 결코 소홀히 여겨서는 안 된다"고 강조했다. 따라서 경건하고 정결한 삶을 살고자 하는 신자들에게 7가지 죄는 자신의 육체적, 심리정서적, 정신적, 영적으로 치명적인 적(enemy)으로 간주하고, 이 죄들을 회개하고, 다스리고, 극복함으로써 영적 성장을 추구하고, 영적 건강을 유지하게 될 것이다.

6. 7가지 죄에 대한 연구 목록

인간의 삶을 파괴하는 7가지 죄는 4세기에 제기되어 오늘날까지 신앙과 신학에서는 물론 시, 소설 등 문학 분야, 그림, 조각, 영화, 드라마, 음악 등 예술 분야에서도 다루고 있다. 1900년 이래로 "7가지 치명적인 죄"(-seven deadly sins)라는 제목으로 출간된 영문 도서들을 살펴보면 다음과 같은 것들이 있다.

1900-1950년대

Franz Hunolt. *Sermons on the Seven Deadly Sins*. New York: Benziger, 1901.
Frederick Rogers. *The Seven Deadly Sins*. Millionbooks, 1907.
James Stalker. *The Seven Deadly Sins*. London, Hodder and Stoughton, 1902.
Noel Hall. *The Seven Root Sins*. London: Oxford University Press, 1936.
Morton W. Bloomfield. *The Seven Deadly Sins*. East Lansing, MI: Michigan State College Press, 1952.
Robert C. Fox. *The Seven Deadly Sins in Paradise Lost*. Columbia University, 1957.
Stewart Stone. *The Seven Capital Sins*. Milwaukee, WI: Morehouse, 1926.

1960년대

Allen C. Isbell. *Seven Deadly Sins*. Fort Worth, TX: Manney, 1962.
Angus Wilson. *The Seven Deadly Sins*. New York: W. Morrow, 1962.
Billy Graham. *The Seven Deadly Sins*. London: Marshall, Morgan & Scott, 1961.
Eli Levin. *The Seven Deadly Sins*. Madison, WI: University of Wisconsin, 1966.
Frank Rampolla. et al. *The Seven Deadly Sins*. Sarasota, FL: Ringling Museum of Art, 1965.
Karl A. Olsson. *Seven Sins and Seven Virtues*. New York: Harper & Brothers, 1962.
Mel Fowler. *The Seven Deadly Sins*. San Francisco: Porpoise Bookshop, 1960.
Morton W. Bloomfield. *The Seven Deadly Sins*. Grand Rapids: Michigan State University Press, 1967.

1970년대

Clarke Hutton & Tim Towle. *The Seven Deadly Sins*. Esher: Penmiel, 1980.
Colin Brumby. *The Seven Deadly Sins*. Ipswich, Queensland: Shapcott in conjunction with the Queensland Opera, 1970.
Jon L. Joyce. *The Seven Deadly Sins*. Lima, OH: C.S.S. Publishment, 1973.
Robert Nye. *The Seven Deadly Sins*. Rushden: Omphalos Press, 1974.
Stanford M. Lyman. *The Seven Deadly Sins*. New York: St. Martin's Press, 1978.

1980년대

Alison Fell & Kathy Acker. *The Seven Deadly Sins*. London: Serpent's Tail, 1988.
Amanda Faulkner & Alison Fell. *The Seven Deadly Sins*. London: Serpent's Tail, 1989.
Anthony Campolo. *Seven Deadly Sins*. Wheaton, IL: Victor Books, 1988.
Emily Martin. *The Seven Deadly Sins*. Iowa City, IA: Emily Martin, 1982.
Jane Q. Spears & Alicia Bailey. *Seven Deadly Sins*. Lake City, CO: Alicia Bailey, 1981.
Jim Lee & W. D. Darnel. *The Seven Deadly Sins*. Madison, WI: Blue Moon Press, 1980.
Kenneth Slack. *The Seven Deadly Sins*. London: SCM, 1985.
Lynda Barry. *The Seven Deadly Sins*. Seattle, WA: Cornucopia, 1984.
M. D. Kirby. *The Seven Deadly Sins*. New South Wales: Sydney University, 1985.
Patrick Gallagher. *The Seven Deadly Sins*. Glasgow: R. Drew, 1987.
Rebecca C. Keeley. *The Seven Deadly Sins*. Los Angeles: Purgatory Pie Press, 1988.
Robert Freese. *Seven Deadly Sins*. West Orange, NJ: Oldstyle Press, 1980.
Society for the Study of Myth and Tradition. *The Seven Deadly Sins*. New York: Society for the Study of Myth and Tradition, 1985.
Stanford M. Lyman. *The Seven Deadly Sins*. Dix Hills, NY: General Hall, 1989.

1990년대

Carmine Chickadel. et al. *The Seven Deadly Sins*. Seattle: Neo Vatikan Press, 1991.
Charlotte K. Culmsee. *The Seven Deadly Sins*. København, 1991.
Cyberspace Campaign for Cyprus. *The Seven Deadly Sins*. Sheffield: 3C Initiative, 1996.
Donald W. Backus. *The Seven Deadly Sins*. Ann Arbor: UMI, 1999.
Elizabeth M Craik, et al. *The Seven Deadly Sins*. Birmingham: Hayloft Press, 1998.

Ellen R. Franklin. *The Seven Deadly Sins.* Rensselaer IN: Saint Joseph College, 1997.

Gerard P. Weber. *The Capital Sins.* Cincinnati, OH: St. Anthony Messenger Press, 1997.

James Stalker. *The Seven Deadly Sins.* Colorado Springs, CO: Nav Press, 1998.

John N. Deely. *The Seven Deadly Sins.* Urbino: Centro internazionale di semiotica e di linguistica, 1996.

John Steinbacher. *The Seven Deadly Sins.* Riverside, CA: Cancer Federation, 1994.

Michael Bishop. *Seven Deadly Sins.* Wichita, KS: Checkmate, 1999.

Miriam Stannage, et al. *Seven Deadly Sins.* Nedlands, WA: Lawrence Wilson Art Gallery, 1998.

Rachel Billington. *The Seven Deadly Sins.* London: Spire, 1990.

Richard W. Bailey. *The Seven Deadly Sins in the Contemporary Church.* Camp Hill, PA.: Christian Publications, 1993.

Solomon Schimmel. *Seven Deadly Sins.* Oxford: Oxford University Press, 1997.

Stephen Gan, James Kaliardos, Cecilia Dean, Greg E. Foley & Florentino J. Pamintuan. *Seven Deadly Sins.* New York: Visionaire Publishing, 1994.

Steve Dobell. *The Seven Deadly Sins.* London: Pavilion, 1997.

V. B. Price & Rini Price. *Seven Deadly Sins.* Albuquerque, NM: La Alameda Press, 1997.

William Benjamin & James Martin. *A Sermon Series on the Seven Deadly Sins.* Royal Oak, MI: Cathedral Publishment, 1999.

William S. Burroughs. *Seven Deadly Sins.* NP: Archer Fields Press, 1994.

2000년대

Andrew Byrne. *Seven Deadly Sins.* St. Agnes: Carpe Diem, 2005.

Angus Wilson, et al. *The Seven Deadly Sins.* Pleasantville, NY: Akadine Press, 2002.

Aviad M. Kleinberg. *Seven Deadly Sins.* Cambridge, MA: Harvard University Press, 2008.

Brian Borchardt. *The Seven Deadly Sins.* Fond du Lac: Seven Hills Press, 2005.

Dan Boone. *Seven Deadly Sins.* Kansas City, MO: Beacon Hill Press of Kansas City, 2008.

Eileen Bell. *Seven Deadly Sins.* Calgary: Absolute Press, 2009.

Francine Prose. *The Seven Deadly Sins.* Oxford: Oxford University Press, 2008.

Fulton J. Sheen. *The Seven Capital Sins.* New York: Alba House, 2001.

Gloria Kondrup, et al. *Seven Deadly Sins.* Pasadena, CA: Archetype Press, 2007.

Gray Fraser. *Seven Deadly Sins.* Montréal, Canada: Production Gray, 2004.

Iain Stewart & Romesh Vaitilingam. *Seven Deadly Sins*. Swindon: Economic and Social Research Council, 2005.

James Lurie. *Seven Deadly Sins*. New York: A & E Television Networks, 2008.

J. D. McClatchy. *The Seven Deadly Sins*. Johns Hopkins University Press, 2008.

Joseph Epstein. *The Seven Deadly Sins: Envy*. New York: Oxford University Press, 2003.

Marie Kelzer. *Seven Deadly Sins, Seven Heavenly Virtues*. San Francisco, CA: Paper Arts, 2009.

Mark Brumley. *The Seven Deadly Sins of Apologetics and Evangelization*. San Diego: Catholic Answers, 2002.

Michael E. Dyson. *The Seven Deadly Sins: Pride*. New York: Oxford University Press, 2006.

Norman M. Caie. *Seven Deadly Sins*. NP: Gardners Books, 2007.

Paul Thurston. *The Seven Deadly Sins of Bridge, and How to Avoid Them*. Toronto, Canada: Master Point Press, 2003.

Peter D. Carney. *The Seven Deadly Sins*. NP: FIU(Florida International University) Digital Commons, 2002.

Phyllis Tickle. *The Seven Deadly Sins: Greed*. New York: Public Library, 2004.

Pierre E. Meunier. *The Seven Deadly Sins*. Ibadan, Nigeria: Spectrum Books, 2001.

Rebecca K. DeYoung. *The Seven Deadly Sins*. Grand Rapids, MI: Faith Alive Christian Resources, 2007.

Richard Newhauser. *The Seven Deadly Sins*. Leiden: Boston Brill, 2007.

Robert A. F. Thurman. *The Seven Deadly Sins: Anger*. New York: Oxford University Press, 2005.

Robert Barron. *Seven Deadly Sins*. West Milton, 2007.

Scott Rodin R. *The Seven Deadly Sins*. Spoken, WA: Kingdom Life Publishment, 2007.

Steven Schwartz. *The Seven Deadly Sins*. New York: Gramercy Books, 2000.

Sylvia Penny. *The Seven Deadly Sins*. Reading: Open Bible Trust, 2007.

Thornton Wilder, et al. *The Seven Deadly Sins*. Cambridge: Proquest, 2007

William D. Backus. *Seven Secrets Revealed: Conquer the Power of Sin in Your Life*. Minneapolis, MN: Bethany House, 2000.

William G. Justice. *Seven Deadly Sins of Dying Churches*. Bloomington, IN: Universe Inc, 2009.

2010년대

Angela Tilby. *The Seven Deadly Sins*. New York: SPCK, 2013.
Cantook Station. *Seven Deadly Sins*. NP: Hades Publications, Inc. 2016.
Catholic University of American. *Seven Deadly Sins*. NP: Catholic University of American Press, 2018.
Chris Chambers. *The Seven Deadly Sins of Psychology*. Princeton, NJ: Princeton University Press, 2017.
Corey Taylor. *Seven Deadly Sins*. NewYork: Da Capo Press, 2012.
David R. Lynch, Molly Sween, Mark W. Denniston & Bruce Bayley. *Seven Deadly Sins*. Durham, North Carolina: Carolina Academic Press, 2016.
Dayton Ward. *Seven Deadly Sins*. New York: Gallery, 2010.
Emmerich Vogt. *Recovery and the Seven Deadly Sins*. Minneapolis: Mill City Press, 2012.
Frederick Rogers. *Seven Deadly Sins*. NP: Nabu Press, 2011.
Graham Tomlin. *The Seven Deadly Sins*. Oxford: Lion, 2014.
Henna Syrjälä & Hanna Leipämaa-Leskinen. *Seven Deadly Sins in Consumption*. Cheltenham: Edward Elgar Publishing, 2018.
Henry Fairlie. *The Seven Deadly Sins Today*. NP: Lightning Source, 2015.
James D. Wright. *Lost Souls: The Seven Deadly Sins*. Routledge, 2018.
Janet Bolin. *Seven Deadly Sins*. Waterville, MN: Wheeler, 2015.
Jeff Cook. *Seven the Deadly Sins and the Beatitudes*. Grand Rapids, 2013.
J. McKinley Williams. *Seven Deadly Sins*. NP: Pleasant Word, 2012.
John C. Barnes and Daragh O'Connell. *Dante and the Seven Deadly Sins*. Dublin, Ireland: Four Courts Press, 2017.
Lawrence Cunningham. *The Seven Deadly Sins*. Notre Dame, IN: Ave Maria Press, 2012.
Lexie Bay. *Seven Deadly Sins*. NP: Sweetmeats Press, 2012.
Marianne R. Petit. *The Seven Deadly Sins*. New York: Marianne Petit, 2012.
Mark Brumley. *The Seven Deadly Sins of Apologetics*. San Diego: Catholic Answers Press, 2014.
Mark P. Shea. *Seven Deadly Sins*. NP: Word on Fire Catholic Ministries, 2015.
Mark P. Shea & Robert Barron. *Seven Deadly Sins*. Skokie, IL: Word on Fire Catholic Ministries, 2010.
Marshall Segal. *The Seven Deadly Sins*. Minneapolis, MN: Desiring God, 2015.
Mary R. Theriot. *Seven Deadly Sins*. NP: Mary Reason Theriot, 2016.

Nakaba Suzuki. *The Seven Deadly Sins*. San Francisco: Kodansha, 2015.
Patricia Danaher. *The Seven Deadly Sins*. Los Angeles: Harvardwood Press, 2016.
Peggy Pandaleon. *Seven Deadly Sins*. NP: Word On Fire Catholic Ministries, 2015.
Phyllis A. Tickle. *The Seven Deadly Sins*. Oxford: Oxford University Press, 2011.
Rev J. Stalker. *Seven Deadly Sins*. NP: Forgotten Books, 2015.
Richard Newhauser & Susan J. Ridyard. *The Tradition of the Seven Deadly Sins*. Woodbridge: York Medieval Press, 2012.
Richard Newhauser. *The Seven Deadly Sins*. Edmonton, Canada: Brill, 2014.
Robin Wasserman. *Seven Deadly Sins*. New York: Simon Pulse, 2013.
Solomon Schimmel. *The Seven Deadly Sins*. New York: Oxford University Press, 2010.
Susan Ball, Amanda Skehan & Bruce Museum. *The Seven Deadly Sins*. Greenwich, CN: Bruce Museum, 2015.
Thornton Wilder. *The Seven Deadly Sins*. New York: Samuel French, 2012.
Ted Bauman, et al. *Seven Deadly Sins*. University City, CA: Vivendi, 2010.
Tensai Okamura, et al. *Seven Deadly Sins*. Flower Mound, TX: Funimation, 2017.
Todd McEwan, Ali Smith, John Sutherland, David Flusfeder & Martin Rowson. *The Seven Deadly Sins*. New York: Aurum Press, 2012.
Torres, Cristina. *Seven Deadly Sins*. NP: Universe, 2014.
Wendy Wasserstein. *The Seven Deadly Sins*. Oxford: Oxford University Press, 2011.
William H. Willimon. *A New Look at The Seven Deadly Sins*. Nashville: Abingdon, 2013.

여기서 "7가지 치명적인 죄"(seven deadly sins)라는 동일 제목의 책 또는 이 단어가 포함되었거나, 이 주제를 다룬 책이 거의 1년 한두 권 이상 꾸준히 출간된 것을 볼 수 있다. 이 단어가 제목에 포함되지는 않았지만, 명백하게 이 주제를 함의하고 있는 단행본들도 수없이 많다. 그것이 신학서적이든, 심리학도서든, 문학작품이든 1900년 이후로 영문도서만 100권 이상이 되는데, 이는 단 한 해도 빠짐없이 출간된다는 것은 정말 믿어지지 않는 일이다.

이렇게 동일한 제목의 수많은 책들이 이미 출간되었는데, 또 같은 제목의 책들이 지속적으로 출판되는 것은 도대체 무엇을 의미하는 것인가? 그만큼 인간의 삶에서 이 주제가 해결해야 할 중요한 문제, 심각한 문제라고 이해된다.

심지어 북미에서는 "7가지 치명적인 죄"(seven deadly sins)라는 용어가 일반용어화 되어 『연설에 있어서 7가지 치명적인 죄』, 『글쓰기에서 7가지 치명적인 죄』, 『의사에게 7가지 치명적인 죄』, 『수술에 있어서 7가지 치명적인 죄』, 『리더십에 있어서 7가지 치명적인 죄』, 『의사소통에서 7가지 치명적인 죄』, 『비즈니스에서 7가지 치명적인 죄』, 『디지털 세계에서 7가지 치명적인 죄』, 『건강관리의 7가지 치명적인 죄』 등 교회 전통에서 다루어 왔던 7가지 치명적인 죄와는 관련 없는 내용의 단행본들도 수없이 출간되고 있다.

7가지 죄는 과거나 현재를 막론하고 인간을 괴롭혀 왔으며, 가정이나 교회, 수도원이나 학교, 인간이 사는 곳은 어디서나 시험과 유혹이었으며, 고통을 안겨준 주범이었다. 미래에도 7가지 죄가 인간을 인간 되지 못하게 만드는 세력으로 작용할 것이 틀림없다. 따라서 7가지 죄의 정체를 면밀히 분석하고, 그것을 분명히 인식하여 대처하며, 극복 의지를 갖고 이것에 대항해 나가는 것은 현대인들에게 요구되는 매우 중대한 일이 아닐 수 없다.

제 1 장

교만: 죄를 덮고 있는 이불

인간의 머리 무게는 대략 4-5kg으로 볼링공의 무게와 버금가거나 웬만한 책 10권의 무게와 비슷하다. 만일 자신의 머리 위에 볼링공이나 책 10권을 올려놓은 상태로 살아야 한다면 누구든지 그 무게를 지탱하지 못하고 병이 나고 말 것이다. 실제로 인간의 목은 볼링공 정도의 무게를 늘 이고 사는 것과 같다. 하지만 자신의 머리가 무거워서 내려놓고 싶다고 생각하는 사람은 한 사람도 없을 것이다.

이처럼 머리는 인간의 신체에서 무거운 부분이기는 하지만 목이 잘 받들고 있고 태어나면서부터 지탱해 왔기 때문에 대부분의 사람들은 그것에 익숙해져서 그 무게를 의식하지 못하고 산다. 그런데 목이 느끼기에 머리를 받치는 것이 너무 무겁고 힘들다면 그것은 아마도 '경추 추간판탈출증'(cervical HIVD, 목 디스크)이거나, 아니면 전날 잠을 잘못 자서 목 근육이나 신경이 불편을 겪는 것임에 틀림없다.

정상적인 사람이라면 무거운 팔이 몸에 붙어 있는지조차 의식하지 못하고 살아가지만, '몸에 팔이 붙어있다는 것이 자주 의식되고 무겁다'는 생각이 든다면 그것은 뭔가 잘못된 상태이다. 아마도 전날 수면 중에 팔이 눌린 것이든지 팔 주변의 근육과 신경의 문제 또는 어떤 질병으로 인해 정상이 아닌 상태일 것이다.

심리적으로 볼 때에도 그와 마찬가지인데, 자신의 업적이나 성취, 성과 등에 대하여 그것이 자꾸 의식된다면 정신적으로, 영적으로 건강한 상태가 아니며 '이상'(abnormal, 異常)으로 생각해 볼 수 있다. 요즘은 보석이 흔하여 손가락에 다이아몬드 반지를 끼었다 하여 그것을 드러내어 자랑하는 사람이 흔하지 않을 것이다. 하지만 과거에 보석이 비싸고 귀할 때 어렵게 보석반지를 장만한 주부는 그것을 자랑하고 싶어서 머리도 안 아픈데 이마에 손을 얹으면서 "아, 머리 아퍼! 열이 있나?" 하면서 자신의 반지를 다른 사람들에게 드러내어 자랑하는 일이 있었다.

'나 돈 많은데…,' '나 승진했는데…,' '나 계급 높은데…,' '나 자랑할 것이 많은데…' 자신에게 이런 일들이 빈번하게 의식되고, 다른 사람들에게 드러내고 싶고, 자신을 알아봐 달라는 강력한 바람이 있다면 일단 '교만'이라는 증상을 의심해 보아야 한다.

1. 어떤 방법으로든 드러내고 싶은 마음

교만은 자신의 소유, 신분, 학식, 명예, 미모, 능력, 성과 등을 빈번하게 의식하여 그것에 관심이 집중되고, 어떤 방법으로든 그것을 드러내고 싶은 마음으로부터 시작된다. 그래서 '미국 심리학의 아버지'라는 별명을 가진 윌리암 제임스(William James, 1842-1910)는 "그 사람의 존재라는 것은 그 사람이 관심을 가지고 있는 그 자체"라는 말을 했다.

또 실존주의 심리학자 롤로 메이(Rollo R. May, 1909-1994)는 '신경증(psycho-neurosis)이란 그 사람이 자신의 삶에서 특정한 것에 신경을 많이 쓰는 증상'이라고 설명했다. 자신을 과시하는 것에 온 관심이 집중되어 있고, 여기에 신경을 많이 쓴다면 그 사람은 신경증에 노출된 사람이며, 동시에 '교만'에 노출된 사람이라고 진단해 볼 수 있다.

자신을 드러내고자 하는 심리 저변에는 다른 사람들로부터 인정받고 싶은 욕구가 깔려 있다. 사실, 교만은 인간에게 있어 본능과 같은 것이어서 누구나 자신을 나타내고, 드러내고, 자랑하고 싶어 하며, 다른 사람들로부터 인정받고, 지지받고, 존경받고 싶어 하는 마음을 가지고 있다. 하나님께서 인간을 교만하게 지으시지는 않았으나, 인간은 죄성으로 인해서 교만이 보편적인 심리상태가 되었다.

사람은 누구나 자신에게 무엇인가 조금이라도 내세울 것이 있을 때 그것을 극대화하려는 성향이 나타나는데, 이를 상담심리학에서는 '우월적 욕구' 또는 '자기 극대화의 욕구'라고 한다. 더 좋은 학교에 진학하고 싶어 하고, 더 좋은 차를 타고 싶어 하고, 더 높은 자리에 올라가고 싶어 하고, 더 많은 것을 갖고 싶어 하고, 더 인정받고, 더 예뻐지고, 더 영향력을 미치고, 더 뽐내고 싶어 하는 자기 극대화의 욕구 때문에 공부도 열심히 하고, 여러 면에서 노력도 하는 것이다.

프레드리카 홀리갠(Fredrica R. Halligan)은 "나르시시즘, 영적 교만과 원죄"(Narcissism, Spiritual Pride, and Original Sin)라는 논문에서 교만을 일컬어 '자기 팽창'(self aggrandizement)이라고 표현하였다. 학술적으로 이 표현은 일반적이지 않은데, 마치 코브라가 다른 동물을 공격할 때 자신의 몸을 부풀려 상대방이 그것을 보고 위협을 느끼도록 하기 위해 사실 이상으로 자기를 부풀리는 것처럼 교만을 그렇게 이해한 것이다. 이른바 '자기 팽창'은 심리학 이론 가운데 '자기 확장'(self expansion)이라는 개념과는 구별되어야 한다. 자신의 경계를 넓히고, 대인관계의 폭을 확대하는 등 자신의 영역을 키워나가는 자기 확장의 개념과 자기 과시의 개념은 다르다고 보아야 할 것이다.

교만의 국어사전적 정의는 '잘난 체하여 뽐내고 버릇없음'이다. 교만을 다른 표현으로는 '주제넘다,' '건방지다,' '우쭐대다,' '자신을 높이다' 등이 있다. 이 정의를 염두에 두고 보면 '자신의 주변에 그런 인물이 존재한다는 것을 곧 의식하게 될 것이다. 일반적으로 교만은 자신의 부족한 점을 알지 못하고 자기 자신을 높여 대단하고 훌륭한 존재로 여기는 '과장된 자기 인식,' '과장된 자기 평가'라고 할 수 있다. 헨리 페얼리(Henry J. Fairlie)는 교만을 일컬어 한마디로 '과도한 자존심'(inordinate self esteem)이라고 표현했다.

그런데 대부분 교만에 노출된 사람은 정작 '자신은 자신이 스스로 사실과 다르게 과대평가하고 있다'는 사실을 알지 못한다. 왜냐하면 교만한 사람은 자신에 대해 분명히 우월하게 생각할 만한 다소 정당한 근거가 있다고 느끼기 때문이다. 봉사를 많이 하는 사람은 그 봉사를 많이 하는 것으로 인해 교만할 수 있다. 공부를 많이 한 사람은 그것 때문에 교만할 수 있고, 높이 올라가면 그 위치 때문에 교만하게 될 수 있으며, 돈이 많으면 재물 때문에 얼마든지 교만할 수 있는 것이다. 따라서 '무엇인가 성취한 것이 있다'고 생각하는 사람들에게서 그렇지 않은 사람보다 훨씬 더 교만한 것을 쉽게 발견할 수 있다.

2. 진단명: 자기애적 성격장애

교만의 유사어로는 '거만,' '자만,' '오만' 등 여러 단어들이 사용된다. 상담심리학에서는 '교만'(pride)이라는 단어보다는 '우월감'(superiority)이 주로 사용되고, 다른 말로는 '자기 과시,' '자아 도취'라는 말도 쓰인다. '자아 도취'는 자기 자신만을 즐겁게 하고, 자기 과시를 즐기는 일종의 정신장애로 이해된다. 이를 다른 말로 '자기애'(自己愛, Narcissism)라고도 한다.

'자기애'라는 용어는 그리스 전설에서 나온 말이다. 어느 날, 나르시스라는 사람이 자신의 얼굴이 너무나 아름다워서 아침부터 저녁까지 연못에 비친 자신의 얼굴만 바라보며 감동을 받다가 나중에 연못에 뛰어들어 죽었다는 전설에서 이 용어가 생겼다. 상담심리학에서는 자기애를 이상심리

또는 성격장애의 일종으로 본다. 자기를 지나치게 사랑하는 것은 심리정서적으로 질병상태라는 의미이다.

로날드 코테스키(Ronald L. Koteskey, 1942-)는 자기애적 성격을 한마디로 '교만의 죄'라고 표현하는 데 주저하지 않았다. 미국 정신과 의사 스캇 펙(M. Scott Peck, 1936-2005)도 모든 죄의 저변에는 '자기애'가 깔려 있으므로 자기애는 '모든 죄의 원인과 본질'이라고 보았다.

심리학 및 정신의학에는 정신장애 여부를 판단하는 기준으로 『정신장애의 진단 및 통계편람』(Diagnostic Statistical Manual: DSM)을 사용한다. 그 최신판인 DSM-5에는 자기애적 성격장애자의 특징에 대해 기술되어 있다. 자기애적 성격장애자의 특성은 자기 자신에 대해 과장된 평가를 하는 것이다. 대개 사람들은 자기 자신을 중요하게 생각하기는 하지만 자신을 지나치게 중요하게, 지나치게 훌륭하게, 지나치게 과장되게 생각하는 경우는 흔하지 않은데, 그런 경우라면 그것은 바로 '자기애적 성격장애'라고 할 수 있다.

자기애적인 사람은 자신을 '특별한 존재'로 믿고, 남다른 특권의식을 가지고 있다. 경기도 성남시의회 한 의원은 지역 주민센터 직원이 '자신의 이름을 모른다'고 하여 그 직원을 폭행한 사건이 언론에 보도(2011년 2월 2일자)된 바 있었다. 시의회 의원은 '자신을 특별한 존재로 알고, 다른 사람이 자신의 이름을 알아야만 한다'는 남다른 특권의식을 가졌던 자로 자기애적 성격장애일 가능성이 매우 높다.

자기애적 성격장애자는 다른 사람으로부터 과도한 찬사를 요구하는 경우가 많다. 「조선일보」에 따르면, "서울대학교 음악대학 A 교수는 자신이 공연을 마친 후 '박수 소리가 작다'고 하여 제자 10여명을 모아 놓고 꽃다발로 제자들의 얼굴을 수차례 때렸다"는 기사를 보도(연합뉴스 2011년 2월 11일자)한 바 있었다. 이것이 사실이라면 A 교수는 자기애적 성격장애일 가능성이 매우 높다. 자기애적 성격장애자는 오만한 것이 특성이다.

주변을 살펴보면, 걸음걸이나 얼굴표정, 태도, 언어 등에서 오만함이 느껴지는 사람들이 있다. 이런 사람의 심리적 특징 가운데 하나는 다른 사람을 이해할 줄 모른다는 것이다. '이해'의 영어 단어는 'understanding'인데, 그 말은 under(아래)와 standing(서 있음)이 합쳐서 생긴 말로 '다른 사람 아래 서 있다'는 의미이다. 교만한 사람이 다른 사람을 이해하지 못하는 이유는 다른 사람 위에 자신이 서 있는 것을 즐기기 때문이다. 대부분의 사람들은 이렇게 자기 위에 서 있는 교만한 사람을 좋아하지 않는다.

3. 교만에는 약이 없다!

교만으로 대변되는 자기애적 성격장애는 두 종류가 있는데, 외현적 자기애와 내현적 자기애이다. 외현적 자기애는 객관적으로 관찰할 수 있을 만큼 자기애의 속성이 외적으로 나타나는 경우이다. 또 내현적 자기애는 그것이 외적으로 나타나지는 않으나 내면 깊은 곳에서 자기애적 성향이 강한 경우를 의미한다. 흥미로운 것은 자기애적 성격장애는 이른바 '공주병,' '왕자병'이라고 할 만큼 잘난 척을 하는 질병인데, 이것은 대개 만성적이고, 이를 위한 약이 없어 치료가 어려운 병이다.

자기애는 지나치면 '자기숭배'의 죄로 나가게 한다. 자기를 사랑하는 것과 자아 도취가 지나치면 종국에 자기를 숭배하게 되는 교만의 죄를 짓게 된다.

15세기 이탈리아 피란체의 '성 마르코 수도원' 원장 '기롤라모 사보나롤라'(Girolamo Savonarola, 1452-1498)는 어느 날 아침에 산책을 하다가 성당에서 지긋하게 나이 든 한 중년 여성 신자가 마리아 상 앞에서 경건한 모습으로 참배하고 진지하게 기도하는 모습을 보았다. 그 여성은 이튿날도 같은 시간에 마리아 상 앞에서 기도를 했는데, 이런 모습은 비가 오나 눈이 오나 바람이 불어도, 봄, 여름, 가을, 겨울을 한결같이 동일한 시각에 참배하고 기도하는 것이었다. 그런 모습에 감명받은 사보나롤라는 마음속으로 그 여성에 대해 '참으로 귀한 신앙심을 가진 신자'라고 생각했다.

그러던 어느 날, 사보나롤라는 동료 사제와 함께 산책하다가 그 부인을 가리키면서 말했다.

"이보게, 내가 저 부인을 오랫동안 지켜봤는데, 저 부인이 사계절 변함없이 동일한 시간에 한결같이 기도하는 모습을 보아 왔네! 참, 대단한 신앙심이 아닌가?"

그러자 옆에 있던 사제가 웃으면서 대답했다고 한다.

"자네는 그 내용을 잘 모르는가 보네! 이 성당에 마리아 상을 처음 조각할 때 조각가가 마리아 상의 모델로 저 부인을 뽑았다고 하네! 바로 저 부인이 처녀시절에 마리아 상의 모델이었고, 그 조각이 완성된 다음날부터 지금까지 한 번도 빠짐없이 저 마리아 상을 보고 감탄하면서 참배하고 기도하는 것일세!"

그 부인은 마리아 상에 투사된 자기를 숭배하고 있었던 것이었다. 신학적으로 볼 때 교만은 '자기 숭배의 죄'(the cult of the self)라고 할 수 있다.

4. 교만의 여러 형태

미국의 윤리신학자 라인홀드 니이버(Reinhold Niebuhr, 1892-1971)는 미국 자동차공업도시 디트로이트(Detroit)에서 13년간 목회를 하고, 30여 년간 뉴욕 유니온신학대학원에서 교수생활을 했다. 그는 아주 단순하고 강력하게 인간의 타락은 교만 때문이라고 주장했다. 니이버는 "인간이란 본래부터 교만한 존재로서 교만은 비교의식에서 발생된다고 보고, 여기에 네 가지 종류가 있다"고 주장했다.

첫째, 지적 교만(intelligent pride)이다.

이는 자신이 가지고 있는 지식이 다른 사람의 그것보다 더 많거나 전문적이라는 것을 자랑하는 마음이다. 이런 사람은 상대적으로 다른 사람보다 조금 더 아는 것을 가지고 아는 척하고, 잘난 척하고, 전문가인 척하며 자신을 자랑하고 상대방을 무시하며 논쟁하기를 즐긴다. 그러나 지식은 사람을 교만하게 할 수 있다(고전 8:1). 모르는 사람은 모르기 때문에 겸손하지만 알면 알기 때문에 그것을 드러내고 싶어서 가만히 있지 못하는 것이다.

대부분의 사람들은 많이 아는 사람 옆에 있으면 불편하고, 불쾌하고, 불안함을 느끼게 되는데, 그 이유는 상대적으로 자신의 무지가 드러날 것 같기 때문이다. 우리 주변에 많이 배우고도 겸손한 사람을 찾아보기 어려운데 그 이유는 많이 알면서 겸손하게 되는 것이 매우 어려운 일에 속하기 때문이다. 누구라도 그런 사람 옆에 있으면 마음이 편안해진다.

둘째, 영적 교만(spiritual pride)이다.

이는 영적으로 특별한 체험을 한 사람에게서 흔히 나타난다. 병든 자에게 손을 얹고 기도하면 병이 낫는다든지 하는 특별한 신적 체험(divine experience) 때문에 교만해져서 신앙적으로 잘못된 사람들이 많다. 새벽기도에 잘 나오는 사람이 잘 안 나오는 사람을 보면서 "예수를 저렇게 믿어도 되는가? 아니, 집사가 돼 가지고 새벽기도도 안 하면서 어떻게 신앙생활을 할 수 있는가?"라고 말하며 다른 사람을 무시한다면 그 사람은 새벽기도에 잘 나오는 교만한 사람이 되는 것이다.

또 성경을 많이 읽은 사람 가운데 성경 내용을 잘 모르는 사람을 보면서 "교회를 오래 다니고도 성경을 저렇게 모를 수가 있나? 아니, 집사가 돼 가지고 성경도 모르면서 어떻게 신앙생활을 한다고…" 이렇게 말하며 다른 사람을 무시하고 혀를 찬다면 그 사람은 성경을 많이 읽은 교만한 사람이 된 것이다.

금식기도를 많이 했다는 사람, 구제나 봉사를 많이 했다는 사람, 헌금을 많이 하는 사람들이 영적인 독선을 가질 수 있기 때문에 이런 사람들 가운데 교만한 사람들이 많다. 자신의 의를 내세우거나, 다른 사람의 실수, 단점, 약점, 허물, 결함, 부족한 것을 들추어 판단하거나, 더 나아가 정죄하는 것은 틀림없이 교만이다. 세간에는 이런 사람들을 향해 "너나 잘 하세요!"라고 말을 한다.

바리새인들은 자신들의 우월성을 드러내면서 다른 사람을 무시하기로 유명한 사람들이었다. 그들은 자신의 의를 드러내며, 세리를 무시하고 정죄했다. 교만한 사람은 다른 사람을 존중의 대상이 아니라 '비난의 대상'으로 생각한다. 상대방의 장점, 우수한 점, 훌륭한 점들은 애써 무시하고, 어떻게 해서든지 상대방을 깎아 내리려고 하는 마귀적 특성을 가진 사람이 교만한 사람이다. 이에 대해 기독교상담학자 도날드 캡스(Donald E. Capps)는 『치명적인 죄와 구원의 덕』(Deadly Sins and Saving Virtues)에서 분석하기를 "교만한 사람은 자신을 다른 사람으로부터 동떨어져 있다고 생각하고, 다른 사람을 무시하는 죄를 범하는 사람"이라고 했다.

기독교상담학자 마크 맥민(Mark R. McMinn)과 티모디 필립스(Timothy Philips)는 "교만은 하나님으로부터 이탈하여 하나님을 무시하는 죄"라고 분석했다. 교만은 현상적으로 두 가지 모습으로 나타나는데, 하나는 사람을 무시하는 것이고, 또 하나는 하나님을 무시하는 것이다. '사람을 무시한다'는 것은 기본적으로 하나님을 두려워하지 않기 때문이며 결국, 그것은 하나님을 무시하는 것이다. 자기 위에 창조주 하나님, 심판의 하나님이 계시는 줄을 아는 사람은 절대 사람을 무시하는 교만의 죄를 범하지 않는다. 하나님을 무시하는 것처럼 큰 교만이 없고, 매사에 하나님을 인정하는 것만큼 큰 겸손은 없다.

셋째, 권력적 교만(powerful pride)이다.

사람이 권력을 거머쥐면 그렇지 않은 사람에 비해서 교만해지는 것이 일반적인 현상이다. 어떤 군목이 신자 병사들을 대상으로 쪽지를 나누어 주고 기도제목을 접수받은 일이 있었다. 그런데 어떤 병사의 기도제목을 보고 이 군목이 매우 의아해했다. 그 내용은 "목사님, 저는 병장으로 진급하고 나서부터 너무나 교만해졌습니다. 어떻게 해야 이 교만을 물리칠 수 있을지…괴롭습니다. 제가 성령으로 충만하여 겸손하게 되기를 위해 기도해 주시기 바랍니다"라고 쓰여 있었다. 계급이 소령인 군목은 "이 일이 오랫동안 기억에서 떠나지 않았다"고 하는데, '고작 병장이 교만할 일이 뭐가 있는가? 그래 봐야 사병이고 사병들끼리 높아 봐야 도토리 키재기가 아닌가'라고 생각했던 것이다. 하지만 인간은 누구나 상대적으로 높고 상대적으로 낮음에 대해서 비교하게 되고, 이런 비교의식은 곧바로 교만을 불러일으키는 것이다.

세간에 "인간은 누구나 완장을 차면 그 다음날부터 달라진다"는 말은 사실인 것 같다. 이에 대하여 아일랜드의 트리니티대학교 심리학과 교수이며 세계적인 신경심리학자인 이안 로버트슨(Ian Robertson)도 "사람은 권력을 갖게 되면 달라진다"고 주장했다. 그는 연구를 통해 "사람이 권력을 갖게 되고, 사람을 지배하게 되면 뇌의 구조가 달라진다"고 분석하면서, "권력은 일종의 마약과 같이 강력한 중독의 힘을 가지고 있으며 성별에 상관없이 남성 호르몬인 테스토스테론(Testosterone)을 분비시키고 그 결과로 신경전달물질 도파민(Dopamine)을 분비시키기 때문에 행복감마저 갖게 된다"고 보았다.

어느 기독교 대학교에서 늦가을 교직원과 학생들이 교정에 모여 오전 10시에 특별예배를 드리게 되어 있었다. 교목실장이 사회를 보고, 총장은 축도 전에 인사말을 하게 되어 있었다. 10시에 예배를 시작해야 하는데, 시간이 되었는데도 총장이 참석을 안 한 것이다. 이미 교직원, 학생, 외부에서 참석한 신자들은 추운데 떨면서 기다리고 있었다. 총장이 와야 예배가 시간되는 것은 아니므로 교목실장이 이미 공지한 시간이 되자 예배를 시작했다. 총장은 20분이 지나서야 도착하였다.

그런데 예배를 마치고 나서 총장은 교목실장을 불러 "총장이 도착도 안 했는데, 어떻게 예배를 시작할 수 있느냐?"고 면박을 주었다고 한다. 예배는 하나님과 약속한 시간에 드리는 것이지, 총장이 참석해야 예배가 시작되는 것은 아니다. 이 사람은 총장이 됨으로써 예배를 우습게 보는 권력적 교만에 노출된 사람이 된 것이었다. '예수를 믿는다'고 하면서 자신의 신분, 위치, 계급, 보직, 권위 같은 것들을 신앙보다 앞세우려는 생각이 든다면 그것은 틀림없이 사탄으로부터 교만의 유혹을 받는 것이다. 계급만 권력이 아니라 돈도 권력으로서 "돈이면 뭐든지 할 수 있다"는 생각은 교만을 여실히 드러내는 것이다.

사법시험에 합격한 후, 35년 동안을 판사로 재직하며 대법관의 자리까지 올랐던 어떤 판사가 퇴임하면서 "나의 법관 생활은 교만으로 시작해서 후회로 마감한다"고 고백한 내용이 「대한변협신문」(2005년 10월 19일자)에 실렸었다. 그는 "어려운 사법시험에 합격했다는 교만으로 시작된 자신의 인생은 부끄러웠다"고 반성을 했다. 피상적으로는 출세한 것 같고 성공한 인생을 살았다고 생각할 수 있는 사람의 자기 평가가 이렇다면 이것은 '비극'이다. 자신의 권력으로 다른 사람을 배려하고, 존중하고, 섬길 수 있는 자세를 갖는 것이 중요하며, 언젠가는 내려오게 된다는 사실을 기억해야 권력적 교만에 노출되지 않고 겸손해질 수 있다.

노자의 도덕경에 "기자불립 과자불행"(企者不立 跨者不幸)이라는 말이 있다. 이는 까치발로는 오래 서 있지 못하고 가랑이를 한껏 벌려 성큼성큼 걷는 걸음으로는 멀리 가지 못한다는 뜻이다. 여기서 '까치발'은 교만한 사람을 지칭하는 말로서 '다른 사람보다 자신이 더 높다'는 것을 드러내는 일은 잠깐은 통할지 모르지만 결코 오래 가지 못한다. 그런데도 사람들은 잠시 잠깐을 위해 발뒤꿈치를 들고 다른 사람보다 더 높아지려다가

다리에 쥐가 나서 주저앉게 된다. 또 다른 사람보다 빨리 가고, 멀리 가려고 무리한 발걸음을 내딛다가 병이 나서 쓰러지는 사람들도 많다.

넷째, 도덕적 교만(moral pride)이다.

도덕적으로 깨끗하다고 할 수 있는 사람은 그렇지 않은 사람에 비해 다른 사람을 쉽게 비난하고 상대적으로 교만한 것이 일반적이다. 이런 사람은 TV 뉴스를 보면서 사건에 연루된 사람들을 서슴없이 비난한다. 자신은 도덕적으로 완전하다고 생각하거나, 적어도 언론에 보도된 것과 같은 죄는 범하지 않았기 때문에 그 부분에서만은 당당하게 자신의 의를 드러내고 싶은 것이다.

다섯째, 집단적 교만(collective pride)이다.

니이버는 이것을 따로 분류하지는 않았지만, 그의 연구를 정리해 보면, '집단적 교만'을 다섯째 교만으로 분류할 수 있을 정도로 이에 대한 많은 관심을 표명했다. '집단적 교만'이란 자신이 어떤 집단에 속해 있는가 하느 소속 및 출신에 따라서 교만의 정도가 얼마든지 달라질 수 있다는 개념이다. 특정 대학교 출신의 사람이 상대적으로 입학 성적이 낮은 대학교 출신의 사람을 무시하는 일을 우리 사회에서 적지 않게 볼 수 있다. 간혹 '대형교회'에 출석하는 신자들이 규모가 작은 교회에 출석하는 사람을 무시하는 경우도 있는데, 이런 경우에는 소속 교회가 집단적 교만의 근거가 된 것이다.

5. 독창자들의 중창

기독교상담학자 마크 맥민(Mark R. McMinn)은 "고만한 사람은 교만한 사람을 제일 싫어한다"고 분석했다. 미국 초대 정치인이며 '건국의 아버지'라는 별명을 가진 벤자민 프랭클린(Benjamin Frank.in, 1706-1790)도 100여년 전에 "교만은 교만을 미워한다"고 했다. 이 말은 '교만한 사람은 교만한 사람을 알아본다'는 말로도 이해된다. 교만한 사람이 교만한 사람을 싫어하는 이유는 자신만 최고가 되어야 하고, 자신만 높이 올라가야 하는데, 더 교만한 사람이 있기 때문에 불편하기 때문이다. 그러니 교만한 사람들이 모이면 자연스럽게 서로 '자신이 높다'는 잘난 척으로 인해 다툼이 발생하게 된다. 교만은 다툼을 일으킬 뿐이다(잠 13:10).

교만한 사람은 어디서나 하나가 되지 못하고 화목을 이루기가 쉽지 않다. 교만의 본질은 자신을 다른 사람 위에 올려놓는 것인데, 이 세상에 어떤 사람도 그런 모습을 보고 좋아할 사람이 없다.

누가 그런 사람의 교만 밑에 깔려 있으려고 하겠는가?

어떤 사람이 음악회에 참석했는데, 그 음악회는 여러 성악가들이 각각 독창으로 개인 연주를 하고 나서, 마지막에 독창자들이 모두 모여 여러 곡의 중창을 하는 음악회였다. 그런데 음악을 잘 모르는 사람이라도 독창자(soloist)들이 모여 중창을 하는 것은 들어줄 수가 없었다고 한다. 그 이유는 성악가들이 노래를 못해서가 아니라 노래를 너무 잘했기 때문이었다.

이 연주는 성악가들이 모여 급조한 중창단의 연주여서 바이브레이션(소리의 떨림)도 가지각색이고, 음색도 다르고, 마치 서로 자신이 잘났다고 하는 듯 소리가 삐져나오고, 노래하는 태도나 복장도 제 각각이고, 일치가 되지 않아 보기에도 좋지 못하여 중창으로서는 도저히 들을 수 없는 음악회였다는 것이다. 서로 '자신이 잘났다'는 사람들이 모이면 조화를 이루어 하나가 되기 어렵다.

6. 입 냄새와 같은 교만

어떤 남편은 밖에서 자기 잘난 것을 알아주지 않으니까, 집에서 아내에게 자신이 잘났다는 이야기를 자주 하였다. 이 아내는 자신의 남편이 "너무나 잘난 척을 많이 하여 듣기도 귀찮고 지겨워서 못 살겠다"고 하면서 어떻게 해야 할지에 대해 상담을 요청하였다고 한다. 잘난 척하는 사람은 아내도 싫어하고 지겨워하며, 괴로워한다는 것을 생각해 보면 교만은 '주변 사람을 괴롭히는 추행'이라고 할 수 있다.

대부분의 교만한 사람들은 자신이 교만하다는 사실을 잘 인식하지 못한다. 하지만 주변 사람들은 그가 교만하다는 것을 누구라도 쉽게 인식하게 된다. 사람들도 교만한 사람을 금방 알아볼 수 있는데 하나님이 그것을 모르실 리가 없다. 성경에 "여호와께서 높이 계셔서 멀리서도 교만한 자를 아신다"(시 138:6)고 했다. 교만은 주변 사람들이 다 아는데 막상 본인만 모르는 특징이 있다. 그래서 "교만은 입 냄새와 같다"는 말이 있다. 자신만 자신의 입에서 나는 악취를 모르고 있을 뿐, 주변 사람들은 모두 그 냄새를 맡고 인상을 찌푸리고 불쾌하게 되는 것과 같은 것이 교만이다.

솔로몬 쉼멜(Solomon Schimmel)도 『7가지 죽을 죄』(*The Seven Deadly Sins*)라는 그의 저서에서 "이상하게도 7가지 죽을 죄 가운데 다른 죄들은 자신이 그것을 알고 있는데 교만은 그것이 자신을 지배하고 있어도 그 사실을 알아채지 못하는 유일한 죄"라고 분석했다.

다른 사람을 시기·질투할 때는 자신의 마음이 불편하고 시기·질투의 대상을 미워하며 잠이 오지 않는 것을 경험하게 된다. 또 다른 사람에게 분노할 때도 마찬가지로 분노하는 사람은 자신의 속이 뒤집히고 분노 대상이 꼴보기 싫어서 잠을 잘 수가 없는 상태를 경험하게 된다. 나태도 나태하는 사람 스스로 '내가 왜 이렇게 게으르지?'라는 것을 느끼면서 자신의 무기력을 경험하게 된다.

음욕은 말할 것도 없다. 자신의 내면에 타오르는 음욕 때문에 음란한 상상 또는 음란의 상대가 된 존재를 생각하며 잠을 이루지 못하는 상태를 경험하게 된다. 탐욕도 탐욕자 스스로 채우지 못한 욕심으로 인해 안타까워하고 화가 나서 견디지 못하며 잠을 이루지 못하는 경험을 하게 된다. 탐식도 마찬가지로 많이 먹음으로써 속이 거북하고 답답함을 느끼게 되며 그 결과로 '비만'이라는 증상을 나타낸다.

그러나 특이하게도 교만은 다른 죄들과는 경우가 다른데, '자신이 교만하다'는 것 때문에 잠을 이루지 못하고 괴로워하는 경우가 거의 없다는 사실이다. 그래서 교만은 자신은 괴롭지 않고 타인을 괴롭히는 죄라고 할 수 있다. 스스로 '교만하다'는 사실을 발견하기가 매우 어려운 것이 교만이다. 교만한 사람에게 '교만하다'는 사실을 알려주려다가 잘못하면 큰일이 발생할 수 있다.

맥민은 다른 사람이 교만할 때 그것을 정면으로 알려주는 것은 '매우 위험한 일'이라고 분석했다. 이것을 상담심리학 용어로는 '직면'(confrontation)이라고 하는데, 교만한 사람에게 그의 교만을 직면시키려는 것은 상당히 어려운 일이거나 고도의 기법을 필요로 한다. 맥민은 '교만한 사람을 직면시키는 것이 어렵다'는 것에 대해서 순화된 표현으로 만약 한 상담자가 "당신은 교만의 문제가 있습니다"라거나 "당신은 자신의 교만을 부인하고 있습니다"고 말한다면 내담자는 자신의 방어를 더 강화할 것이라고 했다. 그런 기법을 사용하는 상담자는 실제로 내담자의 방어유형을 더욱 '두껍게 만들 가능성만을 높이고 그 상담을 실패로 끝낼 수 있다'고 분석했다.

교만한 사람은 자신의 교만을 다른 사람이 받아주지 않는다든지, 자신의 교만을 꺾는 사람에게 쉽게 분노하고 그를 적대시하게 된다. 호랑이에게 가서 "넌 왜 이렇게 사나우냐?"고 건드리면 물리고 마는 것이다. 누구도 '교만한 사람을 바꾸어 겸손한 사람으로 만든다'는 것은 쉬운 일이 아니며, 기적과 같은 일이다. 그래서 성경에는 "거만한 자를 징계하는 자는 도리어 능욕을 받고 악인을 책망하는 자는 도리어 흠이 잡히느니라. 거만한 자를 책망하지 말라 그가 너를 미워할까 두려우리라 지혜 있는 자를 책망하라 그가 너를 사랑하리라"(잠 9:7-8)고 교훈하고 있다.

성경은 이미 인간의 심리를 파악하여 교만한 사람을 경계할 것에 대하여 알려주고 있는 것이다. 교만한 사람은 다른 사람의 말을 귀담아 들으려고 하지 않기 때문에 섣불리 그에게 조언이나 충고를 해서는 안 된다. 만일 그런 조언이나 충고를 들었으면 그는 이미 교만한 사람이 아니었을 것이다.

기독교상담학자 윌리암 베커스(William D. Backus)는 "교만을 면밀히 연구해 보면 교만한 사람의 성격에서 공통적인 면이 발견되는데 그것은 바로 '분노'"라고 밝히고 있다. 베커스는 교만과 분노를 한 짝으로 이해하고 있다. 대개 교만한 사람은 다른 사람이 자신의 교만을 건드릴 때 서슴없이 분노하고, 다른 사람이 자신의 교만을 건드리는 일이 없어도 미리 방호막을 치듯, 다른 사람을 향해 쉽게 분노를 나타난다. 그래서 베커스는 교만과 분노의 성격을 동일하게 본 것이다.

파스칼(Blaise Pascal, 1623-1662)이 죽은 지 8년 후에 그의 유작 『팡세』(*Pensees*)가 출판되었는데, 이 책에서 그는 인간의 본성은 고치기가 너무나 어려운 것으로 묘사하고 있다. 특히, 모든 죄의 원천이라 할 수 있는 교만은 마땅히 극복해야 하지만 인간으로서 정말 '다루기 어려운 죄'라고 기록했다.

사람들은 자신에게 조금이라도 자랑거리가 있으면 그것을 애써 드러내는 것을 보면 자기 잘난 맛에 사는 것 같다. 맥민은 비유하기를 '교만은 반짝거리는 자기 자랑의 갑옷을 입는 것'이라고 하면서 "태양처럼 '뜨거운 하나님의 은혜'를 진심으로 체험해야만 거추장스럽고 무거운 '자기 자랑의 갑옷'을 스스로 벗어버릴 수 있게 된다"고 설명했다.

7. 열등감의 발로

오스트리아의 의사이며 심리학자 알프레드 아들러(Alfred Adler, 1870-1937)는 우월(교만) 추구의 에너지를 '열등감'으로 보았다. 즉, 아들러는 "열등감을 가지고 있는 사람은 자신의 그 열등감에 대한 보상을 위해 의도적으로 자신이 우월해지기를 갈망하고 교만하게 된다"고 분석한 것이다. 이와 유사하게, 열등감과 교만에 대해서 미국 커버넌트신학대학원 교수 리처드 윈터(Richard Winter)도 "대부분의 교만한 사람들은 자신의 연약함과 열등감, 낮은 자아존중감에 대한 보상심리로서 다른 사람보다 우월해지려는 교만이 나타난다"고 보았다. 스위스의 정신의학자이며 기독교상담학자 폴 투르니에(Paul Tournier, 1898-1986)도 자신의 저서『강자와 약자』(the Strong and the Weak)에서 "강자의 강함은 자신의 열등감을 감추기 위한 것"이라는 말을 했다. 즉, 사람의 교만은 자신의 부족함, 약함, 열등감, 단점, 두려움을 은폐하고 감추기 위한 포장 수단인 것이다.『7가지 치명적인 죄』(Seven Deadly Sins)를 출간한 리처드 뉴하우저(Richard Newhauser)도 교만의 원인을 열등감이라고 지적한 것을 보면 교만한 사람은 자기 부족을 스스로 드러낸 것이라 할 수 있다.

이를테면, 어떤 사람은 지체 높은 사람들을 들먹거리면서 그 사람과의 친분관계를 과시하며 자신의 위치를 높이려는 우회적 시도가 나타나는데, 이것을 상담심리학에서는 '단순보상 효과'(Simple Reward Effect)라고 한다. 즉, 이는 '잘난 사람과 함께 있으면 자신도 그에 준하여 신분이 상승되는 것처럼 착각하게 된다'는 것을 가리키는 용어이다.

예를 들면, 경제 관련 장관이 중소기업인 500명을 한 조로 하여, 매일 오전과 오후 2개 조로 이틀 동안 2,000명을 강당에 초청하여 '경제 관련 국가시책을 설명하고 이에 협조를 부탁했다'고 가정해 보자. 식사 때가 되어 장관은 강당에서 참석자들과 함께 주문한 도시락으로 식사를 하고 행사를 마쳤을 때 그 행사를 마치고 돌아온 어떤 중소기업의 사장이 자신을 과시하고자 친구들에게 또는 직장에서 다음과 같은 대화가 오갈 수도 있을 것이다.

"어제 경제 장관이 같이 식사하자고 해서 피곤하지만 점심식사 하고 왔어!"

"네? 사장님께서 장관님하고 식사를 하셨어요? 와~ 대단하세요."

"장관하고 식사 한 번 한 게 뭐가 그렇게 대단한 일이라구? 그게 어때서?"

"우리들은 장관님 얼굴도 보기 힘든데…TV에서나 볼 수 있는 분이잖아요."

"장관이 국가 경제시책에 적극 협조를 해달라고 해서…안 만날 수도 없고 그래서 만나거야!"

"세상에…장관님께서 사장님께 협조를 구하셨어요? 와!"

"내 위치쯤 되면 흔히 있는 일이야!"

이렇게 말하며 자신을 과시하는 경우도 있을 것이다. 이는 마치 장관이 사장을 초대하여 함께 식사하는 자리에서 이 사장에게 '경제시책에 협조해 달라'고 요청한 것처럼 들린다. 유명한 사람, 높은 사람, 인기 있는 사람, 재력 있는 사람, 학식 있는 사람들과 가깝다는 것을 애써 과시함으로써 자신의 위치와 가치를 그와 동급 내지 그에 준하는 사람임을 나타내는 것은 열등감의 발로이다. 자신의 열등감을 포장하여 상대방으로 하여금 자신을 존중하게 만들고, 자신을 알아달라는 시도이다.

8. 영성의 암적 요소

교만은 신앙생활에 있어서 최대의 적이다. 교만은 경건하게 살고자 하는 신자들로 하여금 영적으로 성장하지 못하게 만드는 장애물이며, 신앙적으로 암에 걸리는 것과 같다. 맥시 던남(Maxie D. Dunnam)과 킴벌리 레이스먼(Kimberly D. Reisman)도 교만을 영적 '암'(cancer)이라고 표현했다. 토마스 아 켐피스(Thomas a Kempis, 1380-1471)는 "자신의 겸손을 고백하기 전에는 당신의 영적 생활의 진보를 절대 가져올 수 없다"고 주장했다. 교만 때문에 영적인 성숙이 제약되는 것은 말할 것도 없고, 교만이라는 영적 암에 걸려 영적 건강을 유지하지 못하고, 생명의 위협을 당하는 사람들이 얼마나 많은지 모른다.

교만한 사람이 절대 할 수 없는 것이 있는데, 그것은 바로 감사이다. 교만과 감사는 서로 '부적 상관'(負的相關, negative correlation) 관계에 놓여 있다. 즉, 교만하면 할수록 그 사람은 감사를 하지 않게 되고, 감사하는 사람은 교만하지 않게 된다는 것이다.

또 사람이 교만하면 '자신이 잘났다'는 생각 때문에 절대 배우려고 하지 않는다. 겸손은 배우는 사람의 기본적인 자세인데, 아는 척을 많이 하고 건방진 학생은 제대로 배울 수 없다. 교만한 사람에게 진리를 가르치는 것은 '당나귀에게 음악을 가르치는 것보다 어렵다'는 말이 있을 정도이다.

불평·불만도 교만에서 비롯되는 경우가 대부분이다. 어떤 대학원생이 A 교수의 만족스럽지 못한 교수법과 수업내용을 불평하며 대학원장에게 고발한 일이 있었다.

"원장님! 어떻게 A 교수 같은 분이 학부도 아니고 대학원에서 학생들을 가르치는지 모르겠어요. 혹시 그 교수의 강의에 대한 평가를 파악해 보셨나요? 아니면 소문이라도 들어보셨어요? 그 교수는 발음도 안 좋고, 수업내용도 빈약하고, 강의를 들을수록 헷갈려서 도저히 못 듣겠어요."

원장은 그 학생에게 이렇게 말했다.

"그러니까, 자네는 그 강의를 통해 '나는 말을 할 때 분명한 발음으로 전달해야 하겠구나! 내용을 명확하게 전달해야 하겠구나!' 그것을 배운다고 생각하게!"

불평·불만을 토로하기 전에 겸손하게 교훈으로 삼아야 할 것이 무엇인지 분석해 보는 것이 중요하다.

교만은 본능과 같은 것이어서 인간은 누구나 예외 없이 교만의 잠재성을 가지고 있다. 다만 그것을 잘 포장하여 억제하고, 그렇지 못하고의 차이가 있을 뿐이다. 하지만 사탄은 무차별적으로, 대상을 가리지 않고 사람들로 하여금 교만의 포장을 뜯어내어 그의 내면에 존재해 있는 악의 본질을 드러내도록 하고, 교만의 억제력을 무력화시켜 한 사람을 쓰러뜨리고 넘어지게 할 뿐만 아니라 교만으로 인해 하나님을 대적하게 만드는 전략과 전술을 사용하고 있다. 사탄의 목표는 인간을 교만하게 하여 하나님의 성품에 참여하지 못하게 하고, 사탄과 동일한 성품을 갖도록 하여 서로 교만한 사람들끼리 부딪히고, 다투어 망하도록 할 것이다. 그래서 아우렐리우스 어거스틴(Aurelius Augustine, 354-430)은 "교만으로 천사는 마귀로 전락하고, 겸손으로 사람은 천사로 승격된다"는 말을 한 것 같다.

9. 하나님 앞에서 뻣뻣하게 맞서는 태도

구약성경에 기록된 교만에 대한 교훈은 대표적으로 욥기 22장 29절 "하나님은 거만한 자의 교만을 낮추신다"라는 말씀에 잘 나타나 있다. 잠언 6장 16절에 하나님이 미워하시는 죄의 목록이 기록되어 있는데, 그 가운데 '교만한 눈'이 있다. 잠언 15장 25절에는 "여호와는 교만한 자의 집을 허신다"고 기록되어 있다. 이것은 그가 사는 집(house)이 무너진다는 의미가 아니라, 교만한 자가 이룩해 놓은 '실적,' '성과,' '공적,' '공로'라는 집을 헐어버리신다는 의미이다.

마태복음에서는 예수님이 "누구든지 자기를 높이는 자는 낮아지리라"(마 23:12)고 말씀하셨고, 고린도전서에 "사랑은 교만하지 아니하며…"(고전 13:4), 베드로전서에 "하나님은 교만한 자를 대적하신다"(벧전 4: 등의 성경구절에서도 교만에 대한 하나님의 입장을 분명히 밝히셨다. 구약성경에 '교만'이라는 단어는 113회 언급되고, 신약성경에는 14회 언급되어 있다.

왜 하나님은 교만한 사람을 싫어하시고 물리치시는가의 이유에 대해서 신학자 존 트랩(John Trapp, 1601-1669)은 다른 죄들은 모두 하나님 앞에서 숨고, 도망가고, 피하고, 속이는 죄이지만 교만은 자신이 잘났다고 하나님께 뻣뻣하게 맞서고 대드는 죄이기 때문에 '가장 나쁜 죄'라고 분석했다. 우리가 가진 모든 것은 하나님이 주셔서 받은 것인데, 그것을 자신이 잘나서 얻은 것처럼 하나님을 인정하지 않고, 자신의 능력을 과도하게 드러내는 것은 분명히 교만에서 비롯된 태도이다. 하나님의 은혜를 부정하고 하나님께 대드는 사람을 하나님이 가만히 두실 리가 없다. 하나님 없이도 살수 있을 것 같다는 생각과 행동이 교만이다. 하나님 없이도 살 수 있을 것이라는 생각을 가진 사람은 기도하지 않을 것이다. 그런 사람은 하나님의 존재 자체를 인식하지 않고, 인정하지 않기 때문에 기도를 불필요한 것으로 생각할 것이다.

최초의 인간 아담과 이브가 최초로 범죄하게 될 때, 그들은 사탄이 그들에게 "하나님과 같이 된다"(창 3:5)는 유혹에 솔깃하여 죄를 범하였다. 교만이 인간을 에덴동산에서 쫓겨나게 했고, 교만이 인간과 하나님과의 관계를 깨뜨리게 했으며, 교만이 인간의 마음속에 평안을 앗아간 것이다.

옥스퍼드대학교 교수였던 C. S. 루이스(Clive S. Lewis, 1898-1963)는 "사탄이 사탄인 것은 그가 교만하기 때문이고, 사탄의 특성은 교만이며, 하나님을 대적하는 존재"라고 설명했다. 교만하면 예수님을 닮지 않고, 사탄을 스승으로 삼고, 사탄을 닮아가는 것이다. 테리 쿠퍼(Terry D. Cooper)와 신디 엡퍼슨(Cindy K. Epperson)도 그들의 공저 『기독교상담에서 본 악』(Satan, Sin & Psychology)에서 시종일관 '교만은 사탄의 특성'이라는 사실을 매우 강력하게 피력했다. 그러므로 교만해지는 것은 인간이 사탄의 성품을 닮는 것이다.

10. 모든 죄의 통로, 교만

네덜란드의 신학자 앤드류 머레이(Andrew Murray, 1828-1917)는 '교만은 모든 죄의 근원'이라고 주장했다. 모든 죄의 근원, 뿌리가 되는 교만에서 싹이 나고 줄기로 뻗어나고, 열매 맺는 것이 바로 시기·질투, 분노, 나태, 음욕, 탐욕, 탐식 등의 죄악이다. 그 밖에도 이 줄기에서 다양한 형태의 죄악된 잔가지들이 뻗어나가고 열매를 맺게 될 것이다. 특히 루이스는 "교만은 교만으로 끝나는 것이 아니라 반드시 다른 죄로 이끈다"고 분석했다. 맥민도 "몇 백 년 동안 연구한 결과들을 종합해 보면, 교만은 반드시 다른 죄를 불러일으키는 치명적인 죄 가운데 최고의 죄"라고 표현했다.

이에 대하여 이미 토마스 아퀴나스(Thomas Aquinas, 1224-1274)는 "교만은 중대한 죄일 뿐만 아니라 그것이 결정적인 원인과 동기가 되어 다른 심각한 죄악들을 낳기 때문에 위험하다"고 강조했다. 교만은 절대 교만 자체의 죄만 만들지 않고 다른 죄를 낳게 하는 특성이 있다. 기독교상담학자 리로이 아덴(Leroy Aden)과 데이비드 벤너(David G. Benner, 1947-)는 "교만이 죄악의 '유일한 통로'라고 할 수는 없지만, 대부분의 죄는 교만을 통로로 하여 발생하고 있다"고 설명했다.

11. 모든 죄를 덮고 있는 이불

교만한 사람은 교만의 죄만 짓는 것이 아니다. 드러나지 않고, 발견되지 않고, 들키지 않았을 뿐이지 잘 살펴보면 교만을 기초로 하여 여러 가지 다양한 죄를 범하는 것이 일반적이다. 사람을 우습게 보고 하나님을 우습게 보는 사람은 어떤 죄라도 우습게 범할 수 있는 사람이다.

인간의 죄악을 전문적으로 연구한 쿠퍼와 엡퍼슨은 교만을 일컬어 '모든 죄를 덮고 있는 덮개'로 비유하였다. 그래서 그들은 "교만을 들추고 걷어내면 그 속에 온갖 더러운 죄악들이 우글거리고 숨어있는 것을 발견할 수 있다"고 묘사했다. 결국, 교만은 인간으로 하여금 악을 악으로 보지 못하고, 악의 더러움을 잊게 만들어 그 속에 여러 가지 더러운 죄악을 모여들게 하고, '죄를 키우는 온상'이라고 할 수 있다. 이에 대하여 맥민도 동일한 입장을 드러내며, 죄를 죄로 보지 못하게 만드는 것은 교만 때문이고, 교만을 교만으로 보지 못하게 만드는 것은 죄 때문이라고 했다.

일반적으로 교만은 자기 자랑이나 하고 우쭐대고 잘난 척하는 것 정도로 알려져 있는데, 교만의 또 다른 면이 '용서하지 못하는 것'이라는 사실을 아는 사람은 그리 많지 않을 것이다. 대개 다른 사람을 용서하지 못하는 사람은 하나님의 명령을 받아들이지 못할 정도로 건방지고 교만한 사람이다.

미국의 저명한 기독교 정신건강의학과 의사 프랭크 미너스(Frank B. Minirth)와 20년 이상 개인상담을 함께 해 온 심리치료전문가 레스 카터(Les Carter)는 『용서하기로 선택하기』(The Choosing to Forgive)라는 책을 썼다. 이들은 전문적으로 상담 및 심리치료를 하면서 내린 결론은 '용서가 심리치료의 왕도'라는 것이다. 그런데 치료 현장에서 내담자에게 용서의 유익을 설명하고, 권면하고, 강력하게 요구를 해도 절대 용서 못하는 사람들을 보면 공통점이 발견된다는 것이 이들의 관찰 결과였다. "그런 사람들은 모두 교만한 사람이었다"라고 이들은 분석했다. 다른 사람을 용서하지 못함으로써 '교만'이라는 이중 죄를 짓게 되는 것이다.

이와 같은 맥락에서 복음주의 상담학자 마틴 밥간(Martin Bobgan, 1935-)과 디드리 밥간(Deidre Bobgan)은 자기 자신을 용서하지 못하는 것에 대해서도 '교만' 때문이라고 강조했다. 밥간은 우리가 회개한 죄에 대하여 하나님의 용서를 믿음으로 받아들이지 못하고 의심하는 것도 '교만'의 죄를 범하고 있는 것이라고 설명했다.

12. '그래, 나 교만하다! 어쩔 건데?'

사람이 평생 싸워야 할 '적'(enemy)인 교만을 해결하고 극복하기 위해 가져야 될 마음은 '자신이 교만하다'는 사실을 솔직하게 인정하는 것이다. 자신이 교만하다고 인정하는 데는 두 가지가 있다.

첫째, '자신이 교만하다'는 사실을 깨닫고 인정하는 것이다. 맥민은 "대개 교만한 사람은 '자신이 교만하다'는 것을 인정하기가 매우 힘들다"고 분석했다. '자신이 교만하다'는 사실을 인정하지 못하는 것은 교만이 무엇인지 모르는 경우도 있고, 또 '교만을 회개할 의향이 없다'는 것이다. 누구도 자신의 교만을 진심으로 인정하기 전에는 여기서 벗어나기 어려울 것이다.

어떤 아내가 남편에게 "여보, 당신은 좀 겸손해 봐요! 왜 그렇게 교만해요? 사람들이 다 당신보고 '교만하다'고 말해요." 그러니까 그 남편이 기분이 나빴는지 큰 소리를 지르면서 "그래, 나 교만하다! 교만하다구! 어쩔 건데?" 이렇게 인정하는 것은 인정하는 것이 아니다. 스스로 자신의 교만을 진심으로 깨닫고, 통렬하게 비난하면서 인정해야 하는 것이다.

둘째, 다른 사람을 무시하지 않고 다른 사람의 훌륭한 면을 인정해야 한다. 현실치료(reality therapy)심리학을 창시한 심리학자 윌리암 글래서(William Glasser, 1925-)는 "심리적으로 건강한 사람은 다른 사람의 훌륭한 면을 기꺼이 인정하는 사람"이라고 했다. 대개 교만한 사람은 다른 사람을 깎아내리고, 무시하며, 멸시하고, 우쭐대기 때문에 사람들이 그 모습을 보기 싫어한다. 다른 사람을 깎아내렸다고 하여 자신이 올라가는 것은 절대 아니다. 서로 인정해 주면서 살아야 교만도 극복할 수 있고, 건강한 마음을 가지고 편하게 살 수 있다.

13. 선제적 논박: 한 계단 더 내려가면…

교만을 극복하기 위해서는 교만하지 않으려고 노력하는 것도 중요하지만 그보다 한 계단 더 내려가는 마음으로 겸손해지는 노력해야 한다.

버나드(Bernard, 1090-1153)는 교회사적으로 매우 중요한 인물이다. 그는 중세 암흑시대에 비성경적 이성주의와 투쟁하며, 교회를 주도해 나갔던 경건한 신자였다. 마틴 루터(Martin Luther, 1483-1546)나 존 칼빈(John Calvin, 1509-156같은 종교개혁자들도 모두 버나드를 훌륭한 인물로 꼽는 데 주저하지 않았다. 그는 인간이 겸손할 수 있는 방법을 제시했는데, 그것은 '한 계단만 더 내려가라!'는 것이었다. 자신에게 욕을 한 사람이 있을 때 그것을 인정할 뿐만 아니라, 한 계단 더 내려가면 거기서 겸손이 시작된다는 것이다.

상담심리학에서는 이것을 '선제적 논박'(preemptive refutation) 또는 '논박적 선제'(refutational preemption)라는 용어로 설명한다. 이는 자신이 먼저 스스로 잘못을 인정하고 고백함으로써 그것이 더 이상 문제가 되지 않도록 하는 개념인데, 이것은 오히려 자아존중감이 높은 행동으로서 '정신건강에 좋다'는 것이 상담심리학적인 입장이다. 신앙적으로도 '선제적 논박' 또는 '논박적 선제'는 나쁠 것이 없다고 볼 수 있다. 어떤 사람이 자신에게 "야! 이 나쁜 자식아!"라고 욕을 했을 때 "'나쁜 자식'이라니요? 어디 당치 않은 말씀을 그렇게 하십니까? 저는 '죽일 놈'입니다!"라고 말하면 상대방은 더 이상 할 말이 없어진다.

미국의 유명한 부흥사 드와이트 무디(Dwight L. Moody, 1837-1899)에 대한 글에 무디가 '미국의 어느 소도시에서 대중 전도집회(crusade)를 하게 되었다'는 이야기가 소개되고 있다. 집회를 하기 며칠 전에 무디가 참모진들과 함께 그곳에 미리 도착하여 준비하고 있는데, 다음날 아침 신문에 "교만한 전도자 무디!"라고 대서특필(headline)되어 있었다. 무디가 그곳에 도착한 날, 기자들의 인터뷰 요청이 있었는데, 집회를 준비한 참모들이 너무나 바빠서 인터뷰를 거절한 일이 있었는데 그 일 때문에 화가 난 기자들이 이런 부정적인 기사를 쓴 것이었다. 그 기사를 보고 있던 무디의 참모들이 화가 나서 야단법석이었다.

"아니, 선생님! 이거 말도 안 되는 기사 아닙니까? 이 기사는 인격 살인입니다. 이걸 가만히 둬야 합니까? 어떻게 할까요?"

그때 무디는 그 기사를 유심히 읽고 나서 호탕하게 웃으면서 말하는 것이었다.

"이 사람들이 나를 잘 모르는구먼! 나는 이 기사보다 훨씬 더 교만한데, 이만하면 잘 썼네!"

한 계단 더 내려가면 문제될 것이 아무것도 없다. 겸손한 사람은 늘 마음이 편하고 웬만한 일에는 상처받지 않는다. 교만한 사람은 늘 마음이 불안하고 웬만한 일에도 상처를 받는다. 종교개혁자이며 신학자 칼빈은 심리학자도 아닌데 "사람의 마음속에 평안이 없는 이유는 바로 교만 때문이라고 인간의 심리를 잘 분석하였다.

스스로 자신의 교만을 깎아내릴 때 진정한 '겸손'이라고 할 수 있다. 예수님은 "무릇 자기를 높이는 자는 낮아지고 자기를 낮추는 자는 높아지리라"(눅 14:11)고 말씀하셨다. 스스로 자신을 낮추면 자연스러운 것이지만,

다른 사람이 자신을 낮출 때는 상당한 심리적 고통이 뒤따른다. 먼저 자신을 깎아낼 때는 견딜 수 있지만, 다른 사람이 자신의 교만을 지적하고 깎을 때는 심각한 자아존중감의 손상과 심리적 고통 때문에 견디기 힘든 상황에 이르게 된다.

예수님은 "주의 길을 평탄케 하기 위해 높은 산은 깎여서 낮아져야 한다"(눅 3:5)고 가르치고 있다. 자신에게 있는 교만의 산을 깎고 또 깎아서 평지가 되도록 해야 내가 주님을 영접하러 가기에 좋은 길을 확보하는 것이고, 주님께서 내게 들어오시기에 좋은 길을 예비하는 것이다. 자신이 이룬 업적, 공적, 성취, 성과, 장점, 강점, 계급, 명예 등이 교만의 봉우리가 되어 예수님도, 다른 사람도, 자신도 넘기 힘든 마음의 높은 산을 가져서는 안 된다.

사도 바울은 "나는 날마다 죽노라"(고전 15:31)고 고백했는데, 이것은 그가 자살을 시도했다는 말이 아니다. 그는 자신의 내면에 존재하는 교만의 봉우리를 날마다 깎고, 또 깎고, 또 깎는 것을 죽음으로 표현한 것이다. 20세기 영국에서 활동한 뛰어난 희곡 작가이며 기독교 사상가였던 도로시 세이어즈(Dorothy L. Sayers, 1893-1957)는 대부분 사탄의 전략전술은 우리의 약점을 공격하지만 교만은 사탄이 우리의 강점을 공격하는 것이라고 분석했다.

교만한 사람이 낮아질 때 그것을 '겸손'이라고 한다. 아무것도 내세울 것이 없는 사람이 낮아지는 것은 겸손이 아니고 당연한 것이다. 이를테면, 장군이 빗자루 들고 마당을 쓸 때 '겸손'이라고 하는 것이지, 이등병이 마당을 쓰는 것은 당연한 것이다. 배운 사람이 "저는 아는 게 별로 없어요"라고 말할 때 겸손이지, 못 배운 사람이 "저는 아는 게 별로 없어요"라고 말하는 것은 의미가 없다.

많은 사람들로부터 '예쁘다'고 평가받는 사람이 "제가 혹시 예쁜 면이 있다면 하나님께서 주신 은혜이고 선물이지요. 제가 예쁘고 싶어서 예쁜

건 아니잖아요!"라고 말해야 그것이 겸손이지, 못생긴 사람이 "저는 예쁘지 않아요"라고 말하는 것은 당연한 것이다. 사도 바울처럼 자랑할 것이 많이 있지만 그런 것들을 다 '배설물'로 여길 때 그것이 겸손이다. 아무것도 없는 사람이 "나는 다 배설물로 여깁니다"라고 말하면 그것은 우스운 꼴이 된다.

그렇기 때문에 있을 때, 올라갔을 때, 인정받을 때, 배웠을 때, 가졌을 때, 강할 때, 그 자리에서 스스로 한 계단 더 내려갈 수 있는 겸손한 마음을 가져야 하며, 그렇게 되기까지는 상당한 용기가 필요하다. 자신이 내려갔다고 하여 박사가 석사가 된다든지, 장군이 병장이 된다든지, 사장이 과장이 되는 신분의 변화가 오는 것이 아니다. 예수님의 말씀대로 "무릇 자기를 높이는 자는 낮아지고 자기를 낮추는 자는 높아지리라"(눅 18:14)는 역설적 진리의 말씀을 기억한다면 한 계단 내려가는 것은 사실상 한 계단 올라가는 것과 다름없는 일이다.

마음으로부터 겸손, 자신의 부족을 정직하게 직면하고 내려가는 겸손이어야 그것이 진정한 겸손이다. 자신의 교만을 위장하려는 마음과 태도, 진실하지 않은 겉모습의 겸손에 대하여 이디스 시트월(Edith Sitwell)은 '교만의 외투'라고 비유한 바 있다. 그 외투를 벗겨내면 '교만이 자리잡고 있다'는 의미이며, '그 외투를 벗어야 진실해질 수 있다'는 것이다. 또 던남과 레이스먼은 마귀가 가장 좋아하는 것은 겸손하지도 않으면서 겸손한 척하는 것이라고 분석했다.

14. 거부하지 않으면 교만 죄!

경건하게 살고자 하는 신자들은 다른 사람이 자신을 칭찬할 때 그것이 사실이면 듣고 하나님께 영광을 돌리지만 그것이 사실이 아니라면 가만히 듣고 있지 말고 빨리 거부해야 한다. 그렇지 않으면 교만하게 될 수 있기 때문이다.

「법률신문」의 보도(2008년 3월 13일자)에서 '사실과 다를 때 이를 적극적으로 거부하지 않으면 죄가 인정된다'는 내용의 대법원 판결을 소개했다. 어떤 사람이 자신을 스스로 '법무사'라고 말한 일도 없고, 그런 명함을 나누어 준 일도 없었다. 그런데, 다른 사람들이 그를 법무사로 알고 '법무사님'이라고 불렀을 때 자신이 법무사가 아니라는 사실을 적극적으로 거부하지 않았다면 이는 '법무사 행세를 한 것이나 마찬가지이므로 법무사법 위반으로 처벌할 수 있다'는 대법원 판결을 소개한 것이다.

재판부는 판결문에서 다음과 같이 밝혔다.

> 형법상 부작위범이 인정되기 위해 형법이 금지하고 있는 법익 침해의 결과 발생을 방지할 법적인 작위 의무를 지고 있는 자가 의무를 이행함으로써 결과 발생을 쉽게 방지할 수 있었음에도 불구하고 결과 발생을 용인하고 방관한 채 의무를 이행하지 않은 경우에는 작위에 의한 실행 행위와 동일하게 부작위범으로 처벌할 수 있다.

판결문의 내용은 법률용어라 이해하기 쉽지 않지만 한마디로 표현하면 '자신이 그런 사람이 아니라면 빨리 거부해야지 그렇지 않으면 범죄'라는 뜻이다. 우리는 마땅히 하나님께 돌려야 할 영광을 가로채지 말고 겸손하게 적극적으로 '내가 받을 영광이 아니라'고 거부할 수 있어야 한다. 자신이 가진 것, 이룬 것, 얻은 것, 내세울 것, 명예, 직급, 권력, 학식, 미모,

조건 등을 감사하면서 하나님께 영광을 돌리면 교만을 극복할 수 있다.

15. 적극적으로 물리쳐야…

미국 남침례(Southern Baptist)신학대학원 기독교상담학 교수 에릭 존슨(Eric L. Johnson, 1954-)는 "상담학적으로 분석해 볼 때 모든 문제의 근원은 바로 교만이었다"고 분석했다. 존슨은 "실제 상담실에서 만날 수 있는 상당수의 문제를 안고 있는 사람들의 배경에 교만이 깔려 있다"고 본 것이다. 이 문제를 해결하기 위해서는 교만을 적극적으로 물리쳐야만 한다.

"교만은 패망의 선봉"(잠 16:18)이다. 누구든지 망하지 않으려면 교만을 물리쳐야 한다는 말이다. 여기서 '물리친다'는 말은 교만을 책망하고, 대적하고, 그것이 자신을 지배하지 못하도록 사투를 벌이는 것이다. 이것을 인지행동치료에서는 '논박'(disputation)이라고 하여 정신건강에 상당한 유익을 주는 상담기법으로 제시하고 있다.

논박은 성경적 기초를 가지고 있는데, "너희는 열매 없는 어두움의 일에 참예하지 말고 도리어 책망하라"(엡 5:11)고 기록되어 있다. 또 "마귀를 대적하라! 그리하면 너희를 피하리라"(약 4:7)고 했기 때문에 대적하는 것이다. 교만을 물리치는 논박의 방법으로는 "나를 교만에 빠뜨리려는 악한 영! 너의 궤계에 나는 빠지지 않을 것이다. 너는 예수의 이름으로 묶임을 받고 쫓겨날지어다"와 같이 교만이 생길 때마다 외치고, 선포하고, 대적하면서 성령을 의지해야 한다. 이런 대적 또는 논박은 교만으로부터 자신을 지키는 성경적인 방법이며 기독교상담에서 제시되는 방법이다.

하지만 이런 방법은 마치 파리를 쫓아내듯, 한 번 교만을 대적하고 물리쳤다고 해서 끝나는 것이 아니다. 그 다음에는 사탄이 더 고차원적이고 더 지능적으로 우리를 교만에 빠뜨리려고 할 것이다. 그럴 때마다 교만에 빠지려는 마음을 계속해서 대적해야 한다. 이 세상에 누구도 자신의 교만을 대적해 줄 사람은 없으므로 자신이 물리쳐야 한다. "하나님, 제 마음속 교만을 물리쳐 주세요!"가 아니라 우리에게 주신 영적 권세를 이용하여 우리가 물리쳐야 한다.

A.D. 415년에 유럽 최초의 수도원을 설립했던 사막의 교부, 수도원장 에바그리우스 폰티쿠스(Evagrius Ponticus)는 "우리가 시험이나 유혹(비합리적 신념 및 인지왜곡)을 당할 때, 즉시 기도할 것이 아니라, 우리를 괴롭히고 있는 그 생각에 대해서 분노하고, 그것을 쫓아내는 말(논박)을 먼저 하라!"고 강조하고 있다. 이것은 하나님의 자녀된 권세(요 1:12)를 사용하는 것이다.

성경이 우리에게 '교만을 대적하라'고 명령했기 때문에 이를 대적해야 하는 것이다. 심리학자 알버트 엘리스(Albert Ellis)와 캐더린 맥라헨(Catharine MacLaren)은 "논박을 함으로써 비합리적 신념 및 인지왜곡을 최소화 또는 무력화하여 자신의 내면에 그것이 자리잡지 못하도록 하면 치료에 이르게 된다"고 강조했다.

제2장

시기·질투: 뼈를 썩게 하는 독소

자신보다 친구나 경쟁자가 더 잘되는 것에 대해서 진심으로 기쁘게 생각하며, 축하해 주고, 축복해 줄 사람이 몇 명이나 될까?

직장에 승진 대상자가 여러 명이 있는데, 모두 순탄하게 승진을 하고, 자신만 탈락하였을 때 승진한 동료들을 향해 진심으로 축하를 보낼 수 있는 사람이 얼마나 될까?

혹시 말로는 상대방에게 "진심으로 축하해!"라고 할 수 있지만 그것은 진심이 아닐 수 있으며, 마음속으로 불쾌한 감정을 감출 수가 없을 것이다. 만일 이런 상황에서도 진심으로 상대방에게 축하하고 축복할 수 있다면 그 사람은 정말 바다와 같이 넓은 마음을 가지고 있는 사람이거나 성자와 같은 사람, 성령으로 충만한 사람일지 모른다.

토마스 아퀴나스(Thomas Aquinas)는 시기·질투에 대해 설명하기를 '다른 사람의 불행에 기뻐하고, 다른 사람의 행운에 애통하는 것'이라고 했다. 아퀴나스는 '불행'과 '행복'이라는 단어를 대비하여 시기·질투의 특성을 드러냈다. 다른 사람의 불행을 기뻐하고 다른 사람의 행운에 애통하는 것은 '인간의 보편적인 심리정서'라고 볼 수 있을지는 모르지만, 정결하게 살고자 하는 사람, 하나님의 자녀들이 가져야 할 자세는 아니다.

맥시 던남(Maxie D. Dunnam)과 킴벌리 레이스먼(Kimberly D. Reisman)도 시기·질투를 정의하면서 "로마서 12장 15절과 반대로 사는 사람이 시기·

질투에 노출된 사람"이라고 했다. 즉 "즐거워하는 자들과 함께 즐거워하고 우는 자들과 함께 울라"(롬 12:15)는 말씀의 반대라면 '다른 사람이 잘되어 즐거워할 때 마음속으로 울고, 다른 사람이 실패하여 울 때 마음속으로 웃는' 사람이 바로 시기·질투에 노출된 사람이라는 의미이다.

찰스 콜튼(Charles Colton)은 "내가 실패할 때 나를 위로하고, 동정하는 사람은 한 사람뿐이다. 그러나 내가 성공할 때 나를 시기·질투하는 사람은 천 명이다"라는 말을 했다. 콜튼도 역시 '한 명'(적음)과 '천 명'(많음)이라는 숫자를 비교함으로써 '시기·질투가 인간의 보편적인 심리정서임을 드러내고 있으며, 동시에 누구라도 잘나갈 때 다른 사람들로부터 시기·질투 받을 수 있다'는 사실을 시사하고 있다.

1. 열받고, 불타는 마음

한자의 정의로 시기(猜忌)는 시샘할 시(猜), 미워할 기(忌), 즉 다른 사람을 시샘하고 미워하는 것이며, 질투(嫉妬)는 미워할 질(嫉), 시샘할 투(妬), 즉 다른 사람을 미워하고 시샘하는 것이다. 시샘하고 미워하는 것이나, 미워하고 시샘하는 것이나 동일한 개념이므로 시기와 질투는 사실 서로 구분하기가 모호한 단어이다.

시기와 질투는 정의와 개념이 모호하여 상당히 헷갈리는 단어이다. 국어사전적 정의로 '시기'는 다른 사람이 하는 것에 대해 기쁘게 생각하지 못하고 샘내는 마음이며, '질투'는 자신보다 더 나은 사람을 시기하여 미워하는 것으로 되어 있다. 시기와 질투는 개념이 중첩되는 심리상태로 볼 수 있지만, 시기는 내 입장에서 상대방에게 하는 것이고, 질투는 상대방이 나에게 하는 면이 있으므로, 시기는 '하는 것'이고, 질투는 '받는 것'이 될 수도 있다.

시기는 자신에게 없는 것, 부족한 것, 열등한 것에 기초하여 상대방을 부러워하며 미워하는 정서라면 질투는 (내가 가진 것이 부족한 것, 열등한 것이 아니지만) 상대방이 가진 것이 자신의 것보다 상대적(비교적)으로 더 많은 것에 기초하여 상대방을 미워하는 정서라고 볼 수도 있다. 단순화하여 이해해 본다면 시기는 상대방의 것을 자신이 '갖고 싶어 하는 정서'이고, 질투는 '상대방이 가지고 있는 것이 없어졌으면 좋겠다'는 정서라고 할 수 있다. 이처럼 시기와 질투는 상당한 공통적 개념을 가지고 있으면서 미묘한 차이가 있는 용어라고 할 수 있다.

정신분석학자 시그문드 프로이드(Sigmund Freud)는 시기·질투가 여성에게 많은 이유를 여성이 남성의 성기를 갖고 싶어 하는 마음으로부터 발생한 것이라고 설명하고 있다. 어린 시절 여자 아이들이 남자 아이가 가지고 있는 남근이 자신에게 없음으로 인해 그것을 갖고 싶어하는데, 프로이드는 그 부러움을 이른바 '남근 선망'(penis envy)으로 설명하였다. 이 '생물학적 남성의 성기를 갖지 못한 마음에서 시기·질투가 발생한다'는 프로이드의 이론은 소설에 가까운 이야기나 그의 개인적 견해로 설득력이 약해 보인다.

시기는 대인관계로 외연된 폭넓은 개념이라그 정의하고, 질투를 애정관계가 내포된 개념이라고 이해하는 일각도 있다. 또 시기는 상대방의 것을 갖고자 하는 선망의 마음에 초점이 맞추어져 있고, 질투는 자신의 것이 잃게 되는 것에 대한 불안의 마음에 초점이 맞추어져 있다는 정의도 있다. 일각에서는 시기를 최소 두 사람 간의 관계로 보고, 질투는 최소 세 사람 간의 관계라고 보는 입장도 있다.

또 시기는 광범위하고 보편적인 부러움'이라그 정의하고, 질투는 '구체적이고 강력한 부러움이라고 정의하기도 한다. 그렇기 때문에 시기보다는 질투가 더 파괴적일 수 있다고 주장하지만 일탄적으로 이 두 단어를 명확하게 구별하는 것이 어렵고 거의 동일한 의미로 사용하는 경우가 많다.

그렇지 않다고 하더라도 이는 한 단어처럼 사용하는 부분 동의어인 것은 틀림없다.

질투의 히브리어는 'קנאה'(킨아)라고 하는데, 그것은 열받는 정도를 넘어서 '불탄다'라는 의미이다. 다른 사람이 잘 되면 우리의 마음은 열을 받게 되며, 경우에 따라서는 열받는 정도를 넘어 마음속에서 불이 타는 것 같은 괴로움을 히브리어 단어가 잘 표현하고 있다. 아가에도 "질투는 불 같이 일어난다"(아 8:6)고 한 것을 볼 때 성경이 인간의 심리를 잘 표현한 것을 볼 수 있다. 질투가 '불'(fire)에 비유된 만큼 질투로 인한 피해는 질투하는 사람과 질투 받는 사람 그리고 주변 사람들도 반드시 화상을 입게 되어 있다.

질투를 뜻하는 영어 단어 'jealousy'(젤러시)는 열심을 뜻하는 'zeal'(질)에서 비롯된 단어이다. 또 'zeal'은 라틴어 'zelosus'(젤로수스)에서 왔는데, 이 단어는 헬라어 '젤로스'(ζηλος)에서 유래되었고, 그 뜻은 '열심,' '열정,' '뜨거움' 혹은 '강한 욕망'이라는 의미이다.

질투라는 영어 단어 'jealousy'는 프랑스어 'jalousie'(젤루지)와도 글꼴이 비슷하다. 프랑스어 사전에 'jalousie'는 두 가지 의미가 나열되고 있는데, 하나는 질투이고, 또 하나는 '미늘살 창문'(창문에 설치하여 잡아 올리는 블라인드)이라는 의미가 있다. 이에 대하여 노르웨이 오슬로(Oslo)대학교 신경정신과 교수 닐스 레터스톨(Nils Retterstol)은 매우 흥미로운 해석을 했다. 이것은 아내를 의심하게 된 남편이 아내가 다른 남자와 성관계를 갖는 현장을 적발하기 위해 '블라인드 창문 뒤에 몰래 숨어서 그 장면을 훔쳐보는 상황'이라는 의미가 이 단어에 내포되었다고 추정했다.

시기를 의미하는 영어 단어 'envy'(엔비)는 프랑스어 'envie'(앙비)와도 글꼴이 비슷한데, 이는 라틴어 'invidere'(인비데레)에서 비롯된 말이다. 영어나 라틴어에서 'in'은 접두어로서 '내면,' '안쪽'을 나타내는 말이다. 또 'videre'(비데레)는 '바라본다'라는 의미이다. 즉 시기를 뜻하는 'invidere'

는 '안쪽을 바라본다'는 의미를 내포하고 있는데, 이는 '내색은 못하고 누군가의 잘 하는 행위에 대해서 안 보는 척하며 마음속으로 바라본다'는 뜻으로 쓰인 말이다.

2. 끌어내리기와 흠집 내기

미국 속담에 심장에 좋지 않은 두 가지가 있는데, 그것은 'running up'(러닝 업)과 'running down'(러닝 다운)이라고 한다. 'running up'은 '계단을 올라간다'는 뜻이다. 계단을 오르는 게 힘들기 때문에 '심장에 무리가 되어 심혈관 질환자에게는 좋지 않다'는 것이다. 또 'running down'은 '계단을 내려간다'는 뜻도 있지만, '다른 사람을 깎아내린다'는 의미도 있다. 그러니까 다른 사람을 깎아내리는 것은 심장에도 좋지 않은 것이며, 정신건강에도 매우 안 좋은 것이다.

바닷가에서 게를 잡는 어부가 게를 잡아서 뚜껑도 없는 바구니에 넣는 모습을 본 어떤 사람이 어부에게 질문을 하였다.

"바구니에 뚜껑이 없는데 게를 거기에 넣으면 도망가지 않나요?."

그러자 어부는 태연하게 답변했다.

"아무 걱정 없어요! 게들은 한 마리가 기어오르면 다른 놈들이 절대 그걸 가만히 두지 않습니다. 다 달라붙어서 올라가려는 게를 자기들끼리 끌어내립니다. 다른 놈들이 올라가는 꼴을 보지 못하거든요."

사실인지 지어낸 이야기인지는 알 수 없으나 이것이 바로 'running down'이다. 시기와 질투도 이와 같아서 올라가려는 사람을 끌어내리는 '게 같은 행위적 특징'이 있다.

고사에 "대명지하난구거"(大名之下難久居)라는 말이 있다. 그 뜻은 '이름이 대중에게 널리 알려지면 그 사람을 시기하고 질투하는 사람들이 많아져서 그 자리에 오래 있기 어렵다'는 말이다. 우리 사회는 이름 있는 사람을 끌어내리려고 하지, 이름 없는 사람은 끌어내릴 이름이 없기 때문에 그런 사람을 끌어내리려고 하지 않는다.

송 나라 때 주자(朱子, 1130-1200)가 소년들에게 유학의 기본을 가르치기 위해 만든 책 『소학』은 조선시대 교육기관에서 필수 교재로 널리 사용되었다. 이 책에 "세상 사람들은 나보다 나은 사람을 싫어한다"는 말이 나온다. 송 나라는 중국의 옛 왕조(960-1279년)인데, 그 옛날에 주자가 인간의 심리에 대해서 이런 정확한 말을 한 것을 보면 사람은 예나 지금이나 바뀐 것이 없다.

시기·질투는 자기 중심적 정서이며, 극도로 이기적이고 자기애적인(narcissistic) 사람에게서 나타나는 전형적인 이상심리이기도 하다. 먹어도 내가 먹어야 하고, 올라가도 내가 올라가야 하고, 벌어도 내가 벌어야 하고, 성공해도 내가 성공해야 하고, 상을 받아도 내가 받아야 하고, 모든 것을 내가 해야 되는데, 다른 사람이 하니까 불편하고, 불쾌해서 못 견디는 것이 시기·질투이다. 이처럼 자기만 아는 '나뿐인 생각'은 '나쁜 생각'일 수 있다. 바른 정신을 가진 사람은 '나'만이 아니라 '다른 사람'도 있다는 것을 생각하는 사람이다.

미국의 극작가 해럴드 코핀(Harold Coffin)은 '시기·질투란 다른 사람이 가진 것을 세는 기술'이라고 분석했다. 그리고 그 셈의 결과 다른 사람이 더 많이 가지고 있는 것으로 나타나면 그것을 못 마땅히 여기고 자신이 그것을 갖기 바라는 마음, 더 나아가 그것을 빼앗기 위해 어떤 일이라도 감수하려는 위험하고 악한 마음이 시기·질투이다. 어떤 경우에는 상대방이 가지고 있다는 것 자체를 싫어하고 견디지 못하는 악한 심리가 시기·질투이다. 간혹 길에 주차된 고가의 외제차를 이유도 없이 칼로 흠집을 낸 범인이 적발되어 언론에 보도되는 것을 볼 수 있다. 사실, 이런 일은 이유가 없는 것이 아니라 가진 자들에 대한 시기와 질투가 범행의 이유이다.

3. 가인적 콤플렉스

일반적으로 시기·질투의 대상은 형제, 자매, 친구, 동료, 동기 등 그 대상이 가까운 사람, 친숙한 사람, 동종 직업에 종사하는 사람, 같은 공간에서 일하는 사람, 유사한 나이, 학력을 가진 사람이라는 특징이 있다. 그래서 시기·질투는 또래에 대해 범하는 죄라고 할 수 있다.

영국 일간지 「데일리 메일」(*Daily Mail*, 2015년 11월 8일자)에 따르면, 시기·질투는 같은 나이 또래와 동성(同性) 친구에 대해서 나타나는 경향이 가장 컸고, 친구의 외모, 관계, 사회적 성공 등 상대방에 대해서 시기·질투를 가장 잘 느끼는 세대는 '30세 이하의 젊은이'라는 연구 결과를 소개했다. 이 연구 결과는 미국 샌디에이고(Sandiego)에 소재한 캘리포니아(California)대학교 크리스틴 해리스(Christine Harris) 교수 연구팀이 조사한 것으로 학술지 「기초·응용 사회심리학」에 수록되었다. 이 연구를 주도했던 해리스 교수는 18-80세 사이에 있는 900명 이상의 사람들에게 시기·질투를 느낀 적이 있는지 물었다.

또 다른 조사에서는 같은 연령대 800명에 대해 시기·질투의 대상이 된 적이 있었는지에 관해 질문했다. 조사대상자 가운데 "여성의 79.4%와 남성의 74.1%가 지난 1년 동안 시기·질투를 느낀 적이 있었다"고 대답했다. 그렇게 답변한 사람의 80%는 30세 이하였으며, 50세 이상의 경우는 69%로 감소했다. 주목할 만한 것은 남성은 다른 남성을 시기·질투하고, 여성은 다른 여성을 시기·질투하는 등 대다수 사람들이 같은 성(性)에 대해서 시기·질투를 갖는 것으로 나타났다. 시기·질투의 대상은 나이 차이가 많은 사람이 아닌, 비슷한 또래(5년 차이 이내)였다. 또 시기·질투의 내용은 '외모,' '연애,' '학업,' '사회적 성취,' '평판' 등이었다. 30세 이하의 40%가 성공적인 연애를 하는 친구들을 시기·질투했다.

애완동물과 관련된 에피소드(episode)를 소개하는 TV 방송 프로그램에

개들의 시기·질투에 대해서 방영한 것이 있다. 어떤 사람이 두 마리의 개를 키우는데, 개들이 주인의 사랑을 독차지하기 위해 서로 시기·질투하는 모습을 관찰하여 방영한 것이다. 주인은 두 마리의 개 가운데 특정 개를 더 사랑하게 되자 사랑받지 못한 개는 주인이 안 볼 때면 주인의 사랑을 받는 개를 물어뜯는 시기·질투의 행동을 드러내었다. 그러나 주인이 보면 안 그런 척했는데, 여기서 우리는 동물에게도 강한 시기·질투가 있으며 이를 교묘하게 감추는 행동까지 한다는 것을 볼 수 있다.

이런 동물의 시기·질투에 대해 오스트리아 비엔나(Vienna)대학교에서 실험연구를 하여 "개를 비롯한 동물도 시기·질투한다"는 사실을 밝힌 바 있다. 우리가 다 아는 사실이지만 '이것을 학술적으로 실험하여 그 연구 결과를 발표했다'는 것은 의미 있는 일이다. 사람도 어떤 면에서는 동물의 속성을 가지고 있기 때문에 시기·질투를 하게 되는데, 때로는 동물적인, 때로는 동물적 수준을 훨씬 넘어서 매우 교묘한 형태의 시기·질투를 하기도 한다.

인간이 최초로 시기·질투를 하는 때는 엄마의 사랑을 독차지하는 어린 시절인데, 동생이 생기면 엄마의 사랑을 잃게 되어 동생을 시기·질투하고 공격성을 나타내기도 한다. 동생이 생긴 아이들 가운데는 엄마가 안 볼 때 동생을 때리고, 꼬집고, 눈을 후비고, 발로 밟는 일이 흔히 발생한다. 이런 행동을 상담심리학 용어로는 '퇴행'(regression)이라고 한다. 퇴행은 매우 광범위한 개념이기는 하지만 단순하게 '다시 어린 시절로 돌아간다'는 의미이다. 퇴행은 응석부리는 것, 아기처럼 우는 것, 음식을 안 먹거나 토하는 것, 옷을 안 입는 것, 장난감을 부수는 것, 밤에 오줌을 싸는 것 등의 행동으로 많은 경우 그 원인은 시기·질투에서 비롯된다. 이런 퇴행은 '나한테 관심을 가져 달라'는 일종의 강력한 메시지이다.

성경에 나타난 최초의 살인사건은 창세기 4장에 나오는데, 이 사건은 형제간의 시기·질투로 인해 발생했다. 형 가인은 곡물로 하나님께 제사를 드렸고, 동생 아벨은 양을 제물로 하나님께 제사를 드렸다. 그런데 하나님이 가인의 제사는 받지 않으시고, 아벨의 제사만 받으셨다. 이때 가인은 하나님이 동생의 제사만을 받은 것에 대해 격분하여 동생을 돌로 쳐 죽였다. 가인은 시기·질투로 인한 인류 최초의 살인자가 된 것이다. 이것을 상담심리학 용어로 '가인 콤플렉스'(Cain's complex)라고 하는데, 형제간의 시기·질투 현상을 일컫는 말이다.

이 세상에 부모보다 훌륭하게 된 자녀를 시기·질투하는 부모는 없다. 주변 사람들이 자녀에게 "이 녀석 아빠보다 훨씬 잘 생겼구나!"라는 말을 들은 아빠는 시기·질투가 일어나는 것이 아니라 오히려 마음이 뿌듯해지고 기분이 좋아진다. 그러나 사람들이 동생에게 "아이구! 이 녀석 형보다도 훨씬 더 잘 생겼구나!"라고 말하면 그런 말을 들은 형은 마음이 불편, 불쾌해지고 동생에 대하여 시기·질투를 하게 된다.

누구라도 형제간에는 가인 콤플렉스가 쉽게 나타난다. 가인은 자신의 콤플렉스를 극복하지 못하고 시기·질투의 대상이 된 동생을 살해하는 극단적인 방법으로 자신의 시기·질투를 해소했던 사람이다. 만일 가인이 '내가 더욱 진실해야 하겠다,' '내가 더욱 열심히 해야 되겠다,' '내가 더욱 준비해야 되겠다,' '내가 더욱 하나님을 사랑해야 되겠다,' '내가 더욱 하나님의 마음에 합한 자가 되어야 하겠다'는 생각을 가졌다면 좋았을 텐데, 가인은 동생을 향해 '저 놈이 없어지면 내가 편하겠다,' '저 놈이 없어지면 하나님이 내 제사를 받으실 것이다,' '저 놈이 없어지면 내가 최고가 되겠다"는 생각에 사탄의 거짓된 꼬임에 넘어가서 범죄를 저지르고 만 것이다.

사탄은 창세기 4장 이후로 지금까지 사람을 가리지 않고 누구에게나 접근하여 시기·질투를 품도록 유혹하고, 그것을 유발하게 하는 전문가이다. 창세기에 가인을 시기·질투로 타락시켰고 살인의 문제를 일으켰던 사탄은 근래에도 동일 방식으로 살인의 문제를 야기한 일이 있다. 그것은 바로 서울 한남동에서 발생한 살인사건으로서 고등학교를 중퇴하고 피시방(PC

房)에서 아르바이트를 하던 21살 동생이 의과대학에 재학 중인 23살 형을 시기·질투하여 흉기로 찔러 살해하였다. 동생은 부모가 항상 형에게만 관심을 갖고, 형만을 위하고, 자신은 공부를 못한다고 구박하여 형이 없어지기를 바라는 마음에서 범행을 저질렀던 것이었다.

일련의 시기·질투에 의한 사건들을 분석해 볼 때, 시기·질투와 분노 및 공격성은 서로 '사촌 간'이라고 할 수 있다. 현상적으로 볼 때 이 둘은 매우 밀접한 정서로서 항상 붙어 다니며, 상관관계를 유지하면서 우리의 모든 기쁨을 빼앗아 가는 치명적 감정이다. 욥기에는 시기·질투와 분노를 모두 미련하고 어리석은 자들의 것이라고 기록하고 있다. "분노가 미련한 자를 죽이고 시기가 어리석은 자를 멸하느니라"(욥 5:2)라는 말씀은 시기·질투 및 분노를 지혜와 대립되는 것으로 설명하고 있다. 미국의 가정의학 전문의 돈 콜버트(Don Colbert)는 시기·질투 및 분노는 모두 우울증의 원인이라고 밝히고 있다.

한 수도사가 리비아의 어느 사막에서 금식기도를 하며 수도를 하고 있었다. 마귀가 어떻게 해서라도 이 수도사를 유혹하여 기도를 방해하려고 했지만 꿈쩍도 하지 않는다. 마귀는 이 수도사를 음식으로 유혹도 해보고 의심, 공포, 욕심, 돈 등 별의별 것으로 유혹을 해봤지만 기도로 무장된 수도사는 전혀 요동하지 않았다. 마귀들이 서로 낙심하고, 고민하고 있을 때 어떤 마귀가 "내가 한 번 해볼 테니까 잘 봐"라고 말하며 이 수도사에게 다가가서 말했다.

"당신 동생 알렉산드리아가 이번에 주교가 되었습니다."

이 말을 들은 수도사는 얼굴이 굳어지면서 "뭐, 동생이 주교가 되었어?"라고 말하며 마음이 크게 요동하고 결국, 기도를 못하게 되었다고 한다.

일반적인 시기·질투는 대개 경쟁관계에 있는 사람 간에 발생하는 감정으로서 자신과 관계없는 사람에게는 거의 시기·질투하지 않는 것이 보편적인 현상이다. 우리나라 속설에도 "예쁜 여자끼리는 절대 친해질 수 없다"는 말이 있다. 생선 가게를 하는 사람은 과일 가게가 돈을 잘 번다면 부럽기는 해도 크게 시기·질투하지는 않는다. 전자제품을 파는 사람은 주변 정육점이 장사가 잘된다고 하여 속이 뒤집힐 정도로 시기·질투를 하지 않는다. 그러나 같은 분야에서 경쟁관계에 있는 사람 간에는 견딜 수 없는 시기·질투가 발생한다.

B.C. 700년경에 활동한 고대 그리스의 유명한 시인 헤시오도스(Hesiodus)는 "거지는 거지를 시기·질투하고 시인은 시인을 시기·질투한다"는 유명한 말을 남겼다. 2,700여 년 전에 이런 말을 한 것으로 보아 시기·질투는 오래된 역사를 가진 죄임을 알 수 있다.

앵거스 윌슨(Angus Wilson, 1913-1991)은 시기·질투를 '죄'라기보다는 오히려 '고통'으로 이해했다. 물론, 시기·질투의 심리상태에는 상당한 고통이 따르는 것이 사실이지만, 이것이 명백하게 '죄'라는 사실을 간과하거나 회피해서는 안 된다. 그래서 철학자 쇼펜하우어(Arthur Schopenhauer, 1788-1860)도 "질투는 자연스러운 인간의 속성이기는 하지만 '죄악'인 동시에 '불행'이므로 우리들의 행복을 앗아가는 적이다"라고 했다.

4. 삼각관계적 질투

진화론자 찰스 다윈(Charles Dawin, 1809-1992)은 암수 간에 금실 좋기로 유명한 꿩의 질투 사례를 관찰했다. 부부 꿩이지만 수컷이 병들자 그 병이 다른 꿩에게 전염될 것을 우려하여 사육사는 수컷을 암컷에게서 격리하여 수용했다. 시한부 과부가 된 암컷 꿩에게 다른 한 수컷이 음식을 물고 접근하며 유혹을 했지만 아내 꿩은 집요하게 수절을 해낸다. 남편 꿩이 완쾌되어 사육장으로 돌아오자 사육장에서 참극이 벌어지고 말았다. 돌아온 남편 꿩은 자기의 아내에게 음식을 물어주면서 유혹하려고 했던 수컷 꿩을 심하게 쪼아서 죽인 것이었다. 어쩌면 이 남편 꿩은 병들어 있었지만 질투로 인해서 죽을 수가 없었고, 질투가 삶을 지탱하는 에너지였는지도 모른다.

인간은 감정적 존재이기 때문에 질투는 '인간에게 자연스러운 현상'이라고 볼 수 있다. 질투는 인간의 본성으로 누가 가르쳐 주지 않아도 누구에게나 이 심리가 내재되어 있다. '동서고금, 남녀노소, 빈부귀천, 유무식과 관계없이 모든 사람은 시기·질투에 노출되어 있다'고 해도 틀린 말이 아니다.

인간의 질투는 나이와 상관없다는 사실을 알 수 있는 보도(1993년 11월 2일자)가 있었다. 이스라엘에 84세 된 한 노인은 80세 된 아내와 60년 동안 행복한 결혼생활을 해 왔었다. 그런데 어느 날, 이 남편은 아내의 가장 친한 친구인 80세 된 노인과 좋아지내게 되었다. 그러자 아내는 이혼소송을 제기하였고 결국 이혼에 이르게 되었다. 나이가 90세가 되어도, 100살이 되어도 끝없이 질투를 하는 것이 인간이다.

'결혼'이라는 것은 배우자에 대하여 배타적 독점권(exclusive monopolization)을 주장하는 것이다. 즉, '이 세상의 절반이 여성/남성이지만 그 많은 여성/남성 가운데 내가 선택한 이 여성/남성을 나만 사랑할 수 있다'는 권리를 주장하는 것이 이른바 '배타적 독점권'이다. 결혼서약을 할 때 주례가 "이제부터 죽음이 갈라놓을 때까지 이 아내/남편만을 사랑하겠습니까?"라는 물음에 신랑, 신부는 오른손을 들고 "예"라고 서약해야 결혼이 성사된다. 이제부터 '이 여성/남성을 선택함으로써 나머지 수많은 여성/남성을 포기하겠다'는 의미가 결혼이다.

그렇기 때문에 배우자 이외의 사람과 애정관계를 형성하는 것은 상대 배우자로 하여금 불같은 질투를 야기하는 것이다. 그렇게 되면 아내와 남편 관계는 '질투하도록 만드는 배우자,' '질투하는 배우자' 그리고 '경쟁자'라는 세 사람의 관계가 되는데, 여기서 나타나는 질투를 이른바 '삼각관계적 질투'(envy of triangulation)라고 한다.

그레고리 화이트(Gregory White)와 폴 뮤렌(Paul E. Mullen)이 함께 저술한『질투의 임상학』(Jealousy: Theory, Research, and Clinical Strategies)에 보면, "미국 부부의 30%가 배우자의 질투 때문에 이혼하게 된다"고 분석했다. 미국만 그런 것이 아니고, 우리나라도 마찬가지라고 볼 수 있다. 질투로 인해서 이혼만 하는 것은 오히려 다행이라고 볼 수 있다. 질투 때문에 상대 배우자를 폭행하고, 죽이는 일도 흔하다. 미국 예일(Yale)대학교 심리학과 교수 피터 살로비(Peter Salovey, 1958-)는 "미국에서 배우자 간의 폭행과 살인사건의 55%가 질투에 의한 것이고, 남자가 남자를 살해한 사건 가운데 20%는 여자를 사이에 둔 삼각관계적 질투로 인한 것이며, 미국에서 발생하는 모든 범죄의 20%는 질투에 의한 것이다"라고 분석했다.

일반적으로 부부 끼리는 서로 잘 되는 것에 대해서 질투하지 않는다. 그 이유는 서로 사랑하기 때문이다. 다만 아내(남편)의 사랑이 자신에게 향하지 않을 때, 배우자 이외의 다른 여성(다른 남성)에게 잘 해주었을 때 삼각관계적 질투가 발생하는데, 이것은 매우 무섭고도 끔찍하여 여기서 수많은 사건들이 발생하는 것을 보도를 통해서 쉽게 볼 수 있다.

아내는 남편의 사랑을 충분히 받을 때 정서적 안정감과 행복감을 갖게 된다. 여성에게서 나타나는 신경증(psycho-neurosis) 및 정신증(psychosis)의 상당 부분은 남편의 사랑을 충분히 받지 못하여 발생한 정서적 불만족, 불안, 불쾌감이 원인이다. 남편의 사랑이 다른 여성에게 분산될 때 자연스럽게 삼각관계적 질투가 발생하는데, 이때 온갖 심리정서적 질환도 함께 발생한다.

아우렐리우스 어거스틴(Aurelius Augustine)은 "사랑하면서 질투도 안 느낀다면 그것은 사랑도 아니다"라고 말했다. 질투는 연인이나 부부의 관계를 지켜주는 일종의 경계경보와 같은 순기능적 역할을 한다고 볼 수도 있다. 연인이나 부부간의 질투는 과도한 경우가 아니라면 상대방에 대한 애정과 사랑을 기본으로 보호하려는 기능이라 할 수 있다. 즉, 부부간의 질투는 일종의 불안심리로 남편의 애정이 다른 여성에게로 향할 때 이를 질투함으로써 부부 관계를 안정적으로 유지하고자 하는 심리정서적 방편으로 이해된다. 그래서 미국 텍사스(Texas)대학교 심리학과 교수 데이비드 버스(David M. Buss)는 "질투는 자기 사람을 보호하고, 잘못을 경고하며, 사랑의 헌신을 안정되게 하기 위해 만들어진 진화의 결과물"이라고 정의했다.

그렇다면 오히려 질투가 없는 부부에게서 과연 사랑이 존재하는지에 대해 의구심을 제기할 수도 있다. 질투는 연인이나 부부 관계를 공고히 해주는 접착제 같은 역할을 하는 경우도 있지만 질투와 집착을 잘 구분할 수 있어야 한다. 건전한 면에서 질투로 받아들여지려면 그것이 '애정'인지 '집착'인지에 대한 분석과 아울러 질투의 정도가 함께 고려되어야 한다. 하지만, 질투 속에 숨어 있는 이기심과 집착을 사랑과 구분해 내는 것은 몹시 어려운 일이다.

5. 이브의 질투 망상

부부는 서로 질투를 가지고 있기 때문에 남편은 아내 앞에서 다른 여자를 칭찬해서는 안 되며, 아내는 남편 앞에서 다른 남성을 칭찬해서는 안 된다. 어떤 통계에 보면, '우리나라 여성의 75%가 애인이나 남편에게 질투를 유발시켜서 자신의 사랑을 확인한다'는 통계가 있다. 이런 행동은 아마도 '에덴동산에서부터 인류의 조상인 이브의 피를 이어받았기 때문'이라는 설도 있다.

이브가 남편 아담을 의심하기 시작했다는 유머가 있다.

아담이 밤늦게 퇴근하여 집에 들어가자 이브가 따졌다.

"당신 요즘 뭐 때문에 이렇게 매일 늦어요? 딴 여자하고 놀아나는 것 아니에요?"

그러자 아담이 이브에게 응수했다.

"당신 미쳤어? 이 세상에 여자라고는 당신밖에 없는데, 내가 어떤 여자하고 놀아날 수 있단 말이요? 진짜 이상한 여자 다 보겠네!"

화가 난 아담은 갑자기 돌아누워 잠을 잤다. 새벽쯤 되었을 때 '뭔가 자신의 가슴을 찌르고 있다'는 것을 느낀 아담이 잠에서 깨었다. 그것은 아내가 자신의 윗옷을 걷고 뭔가를 만지는 것이었다. 아담이 깜짝 놀라서 "당신 지금 뭐 하는 거야?"라고 묻자 이브는 "당신의 갈비뼈를 세고 있어요"라고 말했다는 것이다.

이브는 '혹시 하나님이 아담의 갈비뼈를 하나 더 빼서 다른 여자를 창조하시고 아담이 그 여자와 놀아나는 것은 아닌가?'라고 생각했던 것이다. 이 내용은 누군가 여성의 질투를 빗대어 만든 유머이다. 상담심리학에서는 이같은 이브의 질투를 일컬어 이른바 '의심성 질투'(suspicious jealousy)라고 한다.

미국 샌디에고(Sandiego)주립대학교 심리학과 교수 고든 클랜튼(Gordon Clanton)은 의심성 질투에 대해 "짝을 잃을지 모른다는 두려움 혹은 짝이 제3자와 애정관계를 맺었거나 맺을지도 모른다는 의심과 불안감으로 인해 표현되는 불편한 감정"이라고 정의했다. 의심성 질투는 단순히 배우자를 의심하는 것에서 끝나지 않고, 점차 망상으로 이어지고 악화되는 특성이 있다. 이런 상태를 일컬어 상담심리학에서는 '질투 망상'(嫉妬妄想) 또는 '망상적 질투'(妄想的 嫉妬)라고 표현한다. 질투 망상 또는 망상적 질투에 의한 사건은 신문지상에서 쉽게 발견된다. 연인 또는 부부간에 아무 일도 아니지만 한 번 의심을 갖고 질투하기 시작하면 질투에 질투를 거듭하여 질투의 망상이 점점 커져 엄청나고, 끔찍한 일로 비화된다.

연인 또는 부부간의 질투 망상은 세익스피어의 작품 이름을 따서 '오셀로 증후군'(Othello syndrome)이라고도 한다. 오셀로 증후군은 배우자가 성적 부정을 저질러 자신이 피해를 입고 있다고 비합리적으로 생각하는 것이며, 이런 것들을 통칭하여 상담심리학에서는 '부정 망상'(Infidelity delusion)이라고 한다. 쉬운 말로 우리가 일반적으로 사용하는 '의처증,' '의부증'을 일컫는 용어이다. 상담심리학에서는 이것을 편집성 성격장애(paranoid personality disorder)에서 전형적으로 나타나는 현상으로 보고 있다.

부부간에 배우자의 불륜을 망상하여 생긴 질투는 확신할 수 없는 약간의 근거에서 시작하여 확신에 확신을 갖는 망상에 이르는 것이 일반적이다. 배우자를 편집성 성격장애로 만든 데에는 '신뢰를 주지 못한 상대 배우자에게 일차적 책임이 있다'고 볼 수 있다. 이런 구조를 분석해 보면, 대부분의 편집성 성격장애는 상대 배우자가 의심을 가질 수밖에 없었던 어떤 사건이 있는데, 배우자에게 신뢰를 잃을 만한 사건이 발생한 경우 서로 충분한 대화와 설명으로 오해를 풀어 부부간의 신뢰에 금이 가지 않도록, 부부 관계가 악화되지 않도록 해야 할 것이다.

영국의 극작가 윌리엄 셰익스피어(William Shakespeare, 1564-1616)는 "공기처럼 가벼운 사소한 일도, 질투하는 사람에게는 성경의 증거처럼 강력한 확증"이라고 했다. 심리학자도 아닌 극작가 셰익스피어가 인간의 심리를 매우 정확하게 분석하여 『오셀로』(Othello)에서 질투를 잘 묘사했다.

6. '게판'이 '개판' 된 사건

친구 간에 부부 동반으로 집에서 '게 파티'를 했다는 이야기가 있다. 게는 맛있기는 해도 먹기가 곤란한 음식으로서 후벼 파 먹어야 되고, 잘못하면 점잖지 못한 모습을 보여줘야 하며, 식사 후에도 지저분하게 되기 때문에 격식을 차려야 하는 자리에서는 잘 안 먹게 된다. 하지만 친구들끼리 만나 격의 없이 즐거운 식사를 하게 된 것이다. 맞은편에 앉은 친구 부인이 게를 절단하는 가위질도 잘 못하고, 어떻게 먹어야 할지 난감해 하니까, 식사를 초대한 친구가 게를 잘라서 친구 부인에게 말했다.

"제수씨, 게를 많이 안 드셔봤나 봐요? 여기를 잘라야 살이 이렇게 잘 빠져 나옵니다."

하면서 밥 위에 게살을 얹어 주었다.

"어머, 어떻게 그렇게 잘하세요? 정말 맛있네요!"

친구 부인이 칭찬을 하며 맛있게 먹는 모습을 보고 식사를 초대한 친구는 신이 나서 계속하여 친구 부인의 밥 위에 게살을 발라주었다.

그 모습을 지켜보던 아내가 질투도 나고 화가 나서 남편에게 말했다.

"여보, 나도 좀 해줘! 어휴 팔 아퍼!"

"당신은 할 줄 알잖아! 왜 그래?!"

그러자 이 아내는 남편을 노려보면서 "너나 잘 파 먹어라!"라고 소리를 지르고, 부르르 떨며, 게를 상 위에 집어던지고 밖으로 나가버렸다. 그래서 '게판'이 '개판'되었다는 이야기다.

상담심리학에서는 이런 질투를 일컬어 '반응성 질투'(reactive jealousy)라고 한다.

앵거스 윌슨은 7가지 죄를 특정 신체부위의 표정과 관련하여 비유했는데, 부르르 떨고 경련하는 얼굴, 이것이 바로 '질투의 모습'이라고 비유했다. 아내에게서 예쁘고, 아름다운 모습만 보려거든 남편은 절대로 아내로 하여금 질투를 야기해서는 안 된다.

연인이나 부부간의 질투를 분석해 보면 대개 여성(아내)은 남성(남편)의 정서에 대해서, 남성은 여성의 행동에 대해서 질투하는 경우가 많다. 데이비드 버스(David M. Buss)는 질투에 대한 연구 결과를 발표했다. 미국 남동부의 인문대학 학생 1,122명을 대상으로 애인이 다른 사람에게 관심을 보이기 시작하는 상황을 상상하도록 한 뒤 다음과 같은 질문을 했다.

"애인이 그 사람과 (성관계는 없이) 깊은 감정적 유대를 맺은 경우와 애인이 그 사람과 (감정적 유대는 없이) 성관계를 가진 경우 중 어느 쪽이 당신을 더 화나게 하는가?"

그 결과 여성은 상대의 감정적 배신에 더 큰 분노를 느낀다고 했고, 남성은 애인의 성적 행위에 대해 여성보다 훨씬 더 분노를 느낀다고 했다. 남성은 이성의 성적 행동에 민감하게 질투하고, 여성은 이성의 성적 감정에 예민하게 질투하는 것으로 나타난 것이다.

우리나라 사람들은 질투를 여성의 특성으로 이해할 만큼 예로부터 질투와 여성을 밀접하게 관련시켰다. 한자에서 '질투'(嫉妬)라는 단어에 '계집 녀'(女)가 두 개나 붙을 만큼 질투와 여성을 동일시했다. '질투'에서 질(嫉)은 '미워한다'는 뜻으로서 '계집 녀'(女)에 '병 질'(疾), 즉 여자들끼리 서로 미워하는 것을 질병상태로 본 것이다. 또 '질투'라는 단어에서 투(妬)는 '시샘한다'는 의미로서 '계집 녀'(女)에 '돌 석'(石), 즉 예쁜 여자들끼리 서로 돌멩이를 던지는 상태를 의미하고, 다른 사람의 신체에 돌을 던져 고통을 준다는 의미를 내포한다고 할 수 있다.

조선시대에 '칠거지악'(七去之惡)[1]이라 하여 여성이 남편으로부터 강제로 이혼을 당하고 쫓겨날 사유 중 네 번째가 질투였다. 현대적 개념으로는 당치도 않은 내용이 그 당시에는 법률처럼 통용되었다.

우리말이나 영어에는 없지만 독일어, 이탈리아어, 프랑스어, 스페인어를 비롯한 유럽어나 고어인 히브리어, 헬라어, 라틴어 등에는 '성·수·격'이라는 것이 있다. 즉, 어떤 단어든지 남성, 여성, 중성의 '성'(性)이 있고, 단수, 복수의 '수'(數)가 있으며, 주격, 소유격, 여격, 목적격, 호격 등의 '격'(格)이 있다. 흥미롭게도 '질투'라는 용어는 모두 여성명사인데,

---

[1] 여자를 쫓아낼 수 있는 7가지 사항이라는 뜻으로 아래와 같다. ① 시부모에게 순종하지 않는 것 ② 아들이 없는 것 ③ 음행하는 것 ④ 질투하는 것 ⑤ 질병에 걸리는 것 ⑥ 말이 많은 것 ⑦ 도둑질하는 것.

아마도 '질투'라는 단어가 처음 생기고 그 단어의 성을 결정할 때 이것을 여성의 심리적 특성으로 보고 여성명사로 분류한 것으로 보인다. 대부분의 심리학에서 질투는 '여성의 심리적 특성'이라고 보는 데 이견이 없다.

질투는 남녀노소, 동서고금을 막론하고 모든 사람이 가지고 있는 '보편적 정서,' '본래적 감정,' '선천적 정서,' '본능'이라고 할 만큼 모든 사람의 내면에 도사리고 있는 것으로 여기서 자유로울 수 있는 사람은 없을 것이다.

7. 다른 사람의 불행은 나의 행복

미국의 과학 정기간행물 「사이언스」(Science, 2009년 2월호)지에 "시기·질투는 인간의 본능과 같은 것"이라는 논문이 소개된 바 있었다. 이 연구는 일본 방사선의학 종합연구소의 타카하시 히데히코(高橋英彦) 연구팀이 한 것인데, 이 연구에 따르면 사람은 시기·질투하는 사람의 불행을 목격할 때 뇌 속에서 기쁨을 관장하는 부위가 2배 이상 활성화되어 쾌락을 느끼게 되는 것으로 나타났다.

이 연구팀은 19명의 학생들을 대상으로 성적이 좋고 이성으로부터 인기가 높은 학생과 평범한 학생이 등장하는 대본을 읽도록 한 뒤, 기능성 자기공명영상(fMRI)을 통해 뇌가 어떻게 반응지에 대해서 측정을 해보았다. 그 결과, 실험대상자 전원에게서 외모가 출중하고, 성적이 좋고, 이성으로부터 인기가 좋은 학생에 대한 대본을 읽을 때 뇌 속의 고통을 관장하는 부위가 활성화되면서 강한 시기·질투를 느끼는 것으로 나타났다.

그런데 외모가 출중하고, 성적이 좋고, 이성으로부터 인기가 높은 학생과 관련하여 "애인이 바람을 피웠다," "차가 망가졌다" 등의 여러 가지 불행이 발생하는 내용을 읽도록 한 후, 학생들의 뇌 반응을 관찰해 보았더니, 그들에게서 욕구가 채워졌을 때 활동하는 뇌의 부위(선조체, corpus striatum)가 활성화되는 모습과 행복감이 관찰되었다. '시기·질투의 수위가 높을수록 상대의 불행에 따른 기쁨과 행복감도 커진다'는 사실을 연구자들이 측정하게 된 것이다.

뇌의 선조체는 신경전달물질 도파민이 다량 포함되어 활성화되면 기분이 좋아지고, 기쁨과 행복감을 느끼게 되는 부분이다. 즉, 인간은 시기·질투의 대상에게 불행이 발생되면 마치 뇌가 꿀을 먹은 것같이 기분이 좋아지고, 황홀한 상태가 되며, 행복감을 느끼게 되는 것이다. 이런 내용은 실험을 통해 밝혀지기는 했지만 실험해 보지 않았어도 이미 오래 전부터 누구나 스스로의 경험을 통해 알고 있는 내용이다.

8. 독한 시기

성경은 시기를 일컬어 '독한 시기'(약 3:14)라고 표현하고 있다. 모든 시기에는 독(毒)이 들어 있으며, 이 세상에 '선한 시기'라는 것은 없다. 마음속에 시기를 품게 되면 독을 품는 것과 마찬가지이기 때문에 심리정서적으로, 정신적으로, 영적으로 병에 걸리지 않을 수 없다. 우리말 속담에 "사촌이 땅을 사면 배가 아프다"는 말이 있는데, 배가 아픈 이유는 뱃속에 독이 퍼지고 창자가 뒤틀리기 때문이다. 상한 음식을 먹었을 때 식중독 균에 감염되어 배가 아파 견딜 수 없는데, 시기는 식중독 균보다 더 강한 독소를 가진 것이다.

이런 독한 시기의 마음이 있을 때는 "자랑하지 말라"(약 3:14)고 교훈하고 있다. 이때 자랑하다가 독이 튀어나와 자신도 상하고 상대방도 상하게 되기 때문이다. 시기의 독소는 매우 강력하여 잠언에는 "시기는 뼈를 썩게 하느니라"(잠 14:30)고 기록하고 있다. 이 맹독성 시기는 시기하는 자의 살과 뼈를 썩게 할 뿐만 아니라, 심리정서적, 영적으로도 병들게 한다.

윌슨은 시기를 일컬어 '창자가 꼬이는 듯한 고통'이라고 비유한 바 있다. 창자가 뒤틀리고 꼬이면 속이 편안하지 않은 정도를 넘어 복통이 일어난다. 윌슨은 대부분의 시기하는 자들은 자신의 내면에 창자가 꼬이는 듯한 시기의 고통 속에서도 시기를 하지 않는 듯한 고도의 기법으로 표정과 언어를 사용하여 '자신과 타인을 속이는 위선이라는 또 다른 죄에 익숙해진다'고 분석했다. 시기하는 자들은 다른 사람들에게 그것이 드러나지 않도록 포장하고 위장하느라 부단히 노력한다. 이것은 교만을 삶의 권리로, 분노를 삶의 정의로, 나태를 삶의 여유로, 음욕을 삶의 즐거움으로, 탐욕을 삶의 원동력으로, 탐식을 삶의 기쁨으로 위장하려는 것과 비슷하다.

대개 반복되는 정서나 행동은 내성(tolerance)이 생기기 마련이고, 내성은 곧바로 중독(addiction)으로 이어진다. 이를테면, 발뒤꿈치처럼 오랫동안 바닥을 디디게 되면 굳은살이 생겨나게 되어 있다. 또 계단을 올라가거나 내려가는 것도 반복해서 하면 폐활량도 커지도 근육도 생겨서 더 잘 할 수 있게 된다. 그처럼 시기도 하면 할수록 더 늘어나고, 더 무뎌지고, 더 악하게 되는 것이다. 그래서 윌슨은 시기를 '습관성 마약'이라고 비유하면서 이것을 '쉽게 끊기 어렵다'는 말을 대신하고 있다.

9. 사탄의 강력한 무기

사람들은 자신이 다른 사람보다 조금이라도 나은 점이 발견되면 곧 교만해져서 다른 사람을 무시하게 되고, 다른 사람보다 자신에게 조금 모자라는 것이 발견되면 금방 열등감을 갖고 시기·질투하게 된다. 시기·질투는 이처럼 비교의식과 열등감에서 비롯된다. 비교할 만한 누군가가 없다면 시기·질투는 없을 것이다. 그렇기 때문에 비교의식, 열등의식과 시기·질투는 서로 사촌 간임을 알 수 있다.

심리학자 에릭 에릭슨(Erik Erikson, 1902-1994)은 "시기·질투의 근본 원인은 비교의식에서 발생된 열등의식"이라고 분석했다. 에릭슨의 주장에 기초한다면 누구라도 스스로 당당할 때 시기·질투는 많이 줄어들게 될 것이다. 하지만 인간은 유치해서 많이 가졌어도, 많이 배웠어도, 높이 올라가고 당당해도 사실상 시기·질투를 극복하기가 어렵다.

요한복음에는 예수님이 베드로의 시기·질투를 꾸짖으신 일이 있다(요 21:22). 부활하신 예수님이 베드로에게 나타나 "내 양을 먹이라!"는 사명을 주실 때 베드로에게는 요한과 자신을 비교하는 비교의식이 생긴 것이다. 그래서 예수님께 이런 취지의 답변을 했다.

"주님, 저야 죽기까지 주님을 따르고 주님의 양들을 먹이지요. 그런데 주님께서 사랑하시는 요한은 어떻게 되는데요? 요한이도 죽기까지 주님을 따라야 할 거 아닌가요? 저만 혼자 주님을 따라야 하나요?"

그러자 예수님은 다음과 같은 의미의 말씀을 하시면서 베드로를 꾸짖으셨다.

"내가 다시 올 때까지 요한을 이 땅에 천년, 만년 살게 하든지 말든지 너와 무슨 상관이냐? 너는 다른 사람과 비교하지 말고 나를 따르면 될 것이 아니냐?"

C. S. 루이스(Clive S. Lewis)는 "인간을 타락시키는 사탄의 도구 중 가장 강력한 무기는 비교의식"이라고 했다. 비교하려는 마음에서 교만, 분노, 시기·질투가 생기기 때문에 누구든지 사탄에게 이용당하지 않으려면 긴장해야 한다. 비교는 7가지 죄 가운데 교만, 시기·질투, 분노라는 세 가지 죄를 기본적으로 끌고 들어가는 것이므로 이 통로를 차단해야 한다. 토마스 아 켐피스(Thomas a Kempis)는 "교만 속에 시기·질투가 싹트고 있기 때문에 교만을 벗겨내고 겸손해지면 시기·질투는 자라기가 어렵다"고 했다.

솔로몬 쉼멜(Solomon Schimmel)은 시기·질투를 일컬어 "인간의 영혼을 하나님으로부터 멀어지게 하는 죄"로 했다. 하나님으로부터 서서히 멀어지는 것은 결국, 영적 양분을 공급받지 못하고, 시들어 죽게 되는 치명적인 상태에 이르게 한다.

야고보서는 "시기와 다툼이 있는 곳에는 혼란과 모든 악한 일이 있다"(약 3:16)고 기록하고 있다. 여기서 '혼란'(ἀκαταστασία, 아카타스타시아)이라는 말은 헬라어로 '무질서,' '불안정한 상태,' '파도치듯 동요가 일어난다'는 뜻이다. 시기·질투가 있는 사람은 심리적으로 안정이 안 되고 마음이 파도와 같이 요동치는 사람이다. 이런 사람은 지도자가 돼서는 안 된다. 이런 사람이 지도자가 되면 그 집단까지 무질서해지고, 동요가 일어나며 불안정해진다. 오히려 지도자는 무질서해지고, 동요가 일어나고, 불안정해진 집단을 안정시키는 역할을 하는 사람이어야 한다.

"시기·질투는 세상에서 가장 나쁜 병이다"라는 영국 속담이 있다. 시기·질투가 이 세상에서 가장 나쁜 죄일 수는 없지만 시기·질투의 위험성을 나타내고 이것을 경계할 것을 과장법으로 강조한 것으로 이해된다. 7가지 죄 가운데 시기·질투는 교만 다음으로 두 번째 죄에 놓인다. 그 이유는 창세기 3장에 아담과 이브의 타락이 교만에서 시작되었고, 그 다음에 순차적으로 창세기 4장에 가인이 시기·질투로 동생 아벨을 죽이는 죄가 나오기 때문에 시기·질투를 두 번째 죄에 놓게 된다. 교만이 심각한 죄이기는 해도 살인과의 밀접한 관련성은 떨어진다. 하지만 시기·질투는 기본적으로 시기·질투의 대상에 대한 미움을 기초로 살인의 동기가 되는 무서운 죄이기도 하고, 너무나도 쉽게 인간의 마음을 병들게 하는 독한 정서이기 때문에 속담에 '가장 나쁜 병'이라고 표현한 것은 이해가 되는 말이다.

로버트 로버츠(Robert Roberts)는 "욕심이 시기·질투의 원인이기도 하며, 시기·질투가 욕심의 원인"이라고 분석하면서 "이 둘은 뗄레야 뗄 수 없는 밀접한 관련성을 가지고 있다"고 보았다. 욕심이 가득한 사람이 시기·질투를 하게 되어 있으며, 시기·질투가 가득한 사람에게서 발견할 수 있는 심리적, 영적 특성이 바로 욕심이다. 또 기독교상담학자 도날드 캡스(Donald E. Capps)는 다음과 같이 분석했다.

> (탕자의 비유에 등장하는) 첫째 아들은 돌아온 탕자 동생이 터무니없이 환대받는 모습을 보고 아버지와 가정을 위해 열심히 일하고 싶은 의욕이 사라지고 마음속에 불평과 불만이 가득하게 되었는데, 이런 면에서 시기·질투의 또 다른 부산물은 '자포자기,' '의욕상실' 그리고 '나태'이다.

10. 시기·질투의 끝은 어디인가?

시기·질투는 상대방이 불행해져야 끝나는 것이다. 대한민국을 대표하는 민요 '아리랑'의 가사를 보면 "나를 버리고 가시는 님은 십 리도 못 가서 발 병난다"라고 되어 있다. 나를 버리고 간 사람은 병이 나야 되고, 오래 살면 안 되고, 상대방이 불행해져야 내 마음이 시원한 것이다.

2015년 9월, 중국 허난성 신양시에서 고등학교 3학년 여학생이 같은 반 친구의 미모와 성적 등에 시기·질투를 느낀 나머지 새벽 2시에 기숙사 방에 잠입해서 자고 있던 그 친구의 얼굴에 황산을 뿌리고 자신은 사형 선고를 받은 사건이 있었다. 이 사건은 결국 '얼굴이 예쁘고, 공부도 잘 하는 친구를 눈 뜨고 볼 수 없다'는 시기·질투로부터 저질러진 사건이라고 할 수 있다.

심리학자 데이비드 버스는 6대륙 37개 문화권에 속한 10,047명의 남녀를 대상으로 5년간 연구한 결과를 종합하여 1994년 『욕망의 진화』(The Evolution of Desire: Strategies of Human Mating)라는 책을 펴냈는데, 여기서 '시기·질투는 적을 제거하는 행동을 하도록 만드는 정서'라고 했다. 적을 제거하려는 강한 욕구가 생겨 시기·질투하는 동안에는 이성이 마비되고,

마음이 어두워져서 아무것도 제대로 보지 못하고, 바르게 판단할 수 없게 된다는 것이다.

야고보서에 "너희는 욕심을 내어도 얻지 못하여 살인하며 시기하여도 능히 취하지 못하므로 다투고 싸우는도다"(약 4:2)라는 말씀이 있다. 사람들은 자신이 얻는 것이 없어도, 심지어 시기·질투의 대상이 죽거나 더 많은 피해를 볼 수만 있다면 자신에게 오는 피해를 기꺼이 감수하는 못된 심리를 가지고 있다.

가인의 시기·질투는 그 동생 아벨을 죽이고 나서야 끝났다(창 4:8). 또 창세기에는 요셉의 형들이 아버지가 요셉을 자신들보다 더 사랑함을 알고 시기·질투하여 요셉을 애굽의 종으로 팔아버렸다는 내용도 있다(창 37장). 사실, 형들은 처음에 요셉을 죽이려고 했었지만 그렇게 하지 못하고 결국 인신매매로 멀리 보내버리고 나서야 시기·질투가 끝난 것을 볼 수 있다. 시기·질투는 그 대상이 눈앞에서 사라져야 끝나는 것이다.

그리스 전설에 시기·질투의 위험성에 대한 이야기가 있다. 어떤 실력 있는 마라톤 선수가 1등을 할 것이라 기대했는데, 2등으로 골인했다. 사람들은 우승자에게만 환호를 보내게 되었다. 며칠 후 시내 한복판에 우승자를 기리는 거대한 동상이 세워졌다. 2등 선수는 매일 그 동상을 보며 속이 쓰리고 자신을 '패배자'라고 생각하게 되었다. 시기·질투가 그의 영혼을 장악해서 아무 일도 할 수 없는 지경이 되었다. 밤마다 잠을 못 자고 승리자의 동상으로 가서 끌로 석상을 조금씩 파냈다. 그러던 어느 밤, 그 조각을 파내는데 육중한 동상이 그만 앞으로 쓰러져 그는 거대한 챔피언 동상에 깔려 그 자리에서 즉사하고 말았다.

그를 죽인 것은 다름 아닌 시기·질투였다. 욥기에 "분노가 미련한 자를 죽이고, 시기가 어리석은 자를 멸하느니라"(욥 5:2)는 말씀과 똑같은 일이 벌어진 것이다. 자신의 실수, 단점, 약점, 허물, 결함, 부족한 것을 분발의 동기로 바꾸는 사람은 가능성이 있는 사람, 성격이 좋은 사람, 성경적인 사람, 복받을 사람이다. 시기·질투는 결국, 자신을 죽이는 죄악이다.

극단적으로 시기·질투는 자신이 피해를 당하더라도 상대방이 잘 되는 것을 막거나 상대방의 행운을 빼앗으려는 가학-피학적(sado-masochism) 심리이다. 경쟁 상대가 존경받는 자리에 오르지 못하게 할 수만 있다면 무슨 짓을 해서라도, 심지어 자신의 출혈을 감수하면서까지 악을 자행하게 되는 것이 시기·질투이다.

11. '나, 지금 질투하고 있는 거니?'

심리학자 클랜튼은 주장했다.

"자신의 숨겨진 감정을 햇빛 속으로 끄집어내어 솔직하게 바라보고, 그것을 시인하면 고통스러운 마음이 어느 정도 가라앉거나 사라질 수도 있다."

하지만 '자신의 내면에 시기·질투가 있다'는 사실을 인정하는 것은 매우 어려운 일이 아닐 수 없다. 이에 대하여 맥시 더남(Maxie D. Dunnam)과 킴벌리 레이스먼(Kimberly D. Reisman)도 "이 세상에서 스스로 인정하기 가장 어려운 것이 바로 시기·질투"라고 분석했다.

영국의 저명한 의사이며 철학자 버나드 맨드빌(Bernard Mandeville, 1670-1733)은 다음과 같이 진술했다.

"한 번도 다른 사람을 시기·질투하지 않을 만큼 정신적으로 성숙한 사람이 있다고 나는 믿지 않는다. 그럼에도 불구하고 나는 지금까지 다른 사람을 시기·질투했다고 솔직하게 인정하는 사람은 한 명도 만나 보지 못했다."

시기·질투를 인정하는 데는 세 가지 내용이 있다.

첫째, '자신 안에 시기·질투가 있다'는 사실을 인정하는 것이다.

인간은 누구나 자신의 내면에 존재하는 부정적인 정서를 인정하기가 어려운데, 특히 남성들은 그것을 솔직하게 인정하려고 하지 않는다. 이를테면, 아내가 남편에게 "여보, 당신, 지금 질투하는 거야?"라고 물으면 소리를 지르면서 "내가 왜 질투를 해? 나 질투 안 해!"라고 말하면서 감정을 회피한다.

질투는 사람들의 마음속 깊이 숨겨져서 그 정체를 드러내지 않으려는 특징이 있다. 마귀는 드러나는 것을 싫어하고 위장하고, 숨으려는 특성이 있다. 하지만 시기·질투를 인정하지 않으면 이것을 바르게 다룰 수가 없다. 그렇기 때문에 이것을 숨기지 말고, 솔직하게 인정할 때 해결이 용이해진다.

둘째, 자신의 부족을 인정해야 한다.

자신의 부족을 인정하는 것은 굉장한 용기가 필요한 것이다. '나는 부족했다,' '나는 그에 대한 정보와 지식이 부족했다,' '나는 기도가 부족했다,' '나는 열정이 부족했다,' '나는 더 열심히 해야 되겠다'와 같이 자신의 부족을 정직하게 인정해야 시기·질투에서 벗어날 수 있고, 성장하고, 발전할 수 있다.

셋째, 상대방을 인정해야 한다.

시기·질투는 다른 사람의 소유, 재능, 실력, 명예, 평판, 외모, 재물, 위치, 조건 등을 부러워하고, 시샘하고, 미워하고, 싫어하고, 경쟁심을 갖는 마음인데, 생각해 보면 '이 세상에 나보다 나은 사람들이 많다'는 것은 지극히 당연하고 우리는 그것을 인정하면서 살아야 된다. 상대방이 열심히 노력하여 실력으로 좋은 기회를 얻어서, 주의 은혜로 "참 잘했네!" "멋있네!" "훌륭하네!"라고 말하며 깨끗하게 인정해야 시기·질투에서 벗어나게 된다.

더 나아가서 상대방의 실력에 감탄하고 자신의 부족을 보충할 수 있는 기회로 삼는 것이 심리정서적, 정신적, 영적 건강에 도움이 된다. 그래서 제롬 뉴(Jerome Neu)는 시기·질투를 두 가지 종류로 나누어 이해했는데, 하나는 '악의적인 시기'(malicious envy)이고, 또 다른 하나는 '감탄하는 시기'(admiring envy)로서 상대방의 장점을 인정하고, 감탄하는 것이 시기에 대한 바른 태도라고 피력했다.

"그 놈이 실력이 있으면 내가 말을 안 해요! 어휴, 실력도 없는 게…"라고 말하며 실력도 없는 사람이 잘되는 것에 속상하고 열받는 사람들이 있는데, 그 사람이 잘되는 것을 오히려 '그를 향한 하나님의 은혜'라고 생각해야 한다.

이 세상에 오직 나만 하나님의 은혜를 받아야 하는가?

'오직 나만?' '다른 사람은 절대로 안 되고 나만 은혜를 받아야 한다'는 것은 말도 안 되는 소리이며, 절대 그렇게 될 수도 없다. 상대방을 인정해 주기 위해 다른 사람을 하나님의 눈으로 봐야 한다.

성경에는 하나님이 인간을 만드셨다고 기록하고 있는데 "우리는 그가 만드신 바라…"(엡 2:10)는 구절에서 '우리'라는 말의 뜻은 '나만 하나님의 걸작품'이 아니라 '모든 인간은 하나님의 걸작품'이라는 의미이다. 우리가 다른 사람을 욕하면 안 되는 이유는 상대방이 하나님의 걸작품이기 때문이다.

민수기에는 "하나님이 저주하지 않으신 자를 내가 어찌 저주하며 여호와께서 꾸짖지 않으신 자를 내가 어찌 꾸짖으랴?"(민 23:8)라는 말씀이 있다. 이 구절은 '하나님이 필요하셔서 높이 들어 사용하는 사람을 내가 어찌 시기·질투하며, 하나님께서 복주시기로 작정한 사람을 내가 어찌 시기·질투할 수 있는가?'라는 의미로 받아들여야 한다. 우리는 항상 '그도 하나님이 쓰신다'는 사실을 인정하면서 살아야 한다. 이것이 성숙한 그리스도인의 태도이다.

12. '시기·질투야 물러가라!'

우리는 이 땅에 살면서 순간순간 다른 사람에 대해 시기·질투를 느끼고 살 수밖에 없다. 시기·질투가 생길 때마다 이를 거부하고 물리치면서 살아야 한다. 내면에서 들리는 시기·질투에 귀를 기울이면, 점점 더 깊은 시기·질투에 빠져 헤어 나오기가 어렵게 된다. 베드로전서에는 "마귀가 우는 사자와 같이 두루 다니며 삼킬 자를 찾나니 너희는 믿음을 굳게 하여 그를 대적하라"(벧전 5:8)고 명령하고 있다. 야고보서에도 "마귀를 대적하라! 그리하면 너희를 피하리라"(약 4:7)고 동일한 명령을 하고 있는데, 이 의미는 '시기·질투의 마음을 공격해야 한다'는 말씀이다.

"나를 시기·질투에 빠뜨리려는 악한 영! 너는 나를 쓰러뜨리려고 하지? 나는 너의 궤계에 빠지지 않을 것이다. 너는 예수 이름으로 묶임을 받고 내게서 떠나라!"

이와 같이 시기·질투가 생길 때마다 외치고, 선포하고, 대적하면서 성령을 의지하고 믿음에서 이탈하지 않도록 자신을 지켜야 한다.

하지만 한 번 시기·질투를 대적하고 극복했다고 해서 그것으로 완전히 끝나는 것이 아니다. 이것은 마치 파리 같아서 쫓아내고 나면 또 찾아 올 것이다. 그러므로 계속 대적해야 한다. 자신이 시기·질투를 대적하지 않으면 이 세상에 누구도 이를 대적해 줄 사람이 없다. 성경에 "대적하라"고 했으니 그 말씀대로 대적하는 것이다. 자신의 마음에서 자리를 잡지 못하고 쫓겨난 사탄은 다음에는 더 고차원적이고 더 지능적인 방법으로 자신을 시기·질투에 빠뜨리게 하기 위해 도전해 올 것이다.

13. 자랑하지 아니하며…

시기·질투는 일방적인 것이다. 상대방이 시기·질투하는 것을 내가 막을 방법이 없다. 아무 일을 하지 않고 가만히 있어도 다른 사람의 시기·질투를 받을 수 있다. 그런데 만일 뭔가를 잘 한다든지, 자랑할 것이 있다면 그 사람은 시기·질투를 받을 가능성이 매우 높아진다. 그래서 『천로역정』(The Pilgrim's Progress)의 작가 존 번연(John Bunyan, 1628-1688)은 "신앙생활을 잘 하는 것만으로도 다른 사람의 시기·질투와 공격의 대상이 되기에 충분하다"고 분석했다.

예레미야에 "여호와께서 이같이 말씀하시되 지혜로운 자는 그 지혜를 자랑하지 말라 용사는 그 용맹을 자랑하지 말라 부자는 그 부함을 자랑하지 말라"(렘 9:23)고 했다. 이것은 시기·질투와 결코 무관하지 않은 내용이다.

창세기에 "이삭이 거부가 되어 양과 소가 떼를 이루고 종이 심히 많으므로 블레셋 사람이 그를 시기했다"(창 26:14)고 기록하고 있다. 창세기 37장에 요셉은 형들에게 "내 꿈을 들어보라"고 하면서 "형들의 곡식단이 내게 절하더라," "해, 달, 별이 내게 절하더라"라고 말하며 자신의 꿈 내용을 마음에 담아두지 않고 자랑해 버렸다. 그러니까 형들이 요셉을 "미워하더라!" "더욱 미워하더라!" "시기하더라"라고 성경에 기록고 있다. 요셉은 아버지에게 야단을 맞고도 정신을 못 차리고 자랑했다. 이렇게 형들에게 자랑해서 얻을 것이라고는 시기·질투밖에 없다.

고린도전서에 "사랑은 자랑하지 아니하며…"(창 13:4)라고 했다. 이것은 '사랑'과 '자랑'을 서로 상반된 개념으로 설명하는 성경구절이다. 나는 합격하고, 당선되고, 통과되었지만, 어떤 사람은 수고를 많이 했는데도 불구하고 그것을 갖지 못하고, 이루지 못할 수도 있다. 그런 마음을 헤아려 쓸데없이 자랑하지 않는 것도 상대방에 대한 배려이고 사랑이다. 사랑은 시기·질투를 잠재우지만, 자랑은 시기·질투를 흔들어 깨우는 것이다. 자랑할 것이 있어도 마음속으로만 간직하고 겸손히 하나님께 감사하는 것이 믿음의 사람이고, 지혜로운 사람이다.

자랑하지 않는 것이 시기·질투를 받지 않는 것이라는 말씀과 관련하여 고린도전서 7장 30절의 말씀도 함께 묵상할 수 있어야 한다. 이 말씀에 기초하여 생각해 본다면 '다른 사람에게 자랑할 만한 기쁜 일이 있어도 그런 일이 없는 것처럼 하라'는 것이다. 이는 다른 사람에게 '거짓을 말하라'는 의미가 아니라 '쓸데없이 자랑하여 시기·질투를 야기하지 말아야 한다'는 의미이다. 매매하여 상당한 이익을 얻었지만 못 얻은 것처럼, 값나가는 좋은 물건을 가지고 있지만 없는 것처럼, 자신이 이룬 것, 가진 것을 자랑하지 않는 것이 다른 사람으로부터 시기·질투를 받지 않는 중요한 방법 가운데 하나이다. 누구든지 자랑해서 얻을 것은 아무것도 없다. 혹시 얻을 것이 있다면 그것은 시기·질투뿐일 것이다.

어떤 내담자가 상담실에 들어와서는 상담자 앞에서 한숨을 푹 내쉬며 자신이 "친구들과 함께 기쁜 일을 나누었더니 시기·질투가 되어 돌아왔고, 슬픈 일을 나누었더니 약점이 되어 돌아왔다"고 하면서, "매우 비싼 값을 치루고 진리를 배웠다"는 고백한 일이 있다. 아무리 가까운 친구라 할지라도 자신이 잘 되는 것을 진정으로 좋아할 친구는 발견하기 어렵다. '자신이 잘나갈 때 올라갈 때, 기쁠 때, 행복할 때, 성공할 때 그것을 진심으로 즐거워하며 좋아할 사람이 이 세상에 없다'는 것만 알아도 상처받는 일은 많이 줄어들게 된다. 그러므로 아무리 가까운 사람에게라도 자랑하지 않는 것을 지혜로 여길 줄 알아야 한다.

14. 축복할 때 감소되는…

시기·질투를 해결할 수 있는 강력한 방법 가운데 하나는 시기·질투하지 않으려고 노력하는 것이 아니라 시기·질투의 대상을 축복하는 것이다. 많은 신자들이 시기·질투 때문에 괴로워하며 이렇게 기도하는 것을 볼 수 있다.

"하나님, 저의 마음에서 이 시기·질투를 없애 주시옵소서."

하지만 그렇게 기도할지라도 시기·질투가 간단하게, 쉽게, 순식간에 없어지지는 않을 것이다. 시기·질투는 없어질 수도 없지만 없어졌다고 해도 문제가 해결된 것이 아니다. 이것은 상대방을 축복할 때 비로소 감소되는 것이다. 그러므로 시기·질투로 괴로워하는 사람은 시기·질투의 대상을 위해 축복의 기도를 해야 한다.

미국의 유명한 부흥사 드와이트 무디(Dwight L. Moody)는 한 동네에서 같은 업종의 상점을 운영하고 있으면서 매우 경쟁적이고 지나칠 정도로 서로 시기·질투를 하는 사람들을 소개하고 있다. 그 중의 한 사람이 전도를 받고 무디가 목회하는 교회에 나오기 시작하여 설교 말씀을 들으면 들을수록 자신의 마음속에서 타오르는 시기·질투가 '죄'라는 사실을 깨닫게 되었고, 이 사실이 너무 불편해서 무디에게 고백하며 도움을 요청했다.

"저는 시기·질투가 죄라는 사실을 이제야 알게 되었습니다. 저는 앞집 상점의 주인을 몹시 시기·질투하고 있습니다. 어떻게 해야 이 시기·질투로부터 벗어날 수 있을지 모르겠습니다."

그러자 무디는 다음과 같이 처방을 했다.

"만일 당신의 가게에 어떤 손님이 물건을 사러 오면 당신은 그 손님에게 물건을 팔지 마시고 '더 좋은 물건이 앞집 상점에 있으니 거기서 구입하세요'라고 하시고, 그 이웃의 상점으로 보내십시오."

이 사람은 무디의 말대로 하고 싶지 않았으나 이것이 시기·질투를 해결하는 방법이라니 어쩔 수 없이 그의 말대로 했다. 얼마 지나지 않아 이상한 일이 생겼다. 앞집 상점으로 갔던 손님이 "'이 상점에 좋은 물건이 있으니 길 건너 가게에서 물건을 사라'는 저쪽 상점 주인의 말을 듣고 이곳으로 왔다"고 하면서 자신의 집으로 다시 오는 것이었다. 이렇게 하여 두 사람의 시기·질투는 사라지고 치유되었다는 일화이다.

이 이야기는 '서로 축복할 때 비로소 시기·질투가 끝난다'는 것을 보여주는 예이다. 사업에 시기·질투가 작용을 하면 성공하는 사업을 할 수 없다. 이 세상은 다른 사람과 더불어 사는 세상이므로 모든 상대방을 경쟁자로, 적으로 생각하고는 편하게 살 수 없다.

1800년대 후반, 영국에는 세계적으로 유명한 목사 찰스 스펄전(Charles Spurgeon, 1834-1892), 캠벨 몰간(G. Campbell Morgan, 1863-194그리고 프레드릭 마이어(Fredrick B. Meyer, 1847-1929)가 목회를 하던 때였다. 이들의 설교는 오늘날까지 훌륭한 설교로 알려지고 있는데, 흥미로운 현상은 스펄전 목사와 몰간 목사의 교회는 자꾸 부흥이 되고 교인 수가 늘어나는데, 마이어 목사의 교회는 그 훌륭한 설교에도 불구하고 교인들이 늘지 않고 오히려 줄어드는 것이었다.

바로 이때 마이어 목사의 마음속에 시기·질투가 들어간 것이다. 마이어 목사는 그것을 깨닫고 "하나님, 시기·질투가 제 마음속에 들어왔습니다. 그들을 시기·질투하지 않게 해주옵소서!"라고 눈물을 흘리면서 매우 간절히 기도했다. 하지만 마이어 목사는 기도하고 나면 시기·질투가 떠나가는 것 같다가도 스펄전과 몰간 목사를 생각만 하면 또 시기·질투가 생겨서 몹시 괴로워하게 되었다. 마이어 목사는 괴로움으로 몸부림을 치다가 기도를 바꾸기 시작했다.

"하나님, 스펄전 목사, 몰간 목사에게 능력을 주시어 목회를 더 잘하게 하시고, 더 큰 은혜를 베풀어 주셔서 그 교회가 영국에서 제일가는 교회가 되게 해주옵소서!"

이렇게 축복의 기도를 하자, 바로 그때부터 시기·질투가 감소되고 사라지게 되었다고 마이어 목사는 고백하였다. 시기·질투는 진정으로 상대방을 위해 축복할 때 감소되고 사라지게 될 것이다.

제3장

분노: 화산 분출 같은 마음

어린아이의 특성은 참지 못하는 것이며, 그를 어른으로 인정할 만한 특성은 인내이다. 이를테면, 어린아이가 길을 걷다가 돌부리에 걸려 넘어졌는데도 울지 않을 때 부모나 주변 어른들은 "아이구, 이 녀석 다 컸네! 울지도 않고 씩씩한데…"라고 칭찬하게 된다. 잘 참고 견디는 것은 다 큰 성인의 모습이다. 만일 성인이 자신의 분노를 견디지 못하고 표출했을 때 이것은 미성숙의 표시로 상담심리학에서는 이것을 일컬어 '성인-아이'(adult-child)라고 부른다. '성인-아이'라는 말은 신체는 이미 성장하여 성인이 되었지만 그의 내면은 성장·성숙하지 못한 '어린아이'와 같다는 말이다.

자주 분노하는 지도자가 있다면, 그를 잘못 뽑은 것이거나 아니면 '성숙하지 못하고 품위가 없는 지도자'라고 할 수 있다. 특히 서양사람들은 지도자의 분노를 '심각한 인격적 결함'으로 생각한다.

고려 시대, 어린이들의 인격 수양을 위해 중국 고전의 금언(金言)과 명구(名句)를 편집하여 만든 책 『명심보감』(明心寶鑑)에는 다음과 같은 말이 있다.

"관직에 있는 자는 반드시 심하게 성내는 것을 경계하라. 옳지 않은 일이 있더라도 마땅히 자상하게 처리하면 반드시 맞아 들지 않음이 없거니와 만약 먼저 성내기부터 한다면 오직 자신만 해롭게 할 뿐이다."

분노를 얼마큼 참고 견디느냐에 따라 그 사람의 인격과 신앙의 정도를 평가할 수도 있다. "내가 다 참아도 이건 못 참아!"라고 말한다면 그 사람의 인격이나 신앙은 '그 수준까지'라고 보아야 한다.

4세기에 치명적인 죄목들을 결정할 당시, 사막의 수도원장 에바그리우스 폰티쿠스(Evagrius Ponticus)가 분노를 여기에 포함시킨 이유에 대해서 복음주의 신학자 데니스 오크봄(Dennis L. Okbolm)은 '수도사들이 분노할 때 다른 수도사들에게 마음의 상처를 주게 됨으로써 사탄의 유혹에 넘어간 현저한 증거이기 때문에 이를 금하게 되었고, 수도사들이 분노를 나타내고 난 다음에 마음의 평안이 없어지고, 기도가 잘 되지 않으며, 분노 후에 마음의 평정을 되찾는데 시간이 많이 걸리고, 그동안 심리정서적 침체(우울)가 나타나기 때문'이라고 분석했다. 그것에 더하여 수도사들의 분노를 경계했던 결정적인 이유 가운데 하나는 분노가 수도사들의 통제력을 잃게 만들고, 바른 판단을 저해한다는 것이었다.

사막의 수도원장 에바그리우스의 제자 존 캐시안(John Cassian of Marseilles)은 치명적인 죄에 분노를 포함시킨 이유에 대하여 약간 다른 입장을 가지고 있었는데, 그는 수도사들이 분노하고 나서 그들의 심리정서적 상태가 '냉담'(apathy: 무관심, 무감동, 무감각)해지기 때문이라고 보았다. 즉 수도사들은 모두 사회와 격리된 공동체를 형성하면서 서로 의지하고, 서로 관심을 갖고, 서로 공감하고, 서로의 말을 수용하고 감동하면서 수도원 생활을 해 나가야 했다. 그런데, 한 수도사가 다른 수도사에게 분노하고 나면 그 다음부터 두 수도사들 간에는 서로 관심도 없어지고, 서로 공감하는 일도 없어지고, 서로의 말이나 깨달음에 대한 나눔에 호응도 없고, 감동도 하지 않으며, 서로 무감각해지기 때문에 를는 수도원 생활에 치명적인 문제로 보아 엄격하게 금했다고 캐시안은 분석했다.

사실, 이런 내용은 4세기 당시 수도원에서만 치명적인 문제가 아니라, 오늘날에도 동일한 문제가 가정과 교회에서 나타나고 있다. 가정에서 부부나 가족 간에 서로 분노하고 나면 가정의 분위기가 냉담해진다. 또한 분노의 결과 친구관계를 비롯한 대인관계, 직장, 교회 등의 공동체에서 구성원 간에 서로 관심이 없어지고, 공감도 없어지고, 감동하지도 않고, 무감각해짐으로써 심각한 문제로 이어질 수 있다.

1. 분노의 민낯

분노를 나타내는 영어 단어 'anger'(앵거)는 영어 고어 'ang'라는 접두어를 사용한다. 독일어에서 분노는 'angst'(앙스트)라고 하는데, 영어나 독일어가 모두 'ang'이라는 접두어를 사용하여 형성된 단어이다. 'ang'은 못처럼 날카롭고 예리한 것을 뜻하는 말이다. 옛 노르웨이어에서 'angr'(앙그르)는 '비통'이라는 뜻으로 예리하게 찌르는 것과 같은 아픔과 슬픔을 나타낼 때 쓰는 말이다. 분노의 뜻을 가진 영어 'anger'는 라틴어 *angere*(앙게레)에서 비롯되었는데, 그 뜻은 '질식시키다,' '꽉 조이다'라는 의미이다. 또 다른 라틴어 *angustus*(앙구스투스)는 꽉 조이는 느낌을 표현하는 '비좁다'는 의미이고, *ankhone*(앙코네)는 '목을 조르다'는 뜻으로 영어에서 심장발작을 일으켰을 때에 가슴통증을 묘사하는 '협심증'(angina)이라는 단어의 어원이 되었다.

분노(憤怒)는 성낼 분(憤)과 성낼 노(怒)가 합쳐져서 생긴 말이다. 한자에서 같은 의미의 글자를 반복하여 단어를 만든 것을 보면 분노는 화가 매우 많이 난 상태를 의미하는 것임을 알 수 있다. '분'(憤)이라는 한자는 '마음 심'(忄, 心) 변에 '솟아오른다'는 의미를 지닌 분(賁)으로 이루어진 단어로 '마음속에 응어리져 있는 것들이 일시에 솟아오르듯 폭발한다'는 뜻이다. 노(怒)에도 역시 마음 심(心)이라는 단어에 노예를 뜻하는 노(奴)가 들어간 것을 보면 분노는 마음이 요동치는 심리정서적 작용으로서 마음이 노예가 되는 상태라고 이해할 수 있다. 노예는 자신의 주권을 잃고 그 주인에게 모든 것이 양도되고, 굴복된다. 분노로 인해 자신의 마음과 인격을 스스로 지키지 못하고 죄에 굴복하면 그것은 틀림없이 노예가 된 상태이다. 잠언은 우리의 마음 관리에 대해 "무릇 지킬 만한 것보다 더욱 네 마음을 지키라"(잠 4:23)고 교훈하고 있다. 이 말씀은 '인간의 마음이 분노의 노예가 되지 않도록 잘 다스려야 한다'는 뜻이 포함된 말씀이다.

분노는 빈부귀천, 남녀노소, 유무식에 상관없이 모든 사람이 경험하는 보편적 심리정서이다. 미국의 저명한 기독교 정신건강의학과 의사 프랭크 미너스(Frank B. Minirth)와 20년 이상 개인상담을 함께 해온 심리치료전문가 레스 카터(Les Carter)는 "인간이 분노하는 존재라는 것은 매우 명백한데, 분노는 어떤 기질의 인간에게서도 발견된다"라고 분석했다. '기분이 상하는 정도'에서 화가 치밀어 오르는 '격분, 격노'까지 분노의 양태도 매우 다양하다.

대개 분노는 힘의 우위를 점유한 사람이 자신을 강자로 나타내기 위해서 하는 것이다. 그래서 상대적으로 직위가 높은 사람, 고용자, 나이 든 사람이 더 많이 분노한다. 물론, 개인차가 있지만, 일반적으로 남성이 여성보다 더 많이 분노한다. 하지만 결혼기간이 길어지면 남편은 점차 힘이 없어지고 아내가 분노를 많이 하는 경향이 나타난다. 교육을 많이 받은 사람은 '분노를 직접적으로 표출해서는 안 된다'는 인식을 가지고 있어서 간접적이면서 교묘하게 분노를 나타내고, 배우지 못한 사람은 직설적으로 분노를 드러낸다. 인간의 삶을 '희노애락'(喜怒哀樂)으로 표현할 정도로 분노는 보편적 심리정서일지라도 분노로 인한 삶의 폐해가 심각하기 때문에 철저한 자기 관리가 요구된다.

미국 기독교심리학자 헨리 브란트(Henry Brandt)는 "모든 상담 내용의 80-90%는 분노와 관련된 문제였다"고 분석했다. 신경증(psycho-neurosis) 및 정신증(psychosis)의 발생이나 심리정서적인 문제의 대부분은 분노로부터 시작되고, 분노와 밀접하게 관련되어 있다. 『치명적인 정서』(*Deadly*

Emotion)라는 책을 쓴 의학박사 돈 콜버드(Don Colbert)는 분석하기를 분노는 단지 분노로 끝나는 것이 아니라 폭행, 폭력, 폭언, 폭식, 폭음 등의 행동을 일으키는 원인이 된다고 했다.

2. 신생아도 가지고 있는 분노

분노는 본능과 같아서 신생아도 분노의 잠재성을 가지고 있다. 심리학자 루이스(Lewis), 알레산드리니(Alessandrini) 그리고 설리반(Sullivan)은 "인간이 생후 2개월 정도부터 분노를 느끼고 그것을 표출한다"는 연구 결과를 발표한 바 있다. 캐롤 소시(Carroll Sosi)는 인간이 언제부터 분노하는가에 대한 실험연구를 해본 결과, '3-4개월부터 최초로 자극에 의한 분노의 감정이 나타난다'는 사실을 발표했다.

2세 말부터 전형적인 분노 반응을 나타내지만, 공격적이고 파괴적인 분노는 청소년기부터 나타나기 시작한다. 청소년기는 일생을 통해 볼 때 분노를 가장 빈번하게 그리고 가장 쉽게 나타내는 시기이다. 청소년기는 정서가 불안정하고 감정의 동요가 심한 질풍노도의 시기로 이는 자연스러운 현상이라고 볼 수 있다. 그런가 하면 청소년기에 분노를 잘 관리하지 못한 사람은 성인이 되어서도 동일한 구조와 형태로 분노하게 된다. 청소년기에 형성된 분노의 심리정서적 구조는 성인이 되어서도 단시일 에 바뀌지 않는다. 근본적으로 청소년기에 정서적인 손상 없이 건전하고 건강하게 성장한 사람은 바른 성격이 형성된다. 특히 부모의 양육 태도와 자녀의 분노는 밀접한 관련이 있다.

행동주의심리학에서는 분노를 '학습 및 반복된 결과'로 보고 있다. 즉, 분노는 '다른 사람의 분노를 보고 배운 행위'라는 것이다. 대개 청소년들은 부모의 분노 표현 방법을 그대로 목격하고 학습하여 모방하게 된다.

부모의 분노에 자주 노출되며 성장한 청소년은 자신이 당한 대로 분노를 나타낼 가능성이 높고, 대화보다 분노를 먼저 드러낼 수 있다.

패로트(Parrott)는 2000년에 뉴욕의 초중고등학생들을 대상으로 한 분노 연구에서 "일반적으로 자녀들은 부모와 똑같은 행태의 분노를 나타낸다"고 주장했다. 즉, 초기 분노는 '부모에게 배워서 하는 것'이라고 본 것이다. 그렇기 때문에 부모가 자녀 앞에서 분노를 다스리지 못한 경우 자녀는 여과 없이 그 분노를 목격하고, 배우고, 그것이 습관화하여 '결국 자녀에게 분노의 인격이 형성된다'고 볼 수 있다.

분노는 학술적인 용어로 '충동 조절장애,' '행동장애,' '간헐적 폭발장애,' '반사회적 성격장애'로 설명된다. 분노는 학술적으로 광범위하게 '충동 조절장애'로 설명하지만, 근래 좀 더 구체적으로 '분노조절장애'라는 용어를 빈번하게 사용하고 있어, 장차 이 단어가 공식적인 학술용어로 인정될 전망이다.

분노가 '관찰, 모방, 경험, 학습 등에 의한 것'이라는 설은 사회학습이론에서 주장하는 것으로, 알버트 반두라(Albert Bandura, 1925-)가 실험하여 설명한 바 있다. 또 자녀의 분노에 대해 '부모가 꾸중하고 훈육할 때 그것이 현저히 감소된다'는 것도 역시 반두라가 실험을 통해 밝힌 바 있다. 그런가 하면, 자녀의 폭발된 분노에 대하여 부모가 백기를 들고 항복하여 자녀가 이득을 경험하는 빈도가 높아지면, 자녀는 강화를 받아 분노가 증가하고, 이런 경험이 많을수록 성격장애로 악화될 수 있다. 성장하면서 대화와 설득과 타협을 배우지 못한 아이들은 문제 허결방법으로 분노와 폭행을 택할 가능성이 높다.

3. 노하기를 더디할 수 있을까?

성경 전체에 '분노'라는 단어는 85회 기록되어 있으며, 분노를 나타내는 다른 단어들, 즉 분(忿), 노(怒), 격분(激忿), 격노(激怒) 등 유사어까지 합치면 대략 500번 이상은 언급되어 있다. 성경에 인간의 특정 정서에 대하여 이렇게 많이 언급된 것은 인간의 삶이 분노와 밀접한 관련이 있기 때문이다. 그런데 대부분의 성경구절은 분노를 긍정적으로 다루지 않는다. 대표적으로 야고보서에 "사람이 성내는 것은 하나님의 의를 이루지 못한다"(약 1:19-20)라고 명시했다. 이 구절을 비롯하여 성경 여러 곳에서 분노에 관한 내용은 부정적인 의미로 사용되거나 금지 명령형으로 표현되어 있다. 성경은 분노하는 자의 정체성에 대해서 '미련한 자,' '과격한 자,' '다툼을 일으키는 자,' '행악자,' '사곡한 자,' '학대자' 등으로 묘사했다.

그런가 하면, 분노의 정서를 어느 정도 인정하는 것처럼 이해되는 구절도 있다. 이를테면, 디도서에 "감독은…급히 분내지 아니하며…"(딛 1:7)라고 기록되어 있는데, 마치 급히 분노하지만 않으면 분노할 수 있는 것처럼 설명하고 있다. 또 "노하기를 더디하는 자는 크게 명철하여도…"(잠 14:29), "분을 쉽게 내는 자는 다툼을 일으켜도 노하기를 더디하는 자는 시비를 그치게 하느니라"(잠 15:18), "노하기를 더디하는 자는 용사보다 낫다"(잠 16:3) 그리고 "노하기를 더디하는 것이 사람의 슬기요"(잠 19:1) 등의 말씀에서 볼 때 더디하고 쉽게 나타내지 않는다면 분노는 어느 정도 용납되는 것으로 이해된다.

또 에베소서에는 "분을 내어도 죄를 짓지 말라"(엡 4:26)는 말씀이 있는데, 이 말씀은 분을 낼 수는 있지만 죄를 짓지 않는 정도로 분노하는 것은 용납될 수 있다고 보이는 말씀이다. 성경이 '죄'라고 인정된 것들은 대개 분명하게 '하지 말라'는 명확한 지침이 있으나 분노에 대해 '급히 분 내지 않고,' '더디 하고,' '분을 내어도…' 이런 문구를 볼 때 분노가 불가피하거나 어느 정도 허용적인 것으로 이해된다.

　미국 속담에 "화가 났을 때는 열을 세라!"(When angry, count ten)는 말이 있는데, 이 말은 '분노로 인해 극단적인 상황으로 악화되는 것을 피하는 방법'이라고 할 수 있다. '극도의 분노 상태에서 열을 세면서 참으면 분노가 이성의 통제를 받게 된다'는 연구 결과도 있다. 극도의 분노 상태에서 하는 행동은 감정의 통제를 받게 되는데, '열을 세면서 서서히 이성의 통제를 받게 된다'는 말이다. '참으면 분노가 사라진다'는 것은 아니지만 적어도 '비이성적인 동물적인 처리를 하지 않게 된다'는 것이다. 이를테면, 극도의 분노를 일단 지연시키면 가인처럼 사람을 죽인다든지 비인간화되는 문제를 극복하게 된다.

　어떤 사람은 분노하기를 더디 하기 위한 자신만의 방법을 제시했는데, 그것은 '화가 날 때 침을 열 번 삼키고 나서 말을 한다'는 것이다. 실제로 해보면 침을 열 번 삼키는 것은 쉬운 일이 아니다. 침이 금방 분비되지 않기 때문에 대략 열 번을 삼키기 위해서는 대략 30-40초의 시간이 걸린다. 이런 방법은 분노를 더디 하기 위한 좋은 방법 중의 하나라고 할 수 있다. 극도의 분노 상태에서 기도하게 되면 감정의 통제에서 이성의 통제를, 이성의 통제에서 성령의 통제를 받게 된다.

　어떤 사람은 "성경에 보니, 하나님도, 예수님도 분노하시던데 우리도 할 수 있는 거 아닌가?"라고 말하기도 한다. 성경에 분명히 하나님의 분노에 대하여 기록되어 있다. 그러나 성경에 "하나님은 노하기를 더디하시는 분"(출 34:6)이라고 묘사되어 있다. 하나님의 분노는 일관성이 유지된 분노로서 인간과 같이 변덕스러운 감정 폭발이 아니라, 인간의 죄에 대하여 엄하게 경책하시는 의로운 분노이다. 요한복음에는 예수님이 분노하신 일에 대한 기록이 있는데(노끈으로 채찍을 만드사 양이나 소를 다 성전에서 내쫓으시고 돈 바꾸는 사람들의 돈을 쏟으시며 상을 엎으시고, 요 2:15), 예수님의 분노는 성전을 더럽히고 부당한 이득을 취하는 장사꾼을 대상으로 나타내신 분노로 역시 의로운 분노이지 예수님은 온유하신 성품을 그대로 가지고 계셨다.

하나님은 인간을 기계나 목석으로 창조하지 않으시고, 심리정서적인 존재이며 동시에 영적 존재로 만드셨다. 그렇기 때문에 인간은 누구나 분노라는 보편적인 심리정서를 가지고 있으며 때에 따라서 분노할 수 있다. 하지만 마음속에 분노가 타오르면 이 정서는 쉽게 없어지거나, 사라지지 않는다.

바른 분노는 매우 어려운 것이다. 고대 그리스의 철학자 아리스토텔레스(Aristoteles)는 "누구든지 분노할 수 있지만 올바른 대상에게, 올바른 정도로, 올바른 시간에, 올바른 목적으로, 올바른 방식으로 분노하는 것이 바른 분노"라고 했다. 하지만 그렇게 하는 것은 결코 쉬운 일이 아닐 것이다. 우리가 나타내는 대부분의 분노는 신체적, 심리정서적 문제와 동시에 영적인 문제를 야기한다.

4. 분노의 원인

분노는 다음 세 가지 원인과 관련하여 발생하는 감정이다.

첫째, 자신이 가지고 있는 욕구나 기대에 어긋났거나 그것이 충족되지 못했을 때 발생하는 불편한 감정이다.

둘째, 거부당함으로 인해 자아존중감과 자아가치가 손상되거나 그런 존재로 취급받을 때 발생하는 감정이다.

셋째, 자신의 소유를 침범 당했을 때 발생하는 감정이다.

「경향신문」의 보도(2011년 3월 9일자)는 분노를 잘못 처리한 무서운 결과를 소개했다. 서울 강서경찰서는 30여년 만에 다시 만난 어머니와 그 남편을 흉기로 살해한 혐의로 이 모씨(34세)를 붙잡았다. 조사 결과 이 씨는 5살 때 어머니가 정부 노 씨와 집에서 성관계를 갖는 장면을 목격했다. 어머니의 불륜으로 인해 아버지는 자살을 하고, 어머니는 집을 나가게 되었으며, 이 씨는 동생과 함께 고아원에서 어렵게 성장했다.

고아원에서 불우한 어린 시절을 보낸 이 씨는 어머니에 대한 원한과 분노를 품고 30년 만에 어머니를 찾았는데, 어머니가 아들을 몰라보자 격분해서 범행을 저질렀으며 어머니의 남편도 흉기로 살해한 것으로 드러났다. 이 씨의 생각에 어머니는 자신을 알아보는 것은 물론, 자신에게 잘못을 고백하고, 용서를 구하며, 그간의 잘못을 보상해 주었어야 했는데, 어머니가 자신을 알아보지도 못한 것 때문에 분노로 살인하게 된 사건이다.

5. 욕구와 기대의 좌절

분노는 다른 사람이 자신에게 충족해 주어야만 하는 무엇이 있다고 생각하는 마음에서 비롯한다. 다른 사람이 자신에게 잘 해주어야 한다는 욕구와 기대를 갖고 있는데 그것이 무산되면 견딜 수 없는 분노가 폭발될 수 있다.

미국 텍사스의 브라이트(Brite)신학대학원 목회상담학 교수 앤드류 레스터(Andrew D. Lester)는 분노를 "자신이 위협을 당한다고 인식함으로써 일어나는 신체적, 심리정서적, 정신적 반응으로서 공격하거나 방어하려는 욕구"라고 정의했다. 이렇듯 분노는 일종의 위협인데, 그것을 나타냄으로써 다른 사람을 통제하거나 제압하여 자신의 욕구와 기대를 충족시키도록 하려는 조작적(manipulative) 의도가 있다. 그렇기 때문에 자신의 욕구나 기대를 감소하면 자연적으로 분노도 감소된다.

미국 워싱톤(Washington)대학교 교수로서 가족치료 전문가인 존 고트만(John M. Gottman, 1942-)은 "부부 갈등을 분석한 결과, 부부 갈등의 69%는 자신의 욕구와 기대를 배우자가 충족시켜 주지 못했기 때문에 발생한 것"이라고 분석했다. 연애할 때는 서로 사랑하고 '너를 위해서라면 내 목숨이라도 내놓겠다'고 했던 사람도 결혼하면 '돕는 배필'이 아니라 '바라는 배필'이 되어 자신의 욕구와 기대를 상대방이 먼저 채워줄 것을 원하기 때문에 갈등이 커지게 된다.

6. 거부와 무시 당함

대개 사람들은 자신이 억울한 일을 당했을 때, 지나치게 굴욕을 당했을 때, 다른 사람으로부터 부당한 대우를 받았을 때, 자존심의 손상을 입었을 때 분노하게 된다. 자신은 한 가지 잘못을 했는데, 상대방이 다섯 가지를 잘못했다고 비난하거나 몰아세우면 그 억울한 감정은 곧 분노로 돌변하게 된다. 자신이 잘못한 것은 사실이지만 지나치게 부당한 평가를 받게 되면 누구라도 분노하게 된다.

언론의 보도(2015년 8월 26일자)에 따르면, A 씨는 성매매 여성 B 씨(30세)로부터 '성기가 작다'는 말에 분노를 참지 못하고, B 씨를 흉기로 수십 차례 찔러 살해했다. 이 사건으로 A 씨는 살인 및 성매매처벌법 위반 혐의로 재판에 넘겨져 징역 17년을 선고받았다. 자존심의 손상은 분노를 야기하며, 분노가 폭발하면 사탄이 그를 장악하게 되어 순간적으로 사람의 모습은 온데간데없이 사라지고, 짐승처럼 되어버리며, 사탄의 종이 되어버린다.

대부분 분노하는 사람들의 심리 저변에는 열등감이 깔려 있는 경우가 많다. 상대방이 자신의 열등감을 건드릴 때 분노가 치밀어 오르게 되는 것이다. 이를테면, 상대방이 그럴 의도가 전혀 없었을지라도 키가 작은 사람은 '키 작다고 나를 무시하는 거 아니야?'라고 오해하고, 학력에 열등감을 가진 사람은 '좋은 학교 못 나왔다고 지금 나를 우습게 보는 거야?'라고 오해하고 분노할 가능성이 높다. 그런 면에서는 높은 자아존중감이 분노를 극복하는 방법이라고 볼 수도 있다.

7. 소유의 침범

언론에 보도되는 수많은 방화, 폭행, 살인 등의 사건은 대개 분노로 인해서 발생한다. 해고당한 사람이 분을 못 이겨 자신을 해고시킨 회사의 사장을 죽이거나, 폭행하거나, 회사를 방화하는 사건들이 수없이 발생한다. 인간은 누구나 자신의 것을 빼앗겼을 때는 속된 말로 '열받고, 뚜껑이 열리고, 폭발하게 되는 것'이다. 이런 경우를 이른바 '생존성의 분노'라고 한다. 분노하면 '이성을 잃고 제정신이 아닌 상태가 된다'는 말이다.

기독교상담학자 마크 맥민(Mark R. McMinn)과 티모디 필립스(Timothy Philips)는 자신의 소유와 공간이 침범당하는 것을 분노의 원인으로 보았다. 대부분 사람들은 자신의 소유와 공간을 침범한 상대방을 적대적으로 인식한다. 하지만 자신의 소유, 자신의 공간이란 것은 근본적으로 없는 것이다. 이 지구를 비롯하여 모든 것은 하나님의 소유, 공동의 것으로서 그것을 잠시 빌려 사용하고 있다는 생각을 가지면 여유를 가질 수 있고 분노도 줄일 수 있다.

미국, 캐나다에서 운전을 하다 보면 일반도로나 고속도로에서 "길을 서로 나누어 사용하라!"(Share the road!)라는 교통 표지판을 흔히 발견할 수 있다. 이 말은 다른 차량이 자기 공간을 침범하여 들어왔을 때 그 차에도 적절한 공간을 배려해 주어야 한다는 의미이다. 도로는 자신만 사용하는 것이 아니라 모든 사람이 함께 사용하는 것이기 때문에 자신의 공간, 자신의 권리만을 주장하다 사고를 당할 수도 있다.

자기 공간, 자기 권리만을 주장하는 사람은 다른 자동차가 끼어들거나 자신의 공간을 침범했을 때 무엇인가 빼앗겼다는 생각에서 분노가 발생할 수 있다. 그렇게 생각하는 사람들에게 교통사고가 많이 발생하는데, 자신의 확보된 공간에 끼어들려는 차량을 침입자로 간구하여 상대의 침범행위를 막으려고 공간을 내주지 않으려고 하거나 상대방의 침범행위에 대하여 보복하려다가 교통사고가 발생하게 된다.

어떤 교통 표지판에는 "Share the road"라는 글씨와 함께 자전거, 오토바이 그림이 있는 것들도 있다. 이것도 역시 '도로 공 개념'을 의미하는 것으로서 자전거나 오토바이가 끼어들 때 자신의 공간, 자신의 권리만을 주장하지 말고, 길을 함께 나누어 사용하는 의미이다.

하나님께서 부르실 때 우리는 그 어떤 소유도 공간도 가지고 갈 수 없다. 그렇기 때문에 누군가 자신의 영역에 침범해 왔을 때 빼앗겼다고 분노하기보다는 일찍 나누어 갖지 못한 것을 반성해 볼 필요가 있다.

8. 극복하기 어려운 강적

마케도니아의 알렉산더(Alexander) 대왕은 20세에 왕위에 올라 B.C. 336-323년 동안 집권하면서 세계를 정복했던 인물이었다. 하지만 그는 세계를 정복한 사람답지 않게 자신의 내면에서 타오르는 분노를 정복하지 못했다. 그는 자신의 친구이자 훌륭한 참모였던 클레이투스(Claytus) 장군이 술에 취해 자신을 비난하자 그 모습을 보고 분노를 참지 못하여 창을 던져 죽였다. 그는 자신을 '살인자'라고 자책하면서, '친구를 죽인 죄책감과 후회 때문에 목숨을 끊으려고 했다'는 기록이 있다.

분노는 세계를 제패했던 대왕도 다스리기 어려운 문제이다. 이렇듯 분노는 살인의 어머니이며, 분노하는 순간은 누구라도 제정신이 아니고 광증(狂症)에 노출되는 것이다. 인류 역사에 나타난 수많은 살인과 폭행의 배후에는 분노가 있었다. 분노는 결코 만만한 상대가 아니고, 극복하기 힘든 강적이다. 그래서 고대 로마제국의 황제 아우구스트(B.C. 27-1시대에 이탈리아에서 활동했던 시인 호라티우스(Quintus Horatius Flaccus, B.C. 65-8)는 "분노를 이기는 자는 최대의 적을 극복하는 것이다"라고 말하며, 분노가 인간에게 극복하기 힘든 강적임을 알려주었다.

살다보면 누구나 분노만 극복할 수 있어도 상당 부분의 고뇌와 후회를 줄일 수 있다. '피타고라스 정리'로 유명한 고대 그리스의 수학자이며 철학자 피타고라스(Pythagoras, B.C. 582-497)는 B.C. 500년경 "대부분의 분노는 후회를 남긴다"는 유명한 말을 남겼다. 사람들은 분노하고 나서 "그렇게까지 하지 않았어도 되는 건데…"라는 고뇌와 후회를 하게 된다. 고려시대에 중국 고전의 금언을 엮어 편집한 『명심보감』에는 "인일시지분, 면백일지우"(忍一時之忿, 免百日之憂)라는 말이 있다. 그 뜻은 '한 순간의 분노를 인내로써 참게 되면 백 날 동안의 근심을 면하게 된다'는 의미이다.

9. 샘물 같은 분노

미국의 저술가이며 애틀랜타(Atlanta)의 제일침례교회 목사인 찰스 스탠리(Charles F. Stanley, 1932-)는 "사람들은 자신이 화낼 만한 권리가 있는 사람이라고 생각하여 스스로 분노를 합리화하려고 한다"고 분석했다. 사람들은 분노에 대해 합리화만 하는 것이 아니라 회피, 정당화, 일반화하려는 현상도 나타난다.

"그 얘기는 이제 그만 해!"(회피)
"아니, 세상에 이러고도 가만히 있을 사람이 어디 있어! 나와 보라고

해!"(합리화)

"나는 원래 양순한 사람인데, 네가 나를 이토록 화나게 한 거야!"(투사)

"네가 내게 얼마나 큰 상처를 주었는지 네가 알 필요가 있어!"(정당화)

"나도 사람이야! 감정을 가진 사람이라구!"(일반화)

"내가 왜 분노를 해? 나 분노한 거 아니야!"(은닉화)

일반적으로 분노를 나타내는 방법 가운데는 속으로 삭이는 '내사'(introversion)가 있고, 개를 발로 차듯 다른 대상에게 화풀이 하는 방법이 있다. 분노의 실제적인 대상이 공격하기에 너무 부담스럽게 인식되면 그 분노는 다른 곳으로 향하게 되는데, 그것을 상담심리학에서는 '환치'(displacement)라고 한다. 대개 환치의 대상은 가족(아내, 자녀)이 되는 경우가 많고, 자신보다 직급이 낮은 사람이 되는 경우가 많다.

자신에게 분노를 일으킨 사람이 직장 상사일 때 그를 향해 분노하기가 여의치 않으므로 마네킹을 대상으로 폭력을 행사하는 방법으로 분노를 해소하는 경우도 있다. 야구 방망이로 폐차된 자동차를 두드려 패는 환치의 방법은 오히려 공격성을 경험하게 하고, 내면의 잠재되어 있는 공격성을 표출시키고, 그것을 키우기 때문에 분노 해소에 좋은 방법은 아니다. 이런 방법은 '동에서 뺨맞고 서에서 화풀이 한다'는 말과 같이 분노 대상을 혼동하는 것이다.

기독교상담학자 마크 맥민(Mark R. McMinn)은 "분노는 그것을 드러냈다고 하여 없어지는 것이 아니라 드러내면 드러낼수록 더욱 증가하게 된다"고 분석했다. 실제로 분노는 샘물과 같아서 퍼내도 계속 나오는 것이므로 분노를 드러냈다고 하여 분노가 없어지거나 해소되었다고 볼 수는 없다.

경건하게 살고자 하는 신자들도 시련을 당할 때 "하나님, 도대체 나한테 왜 이렇게 하세요?"라고 항변하며 하나님에게 분노하는 경우가 많이 있다. 하지만 성경에는 "이 사람아 네가 뉘기에 감히 하나님을 힐문하느뇨 지음을 받은 물건이 지은 자에게 어찌 나를 이같이 만들었느냐 말하겠느뇨"(롬 9:20)라는 말씀처럼 하나님께 도전하는 것은 무모한 일이다. 물론, 자신이 당한 일이 도저히 이해가 되지 않고 너무도 답답하기 때문에 그런 말을 하게 되지만, 하나님의 뜻을 찾고, 사태를 이해하고 수용할 수 있는 지혜와 믿음을 간구하는 것이 바른 자세이다.

영국의 화가이자 시인인 윌리엄 블레이크(William Blake, 1757-1827)는 "나는 친구에게 화가 났다. 나의 분노를 이야기했다. 나의 분노는 사라졌다. 나는 적에게 화가 났다. 나는 아무 말도 하지 않았다. 나의 분노는 자꾸 더 심해졌다"라는 말을 함으로써 마치 분노를 드러내는 것에 대한 유익을 말하려는 것처럼 들린다.

어떤 경우에는 이른바 '욕 치료'라고 하여 자신을 분노하게 한 사람을 떠올리고 마구 욕하도록 하여 분노를 빼내는 것을 상담기법으로 활용하는 경우가 있는데, 이것은 절대 성경적인 방법이 아니다. 그러므로 형태치료(Gestalt therapy)의 한 방법인 '빈 의자 기법'(empty chair)[1]은 신학적이고, 성경적인 문제가 있다.

---

1 사이코드라마의 이론가 모레노(Moreno)가 창안하고 게슈탈트 이론가 펄스(Perls)가 발전시킨 사이코드라마의 한 기법으로서, '보조 의자 기법'으로도 불린다. 이것은 내담자들이 빈 의자를 두고 마치 사람이 그곳에 앉아 있는 것처럼 가정한 다음, 의자들이 놓인 곳 사이에서 둘 이상의 역할을 하면서 내담자의 자기와 다른 중요한 인물들이 토의를 하는 듯 연출한다. 역할극의 형식으로 된 이 기법은 자기에 대한 탐색에 초점을 맞추고 내담자의 자기적응을 위해서 활용한다. 모든 행동치료에서 사용되는 기법의 하나이며, 사이코드라마에서는 흔히 개인의 감정이나 심상을 불러일으키기 위한 준비작업으로 활용된다.

10. 화산 같은 분노

정신분석학자 데오도르 루빈(Theodore I. Rubinm, 1923-)은 그의 저서 『화가 난 책』(The Angry Book)에서 다음과 같이 분노의 순기능을 주장했다.

첫째, 분노를 표현함으로써 당신은 더 건강하고 더 행복한 의사소통에 기여할 수 있다.

둘째, 분노를 표현함으로써 당신은 좋고 깨끗한 느낌을 갖게 되고 자아존중감이 높아진다.

셋째, 건강한 분노의 목적은 주변을 깨끗하게 하고, 필요할 경우 상황을 교정하고 개선하는 것이다.

하지만 '루빈의 주장이 옳다'는 증거는 어디에도 없으며, 오히려 그 반대로 분노를 표출함으로써 다음과 같은 역기능이 나타난다.

첫째, 건강하지 못하고 소통의 단절을 초래하여 불행한 삶을 살게 된다.

둘째, 나쁜 느낌을 갖게 되고 자아존중감이 하락한다.

셋째, 주변 사람들을 쫓아내고 상황을 더욱 악화시킨다.

분노는 가정의 행복을 앗아가는 강도와 같다. 부부간, 부모 자녀 간에 서로 분노하면서 행복한 부부, 행복한 가정을 이룰 수는 없다. 가정에서 사랑과 행복이 깨지는 순간은 누군가 한 사람이 분노하는 순간이다. 분노를 표출하고 나면 부부나 가정의 분위기가 싸늘해지고, 서로 대화도 없어지고, 행복은 폭격 맞은 것과 같이 파괴되고 만다.

레바논 출신의 미국 기독교 시인이며 소설가, 화가, 철학자로 활동했던 칼릴 지브란(Kahlil Gibran, 1883-1931)은 분노를 화산 폭발과 용암에 비유하면서 "당신의 마음에 '분노'라는 화산이 터져 용암이 흘러내리는데 거기에 무슨 아름다운 꽃이 필 수가 있겠는가?"라고 말한 바 있다. 이처럼 분노는 마음의 밭을 황폐하게 만드는 것이다.

부부간에 서로 분노하면 화산으로 폭발된 용암이 분출되어 서로 화상을 입게 되고 그동안 일구어왔던 형형색색의 아름다운 꽃과 나무들은 모두 용암이 덮어 불타버리고 '불행'이라는 암울한 잿빛 가정이 되고 만다. 그 가정에는 즐거움과 웃음은 타버리고, 삶의 재미도 타버리며, 행복도 타버리고 만다. 자신의 주변에 분노하는 가족이나 그런 사람이 있다면 일단 그 자리를 피하는 것이 좋다. 그 옆에 있다가는 화산 폭발로 용암이 분출되는 것과 같은 분노로 화상을 입을 수 있기 때문이다. 이를 상담심리학에서는 '지리적 치료'(geographical cure)라고도 하는데, 그 의미는 '문제의 대상과 지리적으로 이격함으로써 당할 수 있는 피해를 면하거나 최소화하는 것'을 의미한다.

11. 입술을 좁히지 말아야…

미국 테일러(Taylor)대학교 심리학과 교수 마크 코스그로브(Mark P. Cosgrove)는 『분노를 위한 상담』(Counseling for Anger)에서 분노의 증상을 세 가지로 분석했다.

　첫째, 분노의 열기로 인한 마음의 상처.
　둘째, 분노로 인한 적개심.
　셋째, 분노로 인한 폭행.

　대부분의 사람들은 분노가 발생하면 그 열(heat) 때문에 온몸이 불같이 뜨거워지면서 얼굴이 벌겋게 달아오르고, 신체가 과열되어 땀이 많이 나고, 그 열로 인해 발생하는 에너지 때문에 몸이 부들부들 떨리고, 숨이 막히고, 가슴이 터질 듯하는 경험을 하게 된다. 분노로 인해 대개 표정이 굳어지고, 심장박동이 빨라지고 혈압이 높아지는데, 이것은 부신에서 아드레날린(adrenalin)이 혈류에 분비되어, 교감신경 긴장상태를 일으키기 때문이다. 신체가 아드레날린을 방출하게 되면 스트레스 호르몬인 코르티졸

(Cortisol)을 동시에 분비하게 되는데, 이것들이 장기간에 걸쳐 지속되면 잠재적으로 신체에 치명적인 병을 유발한다.

분노는 신체와 정신이 동시에 열받는 것으로서 마치 자동차의 가속 페달과 브레이크 페달을 동시에 밟는 것과 같다. 가속기(accelerator)와 제동기(break)가 동시에 가동되면 차가 열을 받게 되고 불쾌한 굉음을 내면서 연기가 난다. 역시 사람이 분노로 인해 열을 받게 되면 입술과 성대가 좁아지고, 음성이 고조되고, 날카로워지고, 격앙되며, 거칠어지게 된다.

미국 캘리포니아(California)대학교 교수 폴 엑크맨(Paul Eckman)은 매우 흥미로운 연구 결과를 발표했는데, "분노하는 사람의 초기 증상은 입술을 좁히는 것에서부터 시작한다"고 설명했다. 그러므로 연인이나 부부간에 입 맞추는 일이 아니라면 우리는 입술을 좁히는 일이 있어서는 안 된다.

그 다음으로 분노는 적개심을 불러일으키는데, 이는 보복하려는 생각의 지배를 받는 것이다. 적개심은 증오, 공격성과 사촌 간이다. 모든 보복적 폭행은 분노에 기반을 둔 적개심에서 비롯된 것이라고 볼 수 있다. 헨리 페얼리(Henry J. Fairlie)는 "보복적인 분노는 죄가 된다"고 말했는데, 이 말을 옳은 말이라고 보기는 어렵다. 분노는 그것을 드러내어 보복할 때 더 큰 죄를 범하는 것일 뿐, 보복하지 않았다고 하여 분노를 일반화, 정당화, 합리화할 수는 없을 것이다.

12. 건강도 나쁘게 하는 분노

분노로 인해 입게 되는 가장 일반적이고, 흔한 피해는 숙면을 취할 수 없게 되는 것이다. 분노로 인해 불면증에 노출된 사람은 수면제를 먹어도 잠을 잘 수가 없다. 분노가 수면을 주도하는 신경전달물질 멜라토닌(melatonin)의 분비를 억제하기 때문에 불면을 경험하게 되는 것이다. 이런 경우 수면제로 잠을 청하더라도 그런 수면은 질이 낮아서 피로회복이 안 된다. 사람은 안정 상태에서 수면으로 진입하게 되는데, 분노로 인해 심장이 빨리 뛰고, 심리정서적으로 불안정한 상태에서는 쉽게 잠을 잘 수가 없을 뿐만 아니라 악몽을 자주 꾸기 때문에 깊은 잠을 잘 수 없게 되어 신체적으로뿐만 아니라 심리정서적, 정신적으로도 매우 피곤해진다.

에베소서에 "분을 내어도…해가 지도록 분을 품지 말라"(엡 4:26)고 말씀하신 이유는 우리가 편안하게 숙면을 취하도록, 잠의 축복을 누리도록, 건강을 유지하도록 하기 위하여 교훈하신 것이다. 하지만 실제로 분노를 나타낸 경우에 그렇게 쉽게 해소되지 않는 것이 현실이다. 그레고리 대제(Gregory the Great)가 치명적인 7가지 죄의 목록에 분노를 포함시켰을 때 그는 분노를 일컬어 '빨리 나타내게 되고, 더디게 해소되는 문제'라고 보았다. 사막의 수도원장 에바그리우스는 수도사들이 격렬한 분노를 한 번 나타낸 후에는 그 끓어오르는 노여움으로 인해서 며칠씩이나 수도생활을 제대로 하지 못하는 것을 보고 분노의 유해성을 강조하게 되었다.

그레고리 대제는 분노를 속도와 관련하여 네 가지로 분류했다.

첫째, 빨리 나타내고 빨리 해소하는 분노.
둘째, 빨리 나타내고 오래 지속되는 분노.
셋째, 천천히 나타내고 오래 지속되는 분노.
넷째, 천천히 나타내고 빨리 해소하는 분노.

분노를 나타내지 않는 것이 가장 바람직하지만, 에베소서 4장 26절의 내용을 속도와 관련하여 생각해 본다면 '천천히 나타내고 빨리 해소하는 분노'가 바람직한 것이라고 볼 수 있다.

분노를 빨리 해소하지 않고, 이로 인해 잠을 못 자는 정도라면 그것은 건강에 치명적이라고 할 수 있다. 특히 분노는 심장혈관질환과 밀접한 관련이 있다. 미국 하버드(Harvard)대학교 교수 머레이 미틀만(Murray Mittleman)의 말은 믿을 만한데, 그는 1994-2004년 급성 허혈성 뇌졸중으로 입원한 환자 1,103명을 대상으로 연구한 결과를 미국의 의학 정기간행물 『공공 건강과 의생태학』(*Journal of Epidemiology and Community Health*)지에 발표했다. 그의 연구 결과는 "자주 분노하는 사람들은 그렇지 않은 사람들에 비해서 심장마비를 일으킬 위험성이 2배 이상 높다"는 것이었다.

생리학자 존 헌터(John Hunter)는 관련학회에서 "분노는 심장혈관을 압박하고 결국, 심장병을 유발할 수 있다"는 설을 제기한 적이 있었다. 논문 발표가 끝나자 어느 학자가 그의 설명을 듣고 논문에 문제가 있다고 반론을 제기했다. 그러자 헌터는 자신의 연구를 폄하하는 말에 너무나 화가 나서 상대방에게 반격하려고 자리에서 벌떡 일어나다가 그만 쓰러져서 죽고 말았다. 그의 사인은 간단했는데, 극심한 분노가 심장의 혈관을 압박해서 심장마비를 일으킨 것이었다. 결국, 그는 죽음으로써 자신의 학설을 증명한 셈이 되었다.

미국 듀크(Duke)대학교 교수 레드포드 윌리암스(Ledford Williams)는 『분노가 죽인다』(*Anger Kills*)에서 "분노하면 일찍 죽는다. 그런데 분노를 꾹꾹 참으면 가슴이 터져 죽는다"고 기록했다. 윌리암스는 이렇게 분노를 죽음과 연결시켜 이것이 '치명적'이라는 것을 설명하고 싶어했다. 물론, 분노했다고 하여 그 자리에서 즉사하는 것은 아니지만, 분노는 결국, 죽음을 재촉할 만큼 인간에게 커다란 피해를 입히는 것임에 틀림없다.

13. 영성의 피해

분노는 단지 건강에 심각한 악영향을 주기 때문이 아니라 신자들의 영성에 미치는 악영향이 때문에 금해야 한다. 분노는 심리정서적인 문제이며, 동시에 영적인 문제이다. 분노는 인간의 정신과 영성을 약화시키는 주범으로서 '어쩔 수 없이 분노했다'는 말은 영성훈련이 안 된 사람이나 하는 말이다.

　분노로 인한 영성의 피해를 대표적으로 설명한 성경구절은 디모데전서 2장 8절이다. 여기서 사도 바울은 "그러므로 각처에서 남자들이 분노와 다툼이 없이 거룩한 손을 들어 기도하기를 원하노라"라고 했는데, 이는 '남자들이 분노와 다툼이 있다면 거룩한 손을 들어 기도하기 어려울 것'이라는 뜻이다. 목사님이 신자들에게 실컷 화를 내고 나서 "기도합시다"라고 한다면 신자들은 당혹스러울 수밖에 없다.

　남편이 아내에게 눈을 부라리면서 욕을 하고 나서 "기도하자!"라고 하면 아내는 얼마나 황당하겠는가?

　부부간에 자주 분노하면 기도하지 못하게 된다. 신자가 기도하지 못하는 것은 영적 생활에 치명적이다. 그래서 맥민은 "분노를 일컬어 영성을 파괴하는 치명적인 죄이며, 분노는 성적인 죄만큼이나 인간의 영혼을 더럽힌다"고 했다. 일반적으로 성적인 죄는 굉장히 더럽게 느껴지는데, '분노도 성적인 죄 못지않게 인간을 더럽힌다'는 말이다. 잠깐 느낄 쾌락을 맛보기 위해 앞뒤를 따지지 않고 성적인 죄를 범하고 마는 것이나, 잠깐 느낄 청량감을 얻기 위해 앞뒤를 따지지 않고 분노를 폭발시키는 것이나 죄로 본다면 같은 맥락의 더러운 죄이다.

14. 정체성 상실과 투사적 동일시

아버지가 자녀에게 분노하여 자녀가 심리적으로 피해를 보는 가정이 많이 있다. 아버지가 분노하면 자녀가 처음에는 놀라고 무서워서 아버지의 말을 듣게 되겠지만, 빈번하게 분노하면 아버지에 대한 존경심이 사라지고 아버지의 분노에 별 느낌이 없어지고 그것을 아버지의 습관처럼 생각하게 될 수 있다. 이는 상담심리학에서 말하는 '자극 포만'(stimulus satiation)과 같은 것이다. 상대방의 분노로 처음에는 커다란 충격을 받게 되지만, 이런 일을 빈번하게 당한 사람은 심리적으로 무뎌져서 나중에는 그것이 더 이상 충격이나 자극이 되지 않을 수 있다.

상담심리학 용어 '투사'(projection)는 자신의 감정을 다른 사람이나 사물에 옮겨 놓는 것을 의미한다. 이를테면, 투사는 감정이입(empathy)과 같아서 의자를 보면서 '의자야! 너는 거구 80kg의 몸을 받들고 서 있으려면 힘들겠구나!'라고 자신의 마음 상태를 의자에 옮겨놓는 것이다. '동일시'(identification)라는 것은 '똑같아진다'는 말로서 '투사적 동일시'(projective identification)라 함은 '자신의 정서를 상대방에게 옮겨놓아 그와 정서적으로 동일해지는 것'을 뜻한다. 이를테면, 음욕으로 가득 찬 남성이 여성에게 자신의 음란성을 표현(투사)했을 때 상대방 여성이 그것을 받아들이고 자신의 내면에 있는 음란성을 드러내어 서로 일치된 어떤 음란한 행동을 했다면 그것이 바로 '투사적 동일시'가 나타난 것이다.

다른 예로 어떤 학생의 마음속에 불 일 듯 일어나는 분노를 선생님에게 드러냈을 때 그 선생님이 "많이 힘들었나 보구나!"라고 말하면서 학생의 분노를 잘 수용해 주고 해소해 주면 동일시가 나타나지 않은 것이다. 즉 그 선생님은 고매한 인격을 가진 훌륭한 선생님으로서 존재하게 되는 것이다. 하지만 학생이 분노한다고 선생님도 자신의 내면에 있던 분노를 표출하여 학생과 멱살을 잡고 서로 싸움을 한다면 학생이나 선생님이나 똑같은 사람이 되어버린 것으로 이를 일컬어 상담심리학에서는 '투사적 동일시가 나타났다'고 한다.

미국 탈봇(Talbot)신학대학원의 기독교상담학 교수이며 작가인 노만 라이트(H. Norman Wright, 1951-)는 "분노를 당하는 것도 마음의 상처이지만, 분노를 드러내는 것도 마음의 상처"라고 분석했다. 화산 폭발로 인해 용암과 같은 분노가 밖으로 나오면서 화상을 입는 것처럼 분노하는 사람은 마음의 상처를 입게 되어 있다.

어떤 사람이 "식도염을 앓고 병원에서 치료를 받고 있다"는 말을 했다. 의사는 이 환자에게 "트림이나 구역질을 하지 말고, 위산이 역류되어 식도를 손상시킬 수 있으니 밤에 자는 시간이 아니면 눕지 말라"고 주의를 주었다. 위산(위액)은 염산과 같은데 이것이 역류되면 '역류성 식도염'이라 하여 식도 점막의 손상을 입게 된다. 염산 같은 위산이 위에 있을 때는 아무 문제가 없지만 그 위치를 벗어나 밖으로 나오면 식도가 손상된다.

염산은 살에 닿으면 살이 타버리고, 옷에 닿으면 옷이 녹아버리고, 심지어 알루미늄과 대리석까지 녹여버리는 화학약품이다. 위산은 위에 담겨져 있어야만 하는데, 이것이 밖으로 나오면 식도를 상하게 하여 속이 쓰리고, 얼굴이 일그러지고, 통증이 생기며, 상처를 받게 된다. 분노도 그와 똑같다. 이 세상에 분노가 없는 사람은 없다. 모든 사람은 무시당하고, 존중받지 못하고, 억울한 일을 당하면 분노할 수 있다. 하지만 자신의 내면에만 있어야 할 것이 밖으로 나오는 순간 심리정서적, 영적 상처를 받게 되는 것이다.

다른 사람이 자신에게 분노하도록 만드는 것으로 보이지만 사실상 자기 마음속에 존재하는 분노를 드러내는 것일 뿐이다. 미국 웨스트민스터(Westminster)신학대학원 목회상담학 교수 데이비드 포울리슨(David Powlison)은 이것을 스폰지(sponge)에 비유하여 설명했다. 스폰지를 짜는데 검은 물이 나온다면 짜는 행위 자체가 검은 물의 유출을 초래한 것처럼 보일 수 있다. 하지만 자신이 다른 스폰지를 짰을 때는 맑은 물이 나올 수도 있다. 그렇기 때문에 '검은 물이 나온다'는 것이 짜는 행위 때문이 아니라 검은 물이 이미 스폰지 속에 들어 있었다는 것이다. 여기서 '검은 물'은 분노에 비유할 수 있고, '짜는 행위'는 그 분노를 드러내는 계기에 비유할 수 있다. 다른 사람들이나 환경이 자신의 마음을 짤 수 있는데, 그때 분노가 나온다면 그것은 분노가 자신의 마음속에 있었기 때문이다.

중국의 사상가 장자(莊子, B.C. 369-289)는 "인내함으로써 성사되는 것을 본 적은 있지만 분노함으로써 성사되는 것을 일찍이 본 적이 없다"는 말을 했다. 물론, 이 말이 절대적인 사실이라고 할 수는 없지만 그만큼 분노를 참는 것을 강조한 말로 이해된다.

"어리석은 자는 자기의 노를 다 드러내어도 지혜로운 자는 그것을 억제하느니라!"(잠 29:11)고 했듯이 분노를 드러냄으로써 어리석은 사람이 되어서는 안 된다. 지혜로운 사람이 되기 위해 분노하기 전에, 상대방에게 해(害)가 될까 이(利)가 될까, 자신에게는 득(得)이 될까 손(損)이 될까 이런 것들을 미리 생각해 보아야 한다. 그런 상황을 미리 헤아릴 줄 안다면 어리석은 분노를 상당히 줄일 수 있을 것이다. 분노는 어디까지나 앞뒤를 생각하지 않는 충동적이며, 비합리적인 발작이기 때문이다.

그러므로 '다음은 어떻게 될까? 어떤 결과가 올 것인가?'를 미리 생각하는 것이 지혜이다. 이런 사람은 자신의 마음을 스스로 다스릴 줄 아는 사람이며, 감정을 올바로 처리할 줄 아는 사람이다. 또 그래야만 바람직한 인격의 소유자가 될 수 있다.

성경이 '죄'라고 인정한 것들은 분명하게 '하지 말라!'는 명확한 지침을 주고 있지만 분노에 대해서는 '분을 내어도 해가 지기 전에는 풀어야 한다'(엡 4:26)는 말씀을 볼 때 인간은 누구라도 감정을 가지고 있는 존재이므로 분노할 수 있지만 '잠자기 전까지는 이것을 잘 처리해야 한다'는 의미로 이해된다.

성경은 인간의 정서에 대해서 인정하고 있다. 왜냐하면, 인간은 누구나 분노를 드러낼 수 있는 존재로 창조되었기 때문이며, 분노는 기쁨, 슬픔, 사랑 등과 같이 누구에게나 있는 보편적이고 자연스런 감정이기 때문이다. 하나님은 인간을 기계나 목석으로 지으시지 않고 심리정서적 존재이며 영적 존재로 창조하셨다. 하지만 인간은 타락으로 인해 그 정서들이 죄악화된 것이다.

15. 유순하고 상냥한 태도

분노하는 사람을 대하는 방법은 그를 이해, 공감하고 상황을 잘 설명하여 분노를 다른 방향으로 선회(旋回)시키는 것이다. 분노는 폭우가 내려 산에서 밀려 내려오는 강력한 물 같아서 이를 막아보겠다고 하다가 그 물에 휩쓸려 내려가 생명을 잃게 되는 위험한 상황에 처할 수 있다. 그 힘을 돌려서 비껴가도록 하거나 쫓아내 버리는 것이 지혜이며, 그것이 말씀 대로 분노를 다스리는 것이다. 상대방이 강력한 분노 에너지를 가지고 자신에게 다가올 때 유순하고, 상냥하고, 온화하고, 부드러운 말과 칭찬을 통해 그것을 다른 방향으로 돌려 빠져 나가도록 하여 문제를 해결하는 사람이 참으로 지혜로운 사람이다.

스탠리는 '상대방에게 조심스럽게 분노 상태를 말로써 알리는 것은 나쁘지 않은 방법'이라고 강조했다. 서로 대화하겠다고 하다가 싸우는 경우도 많다.

"나도 물론, 잘못했지만…너도 생각 좀 해봐! 그게 나한테 할 태도냐?"

이런 태도로 나오다가 싸우게 된다. 분노를 해결하기 위해 만났다가 오히려 분노에 불을 붙이는 경우가 많다. 분노가 치밀어 오를수록 유순하고 온유한 말을 해야 한다.

잠언에 "유순한 대답은 분노를 쉬게 한다"(잠 15:1)고 했는데, 여기서 '유순한'이라는 원어의 뜻은 '상냥하고 부드러운'이라는 의미이다. '유순'이라는 말을 신약성경에 나온 표현으로 한다면 '온유'이다. 온유는 헬라어로 '프라우스'(πραύς)라고 하는데, 이 단어는 근본적으로 사나운 들짐승이 가축으로 자라면서 오랜 시간 주인의 손길에 의해 성질이 유순하게 잘 길들여진 상태를 뜻한다. 이는 마치 반려동물 가운데 개처럼 오랜 세월 동안 인간의 곁에서 사나운 야성은 없어지고 부드러워진 모습을 연상하게 하는 말이다.

또 '쉬게 한다'(잠 15:1)는 말의 뜻은 '돌아가게 한다,' '쫓아버린다'는 의미이다. 그러므로 상냥하고, 부드러운 말, 유순하고 온유한 말을 하면 상대방이 분노에 차서 공격해 오다가도 다른 곳으로 돌아가고, 분노가 사라지고, 상대방을 쫓아버리게 된다.

16. '너희가 한 것에 비교되겠느냐?'

사사기에 보면, 에브라임 지파는 여러 지파들 가운데 주도적인 역할을 했는데, 기드온이 출전하면서 그들의 도움을 요청하지 않고 배제했기 때문에 그들은 서운함을 분노로 나타내었다는 내용이 기록되어 있다(삿 8:1-3). 기드온은 이 문제를 지혜롭게 해결했다. 기드온은 '에브라임 사람들이 전쟁에서 행했던 공로에 비하면 자신이 한 일은 아무것도 아니라'고 겸손한 말로 그들의 분노를 가라앉혔다. 여기서 기드온의 훌륭한 면모를 발견할 수 있다. 자칫 두 지파 간에 심각한 갈등으로 치달을 수 있는 문제가 기드온이 겸손하게 상대를 인정해 줌으로써 원만하게 해결된 것이다. 이것이 기드온의 리더십이다.

기드온은 '에브라임 사람이 행한 일을 극구 칭찬하고 크게 높여 주었고 자신은 낮추었다'(삿 8:2)는 내용이다. 기드온은 그들에게 "내가 이제 행한 일이 너희가 한 것에 비교되겠느냐 에브라임의 끝물 포도가 아비에셀의 만물 포도보다 낫지 아니하냐"라고 겸손하게 말했다. 사실, 포도 찌꺼기, 즉 끝물 포도는 만물 포도보다 맛이 시고 질도 훨씬 뒤떨어진다. 그런데도 기드온이 '에브라임 산지의 끝물 포도가 자기 고향에서 생산되는 만물 포도보다 훨씬 좋다'고 말한 것은, 미디안 연합군과의 전쟁에서 기드온 자신이 세운 공로보다 에브라임 사람들이 전쟁 막바지에 참여하여 결국 전쟁을 승리로 이끈 그 공로가 훨씬 더 크다는 사실을 풍자적으로 표현한 말이다.

사실, 에브라임 사람들은 기드온이 다 이겨놓은 전쟁의 막판에 도망가는 사람 몇 명을 죽이고 명성과 공적을 얻으려 한 것이다. 그렇지만 기드온은 "비교되겠느냐?"라는 단어를 두 번이나 사용하면서 자신을 낮추고 상대방을 높이려고 노력했다. 이 내용은 빌립보서 2장 3절(아무 일에든지 다툼이나 허영으로 하지 말고 오직 겸손한 마음으로 각각 자기보다 남을 낫게 여기고) 말씀과 한 짝을 이룬다. 자기보다 남을 낫게 여길 줄 아는 것은 온유하고 겸손한 신앙태도로서 성경이 제시하는 분노 다스리기의 비법이 분명하다.

17. 분노를 푸는 유순함

만일 기드온이 자신의 권위에 도전하는 에브라임 사람들을 건방지다고 생각해서 "어디서 함부로 분노하는가?"라고 공박했다면 문제가 더욱 심각해졌을 것이다. 야고보서에도 "…사람이 성내는 것이 하나님의 의를 이루지 못함이라"(약 1:20)고 기록하고 있다. 기드온은 결국, 분노를 잘 극복함으로써 화평을 이루었고 하나님의 의를 이루었다. 다른 사람으로부터 분노를 당할 때는 상대방의 마음과 상황을 이해하고, 공감할 수 있는 여유를 가져야 문제가 해결된다.

기드온은 예수님의 성품인 온유와 겸손을 가졌던 자이다(마 11:29). 기드온은 상대방이 자신을 분노케 하는 공격을 당하고도 온유하고 겸손함으로 분노를 풀어버린 마음이 넓은 자였다. 여기서 "풀리니라"(삿 8:3)는 말의 히브리어는 '서서히 내려가다,' '긴장이 풀리다,' '가라앉다,' '떨어뜨리다,' '조용하게 하다'는 뜻이다. 이것은 상대방의 공격성을 잠재우는 방법이 온유하고 겸손하고 유순한 마음과 태도라는 것을 우리에게 웅변적으로 교훈하는 구절이다.

민수기에 보면, 모세가 구스 여자를 취한 것 때문에 미리암과 아론이 모세를 격렬하게 비난하면서 그의 영적인 리더십에 도전했다(민 12:1). 그 때 모세는 그들과 맞서 분노를 폭발시키거나 대적하지 않았다. 모세도 사람이기 때문에 이런 말을 듣고 마음이 상하고, 분노가 발생했을 것이다. 하지만 모세는 이 문제를 하나님께 맡겼다. 또한 미리암이 문둥병자가 되었을 때 참으로 마음 아파하면서 하나님께 부르짖어 기도하는 온유하고 겸손한 모습을 보여주었다. 그래서 모세는 "이 사람 모세는 온유함이 지면의 모든 사람보다 더하더라"(민 12:3)는 훌륭한 평가를 받게 된다.

민수기 12장과 사사기 8장은 상당히 유사하고 공통적인 교훈을 담고 있는 말씀이다. 만일 기드온이 분노했다면 마귀로 틈을 타게 하여 두 지파 간에 어떤 일이 생겼을지 알 수 없는 일이었다(엡 4:27). 기드온은 그의 온유함으로 에브라임 사람들을 자신보다 더 낫게 여기므로 그들과의 갈등을 해결했다(빌 2:3).

어떻게 기드온은 에브라임 사람들을 자기보다 낫게 여겼는가?

기드온은 에브라임 사람들의 전과를 높이 평가했다.

논리적으로 생각해 볼 때 에브라임 사람들의 전과가 과연 기드온이 말한 것처럼 높이 살만한 것이었는가?

전혀 그렇지 않다.

어떻게 전쟁을 처음부터 기획하고 끝까지 싸운 기드온의 전과와 전쟁이 끝날 즈음에 잠깐 참여해서 미디안 연합군의 우두머리 두 명 죽인 것이 비교가 될 수 있겠는가?

그런데 놀라운 것은 기드온이 에브라임 사람들의 전과를 자신의 전과보다 더 높이 인정해 줌으로써 그들의 분노를 풀어준 것이다. 즉, 대접받기를 원하는 사람을 충분히 대접해 줌으로써 갈등을 해결한 것이다.

18. 칭찬으로 잠재우는 분노

분노를 유발한 상대방에게 유순하고 온유한 말과 아울러 칭찬의 말을 하면 분노는 잦아들게 된다. 어찌하다가 상대방으로 하여금 분노를 일으켰어도 상대방을 인정하고, 칭찬하면 분노가 사라지는 경우가 많이 있다. 이것을 잘 설명한 성경 말씀이 사사기 8장 1-3절이다.

에브라임 사람들은 므낫세 지파 기드온에게 미디안 연합군과의 전쟁에서 자신들과 협의 없이 그리고 '자신들에게 도움을 요청하지 않고 전쟁을 했다'는 이유로 이를 따지고, 불평하고, 반발하며, 분노하였다. 에브라임 사람들은 다른 사람의 성공을 헐뜯고 분노하는 병폐가 있었으며, 이스라엘의 열두 지파 가운데 가장 불평불만이 많은 지파였다. 이들은 여호수아 당시 므낫세 지파와 더불어 자기들이 기업으로 받은 영토가 다른 지파에 비해 좁다고 불평한 바 있다. 이런 태도는 고질적이며 이스라엘 왕국을 분열시키는 데 주도적 역할을 했던 여로보암 역시 에브라임 지파 사람이었다(왕상 11:26).

에브라임 사람들은 자신들의 영향력을 과시하고 자신들을 알아주고 인정해 달라는 입장에서, 기드온이 미디안 연합군과 전쟁할 때 자신들과 협의하지도 않고 도움을 요청하지 않았다고 하여 분노했다. 기드온은 미디안 연합군과의 전쟁에서 적들과 가장 가까이 있는 므낫세, 아셀, 납달리, 스불론 지파만을 부르고 다른 지파들은 부르지 않았다. 사실, 전쟁에서 빠진 지파는 에브라임 지파뿐만 아니었다(삿 6:35).

그럼에도 불구하고 에브라임 지파만 기드온에게 이렇게 분노한 이유는 무엇일까?

그것은 전체 지파 중에서 자신들이 주도권을 행사하지 못했다고 생각했기 때문일 것이다. 이권 문제로 적에게서 노략한 전리품을 자기들이 나누어 갖지 못한 것에 대한 분노일 수도 있다(삿 8:25-28). 요셉 지파에 속한 에브라임 지파는 '야곱으로부터 장자권을 받았다'는 점 때문에 우월감을 지니고 있었다. 그러다 보니 에브라임 사람들은 다른 지파들이 자신들을 장자 지파로 인정해야 한다고 생각했고, 이것을 권리로 여겼다.

그러나 그것은 교만한 생각이었다. 사실, 그들이 장자의 명분을 가졌을지라도 다른 모든 지파가 야곱의 아들들이었으며, 므낫세나 에브라임 지파는 야곱의 손자들이었다. 더욱이 요셉은 작은 아들이었기 때문에 사실상 가장 어린 자였다. 이처럼 가장 어린 자의 자손들이 장자의 명분만을 가지고 교만하거나 우월의식을 갖는 것은 합당하지 않다.

교만과 우월의식은 다른 사람을 무시하고 얕잡아 보게 되며, 다른 사람이 자기보다 잘 되면 시기·질투로 인해 분노하는 것이 일반적이다. 자존심의 위협을 받거나 공격을 받을 때 이에 대해 불합리하게 비논리적으로 반응하는 현상이 곧 분노이다. 교만, 시기·질투가 가득 찬 사람의 특징은 다른 사람을 칭찬하지 못하는 것이다. 전쟁에서 승리한 기드온을 함께 즐거워하고 얼마든지 칭찬하고 박수쳐 줄 수 있는데, 에브라임 사람들은 그렇게 하지 않았다.

훗날에도 에브라임 사람들은 기드온에게 했던 것과 사사 입다에게도 분노했다(삿 12:1). 입다가 암몬 자손과 싸우러 갈 때 자기들을 청하지 않았다고 하면서 그의 집을 불살라 버리겠다고 분노를 드러내며 위협한 것이다. 하지만 입다는 그들에게 구원을 요청했는데도 그들이 응하지 않았다고 했다. 기드온은 온유한 태도와 유순한 말로 에브라임 사람들의 분노를 진정시켰지만 입다는 기드온과는 달랐다. 에브라임 사람들의 이런 말 때문에 입다와 그를 따르던 사람들은 심히 격분하게 되었다.

본래 입다는 서자 출신으로 불량배들과 어울리던 사람이었다. 그래서 그랬는지 그는 이런 사태를 평화적으로 처리하지 못했다. 입다는 길르앗 사람들을 다 모아 에브라임 지파와 전쟁을 일으켜 에브라임 사람들을 대파하게 되었다. 이때 도망치는 에브라임 사람들은 자기 신분을 숨기고 에브라임 사람이 아닌 척했는데, 입다는 그들의 발음을 들어 보고 에브라임 사람인지 아닌지를 식별하여, 히브리 발음을 제대로 못하는 사람들은 다 죽였다(삿 12:16).

결국, 42,000명의 에브라임 사람이 죽임을 당했다. 욥기에 기록된 "분노는 칼의 형벌을 부르나니…"(욥 19:29)라는 말씀처럼 에브라임 사람들은 입다에게 분노했고, 입다의 분노는 다시 에브라임 사람들에게 돌아와 심각한 지경에 이르게 된 것이다. 분노는 분노를 일으키고 상황을 더욱더 악화시킬 뿐이다.

기드온은 에브라임 사람들의 공적을 인정하고, 높이 평가하고, 그들을 기꺼이 칭찬했는데, 이것이 문제해결의 방법이었다. 에브라임 사람들이 기드온에게 분노하게 된 이유는 자신들이 당연히 받아야만 하는 뭔가가 있다고 생각했기 때문이다. 하지만 '대접'이란 다른 사람이 해줄 때 받는 것이지 그것을 요구할 수는 없는 것이다. 부부간에도 요구와 기대가 큰 만큼 그것이 무산되면 상대 배우자에게 분노하게 된다. 자녀들로부터 받아야만 하는 요구와 기대가 무너질 때 분노하게 된다.

그래서 대접받고자 하는 마음을 줄이면 분노가 줄고, 대접해 주면 분노가 사라지게 되는 것이다. 이것이 성경적인 방법이며 예수님의 방법이다. 예수님께서는 "그러므로 무엇이든지 남에게 대접을 받고자 하는 대로 너희도 남을 대접하라 이것이 율법이요 선지자니라"(눅 6:31)고 말씀했다. 인간에게 발생되는 대부분의 문제들은 대접 못 받은 데서 비롯되는 것이고, 대접해 주면 해결되는 경우가 너무나 많다.

19. 분노를 어떻게 해소할까?

사이몬 켐프(Simon Kemp)와 스트롱맨(K. T. Strongman)은 "지난 20년 동안 심리학의 경험적 연구와 이론 증식에도 불구하고 심리학은 분노에 대한 특별한 연구 결과를 내놓지 못했다"고 말하면서 "분노와 분노관리에 대한 우리의 지식이 2000년 동안 거의 발전하지 못했다는 것은 그리 놀랄 만한 일이 아니다"라고 분석했다.

심리학적 입장에서는 분노를 압력(pressure)으로 이해한다. 이것을 상담심리학에서는 '분노 유압이론'(Anger hydraulic theory)이라고 한다. 즉, 분노는 압력밥솥 속에 압축되어 있는 증기(steam)로 비유된다. 분노 유압이론은 대부분의 심리학 분야에서 공통적인 견해를 나타내지만 주로 정신분석학적인 입장이다. 분노의 압력이 높아지면 강한 에너지가 발생하는데, '이것이 폭발하여 자신은 물론, 상대방에게 심각한 폐해를 일으키게 된다'는 것이다. 이 공격적 에너지가 비이성적으로 나타나 폭행이나 살인으로 치닫는 경우들이 흔히 발생한다. 그렇게 본다면, 구약성경 창세기에 기록된 인류 최초의 살인자 가인도 분노로 인하여 발생된 에너지가 결국 폭발하여 동생 아벨을 돌로 쳐 죽인 것이라고 볼 수 있다(창 4:8).

오스트리아 동물심리학자 콘라드 로렌츠(Konrad Lorenz, 1903-1989)는 "분노는 인간의 본능으로서 타고나는 것"이라고 보았다. 그는 "분노를 해결하기 위해 내면에 쌓인 증기와 같은 분노를 빼주어야 그것이 조절된다"는 정신분석학적 유압이론을 주장했다. 분노는 압력과 같아서 신체적 긴장을 야기하고, 에너지를 만들며, 결국 압력이 높아진 상태에서 건드리게 되면 그것이 폭발하여 사건이 발생한다는 주장인데, 유압이론을 주장하면 분노를 바르게 해결할 수 없게 된다.

20. 인지적 재구성

분노는 분노를 느끼고 있는 자신의 사고를 전환하지 않으면 회복 및 해결이 어렵다. 이처럼 인식을 전환하는 것을 일컬어 상담심리학에서는 '인지적 재구성'(cognitive restructuring/reframing)이라고 한다.

인지적 재구성은 분노 극복을 위한 가장 핵심적인 방법이다. 어떤 사건을 경험했을 때 그것에 대한 반응으로 분노가 나타날 수도 있고, 나타나지 않을 수도 있는데, 사건이 곧바로 분노로 이어지는 경우는 사건과 분노 사이에 일종의 인지적인 연결고리가 존재하기 때문이다. 이런 인지적 구조를 수정하지 않으면 분노는 구조화되어 계속해서 악순환적으로 발생할 것이다.

이를테면 비가 올 때 몇 차례 분노를 경험한 사람은 비가 오면 화가 날 것이다. 하지만 비가 오는 것과 화나는 것은 아무 상관없는 일인데, 몇 차례의 경험이 비와 분노를 연결시킨 고리가 되어버린 것이다. 그렇기 때문에 스스로 비오는 것과 화나는 것은 관계가 없는 일이라고 인식을 재구성하는 것이 중요하다.

분노를 증기(steam)로 유비하는 한, 분노를 바르게 해결하기는 어렵다. 재구성의 시각으로 볼 때 분노는 증기가 아니라, 컴퓨터의 덧쒸우기(overlap)처럼 잘못된 내용 위에 바른 내용을 타자(typing)한 다음 새롭게 입력시켜 내용을 바꾸는 것과 같다. 분노를 억압, 억제하는 것이 아니라 분노에 대한 인식을 바꾸는 재구성이야말로 분노 해결의 합당한 방법이다.

주머니 속의 송곳을 제거해야…

분노 해소는 자신이 분노 상태에 있다는 사실을 인정하는 데서 시작되어야 한다. 미국의 가족치료전문가 게리 채프먼(Gary Chapman, 1938-)은 "분노를 해결하는 데 있어서 첫 단계는 자신이 어떤 일로 화가 나있는지 그것을 인정하는 것이다"라고 했다.

자신의 분노를 바람직하게 처리하기 위해 먼저 자신이 어떤 일로, 어떤 상황에서, 어떤 대상에게, 어떻게 분노를 표현하는지를 잘 분석하고 파악하는 일이 우선이다.

프랭크 미너스와 레스 카터는 그들의 저서 『분노』(The Anger)에서 사람마다 각자의 성격과 환경이 다르기 때문에 분노를 표출하는 방법도 다양하다고 분석했다. 많은 경우에 사람들은 자신이 얼마나 분노하고 있는지에 대해서 의식하지 못하고 있으며, '자신이 분노하고 있다'는 사실조차 인정하지 않는다"고 분석했다. 그렇기 때문에 무엇보다도 분노를 직면하는 데서부터 문제를 해결할 수 있을 것이다.

이것은 마치 분노하는 사람은 주머니 속에 뾰족한 송곳을 가지고 있는 것과 같아서 자신도 모르게 이것이 삐져나와 다른 사람에게 상처를 줄 가능성이 매우 높다. 이런 송곳과 같은 분노를 가지고 있다고 인정해야만 이것을 제거할 수 있는 것이다. 이것은 아주 단순한 것으로서 '내 속에 지금 타오르는 분노가 있다'고 인정하는 것이다. 일단 '있다'고 인정해야만 싸울 수 있는 대상, 겨냥할 수 있는 목표가 생긴다.

하나님 앞에 토해 내면…

많은 사람들이 분노 표출의 해악을 우려하여 이것을 억압, 억제함으로써 내면에 가두어 버린다. 정신분석학자 시그문드 프로이드(Sigmund Freud)에 의하면, 억압과 억제는 모두 방어기제(defence mechanism)의 일종이지만, 억압은 무의식적으로 감정을 억누르는 것이고, 억제는 의식적으로 억누르는 것이다. 억압에 대해서는 프로이드가 개념을 정리한 반면, 억제에 대해서는 그의 딸 안나 프로이드(Anna Freud)가 개념 정리를 했다. '억압이나 억제된 감정은 사라지는 것이 아니라 내면에 가득 차오르다가 그것을 더 이상 억압하거나 억제할 힘이 없거나 저항력이 약화되면 전환장애(轉換障碍, conversion disorder)처럼 다른 형태로 표출된다'는 것이 정신분석학적인 이론이다.

분노에 대해서 침묵함으로써 억제하는 것은 최악으로 치닫게 되는 상황을 모면하는 데는 큰 도움이 될 수 있다. 하지만 침묵은 분노의 또 다른 모습이며 '변형된 분노'라고 볼 수 있다. 그래서 침묵과 분노는 서로 사촌간이다. 대개 침묵하는 사람들은 '자신은 분노하지 않았다'고 생각하지만 침묵은 극도로 통제된 또 하나의 분노이다. 자신이 침묵하는 모습을 주변 사람들이 봄으로써 답답함을 느끼고, '자신이 화가 났다'는 것을 암시적으로 전달하여 상대방에게 분노를 전달하거나 상대방이 분노하도록 만드는 것이다.

이런 모습을 일컬어 독일심리학회에서는 '소극적 공격성'(passive aggressive)이라고 표현한 바 있다. 이를 쉬운 다른 표현으로는 '조용한 공격성'이라고 할 수 있다. 그런 의미에서 볼 때 "분노에 대한 최선의 답은 침묵이다"라는 독일 속담은 절대적으로 옳은 말은 아니다.

경건하게 살고자 하는 신자의 분노 해소 방법은 분노의 정서가 내면에서 끓어오를 때 그것을 하나님께 기도로써 낱낱이 드러내는 것이어야 한다. 이 말은 '하나님께 분노하라'는 의미가 아니라, '하나님께 분노의 상황을 숨김없이 드러내야 한다'는 뜻이다. 이것을 개역 성경에서는 '토설'(吐說, 시 32:3)이라고 표현했고, 개역개정 성경에서는 '입을 열다'라고 옮겼으며 우리말 성경에서는 단순히 '고백'으로 번역했다.

여기서 흥미로운 번역은 '토설'이라는 말인데, 이 말은 '토할 토'(吐)와 '말 설'(說)이 합쳐진 것으로서, 토는 '잘못 먹은 음식을 다시 게워낸다'는 뜻이다. '토'라는 말의 한자 모양은 입(口)을 통해 땅(土)에다 쏟아내는 것을 의미한다. 토해 낼 때는 먹었던 것을 숨길 수가 없다. 이를테면, 김치를 먹고 깍두기를 토해 낼 수 없고, 시금치를 먹고 콩나물을 토해 낼 수는 없다.

자신이 어떤 사람에게 분노했는지, 얼마나 유치하게 분노했는지, 어떤 일로 분노했는지, 무엇 때문에 분노했는지 이 모든 것들을 가감 없이 하나님 앞에 토해내듯 낱낱이 드러내는 기도를 하나님은 기뻐하신다. 그러나 입을 열지 아니하면 그 분노가 자신의 내면에서 부패하고 썩어 냄새나거나 그 분노의 열로 속이 타들어 가게 된다. 그래서 다윗은 '이렇게 토설하지 않고 침묵하면 종일 신음하게 되고 뼈가 녹아버리게 된다'(시 32:3)고 표현했다. 따라서 우리가 진정한 '상담자' 되시고, '의사' 되시며, '치료자' 되시는 아버지 하나님 앞에 나아가 우리 자신의 분노 상태를 토설하는 것은 가장 효과적인 분노 치료의 방법이다.

분노의 상황에서 '무조건 참으라'는 것이 아니라, 하나님이 해결해 주실 것을 믿고, 하나님께 분노의 상황을 솔직히, 낱낱이 드러내고, 고백하고, 토설하는 것이 분노의 가장 바람직한 해소 방법이다.

제4장

나태: 인간 이하가 되려는 노력

『레미제라블』(Les Miserables)이라는 작품으로 유명한 프랑스의 소설가 빅토르 위고(Victor M. Hugo, 1802-1885)는 "나태라는 이름의 어머니는 1남 1녀가 있는데, 아들의 이름은 '강도'이며, 딸의 이름은 '굶주림'이다"라고 나태와 그 결과를 비유로 설명했다.

인간에게 식욕은 가장 기본적이면서, 가장 강력한 욕구이다. 사람은 누구나 자신의 식욕을 충족하기 위해 부지런히 일해서 소득을 얻는다. 하지만 나태한 사람은 욕구만 있을 뿐, 이를 충족하기 위한 노력을 하지 않고 금전이 없으므로, 강력한 욕구를 다스리지 못하고 범행을 저지르는 경우도 있다.

우리말 속담에 "나태는 백악(百惡)의 근원"이라는 말도 '빈궁상태에서 자신의 욕구를 충족하려다가 범죄하게 된다'는 의미가 담겨있다. 러시아의 대문호 레프 톨스토이(Lev N. Tolstoy, 1829-1910)가 "나태한 자의 머릿속에는 악마가 살기 가장 좋은 곳이다"라고 말한 것은 과장된 말이 아니라 성경적 근거를 가지고 있는 말이다. 성경에는 나태를 경계하고 대적해야 할 죄로 규정하고 있다.

1. 나태의 실체

국어사전에는 나태를 '일처리나 행동 따위가 게으르고 느림'이라고 정의되어 있다. 나태(懶怠)는 한자로 '게으를 나'(懶)와 '게으를 태'(怠)가 합해져서 생긴 단어이다. 한자에서 이 단어를 처음 만들 때 동일 의미의 글자를 중복 사용하여 단어를 만든 것을 보면 게으름을 매우 강조하여 게으른 상태를 표현하려고 했던 것으로 볼 수 있다. '해태'(懈怠)라는 단어도 나태와 동일한 개념으로 게으름을 뜻하는 말이지만 이 단어는 사전에만 있고, 실생활에서는 흔히 사용하지 않는 단어이다.

'해태'는 업무를 게을리 하거나 소정 기일 내에 일을 처리하지 않고, 지연하여 발생한 상태의 의미로 행정기관에서 공문서 등에 사용하는 말이었다. 하지만 국민들이 쉽게 이해할 수 있는 단어를 사용하기로 하여 이제는 행정기관에서도 사용하지 않고, 오직 사전에서만 볼 수 있는 단어가 되었다. '나타'(懶惰), '난타'(嬾惰), '태타'(怠惰: 몹시 게으름) 등도 나태와 유사한 용어이지만 역시 사전에만 수록된 단어이며 사용의 빈도가 매우 낮다.

나태와 동의어로 태만(怠慢: 해야 할 일을 하지 않고 게으름을 피움)은 실생활에서 많이 사용하는 단어이며, "게으름이 사람으로 깊이 잠들게 하나니 태만한 사람은 주릴 것이니라"(잠 19:15)는 성경구절에 이 단어가 언급되어 있다. 완만(緩慢: 행동이 느릿느릿하고 게으름)이나 권태(倦怠: 시들해져서 생기는 게으름이나 싫증) 등의 단어는 나태를 직접적으로 나타내는 말은 아닐지라도 나태의 현상을 묘사한 단어로 나태와 사촌 간인 용어로 이해할 수 있다.

영어 'idleness'는 '한가한,' '태만한,' '무익한'의 의미인 'idle'에 추상명사형 'ness'를 붙여서 '태만하게, 한가하게 놀고 있는 무익한 상태'를 뜻한다. 그 밖의 영어 단어 'sloth,' 'sluggard'도 역시 나태를 나타내는 다른 단어들이다. 여기서 'sloth'는 나태의 뜻도 있지만, 중남미 열대 밀림지역에 주로 서식하는 동물인 '나무늘보'의 이름이기도 하다.

'나무늘보'라는 이름의 동물은 몸길이가 대략 70cm 정도 되는데, 나뭇잎이나 열매를 따 먹고 산다. 이 동물은 낮에는 나무에 거꾸로 매달려서 종일 잠을 자거나 거의 움직이지 않고 밤에만 조금씩 움직이는데 움직이더라도 너무나 느리게 움직인다. 그래서 나무늘보는 '나태'라는 단어를 연상하게 하며, 좀처럼 움직이지 않거나 일하기 싫어하는 사람을 일컬어 나무늘보에 비유하기도 한다.

헬라어에서 나태를 나타내는 용어는 형용사로 '아르고스'(ἀργός, 마 20:3, 6; 딤전 5:13; 딛 1:12; 벧후 1:8 등)가 있는데, 이 단어는 '비생산적인,' '무익한,' '게으름,' '느림' 등의 뜻을 내포하고 있다. 또한 '노드로스'(νωθρός, 히 5:11, 6:12)', '오크네로스'(ὀκνηρός, 마 25:26; 롬 12:1등의 단어도 나태를 의미하는 말로 사용된다.

이런 용어들은 모두 히브리어 '아첼'(עָצֵל)에서 온 것이다(삿 18:9). 나태는 영어 성경 흠정역(KJV)에서 'slothful'(태만한)로 번역되었는데, 이 단어는 구약성경의 지혜문학에만 언급된다. 잠언에 14번(잠 15:19, 19:24, 21:25, 22:13, 24:30-34, 26:13-15 등), 전도서 10장 18절에서 한 번 등장하고 있다.

나태는 심리정서적으로 무기력한 상태로서 어떤 중요한 일에 집중하지 못하는 것이 포함한다. 나태와 유사한 용어로는 '게으름'이 있는데, 나태가 포괄적인 뜻이라면 게으름(행동이 느리고 움직이거나 일하기를 싫어하는 태도나 버릇)은 나태에 포함되는 다소 구체적인 의미라고 할 수 있다. 주어진 일을 미루는 습관이 행동하지 못하게 만드는 심리적 요인이며 이것이 결국 나태로 이어진다. 사람들은 지금 당장 해야 할 일을 미루어 놓으면 잠시 시간적 여유를 얻는다고 생각한다. 그럴 수도 있지만 이는 나태로 이어질 가능성이 매우 높다.

상담심리학에서는 나태와 게으름을 일컬어 '지연행동'(procrastination)이라고 표현한다. 지연행동은 해야 할 일의 착수와 완성을 불필요하게 미루는 것을 의미한다. 일을 미루면 처리할 시간이 많은 것처럼 보이지만 대부분의 사람들은 그 일을 덮고 지내는 경우가 많고, 나중에 마감일에 근접해서는 마음이 급해져 일을 온전히 처리하지 못하며, 서두르다가 실수하는 경우가 다반사이다.

지연행동에 대해서는 1980년부터 심리학에서 그 영향을 집중적으로 분석하고 연구하게 되었다. 대부분의 연구에서 '지연행동은 광범위한 부정적 결과를 초래한다'는 연구 결과를 제시하고 있다. 지연행동을 빈번하게 하는 사람은 내적으로는 후회, 한탄, 절망, 불안, 우울, 자기비난 등의 정서에 시달리고 죄의식 및 수치심을 갖는 경향이 있으며, 자아존중감과 자기효능감이 매우 낮은 것이 특징이다. 그리고 학생의 경우, 학습부진과 저조한 학업성적이 나타나고, 이로써 직업상 기회를 상실하게 되거나 신체건강 및 정신건강 그리고 대인관계 등에 부정적 영향을 미치는 것으로 나타나고 있다.

나태는 영어에서 'laziness,' 'indolence,' 'idleness,' 'acedia' 등 여러 단어들이 사용되고 있는데, 여기서 'acedia'(어시디아)는 헬라어 'ακηδια'(아케디아), 라틴어 *acedia*(아케디아)에서 비롯되었다. 이 말은 무관심, 즉 '어떤 것에도 흥미가 없는 것'을 의미하는데, 이는 나태한 사람의 특징이다.

나태가 치명적인 죄 가운데 하나로 다루어지게 된 것은 4세기 수도사들이 반복되는 수도원 생활을 하는 가운데 나태로 인해 신체적, 심리정서적, 정신적, 영적으로 심각한 문제가 나타났기 때문이었다. 바쁜 일상 또는 다양한 상황 속에서 사는 일반인들보다 단조로운 수도원 생활을 하는 수도사들이 나태에 빠지기 쉬웠는데, 일단 나태에 빠지게 되면 극도의 피로감, 우울감, 무기력, 슬픔, 낙담, 불안 증세가 나타났다.

또 당시 수도사들은 쳇바퀴 도는 듯 반복적이고 습관적인 수도생활로 인해 수도의 사명과 본질과 의미를 잃고, 의욕도 상실하고, 권태에 빠지며, 심리적, 영적으로 혼수상태에 이르게 되었던 것이다. 반복된 수도생활에서 오는 지루함과 가족과 세속의 삶에 대한 그리움 등의 증세가 표출되어 단순히 몸이 느긋한 상태를 넘어 심각한 무기력과 무능력, 무감각을 초래하여 수도생활을 방해하는 결정적인 원인이 되었던 것이다. 이것은 단순한 신체적 문제가 아니라 심리정서적, 영적인 곤고함에서 비롯되어 나타난 것이다.

나태는 당시 군인들에게도 사용되던 용어인데, 전쟁에서 전투가 없는 시간이 길어짐으로 긴장이 풀어지고, 권태에 빠져 싸우려는 전의가 상실되며, 군인의식이 약화됨으로써 사명을 잃게 된 상태와 증상에 붙여진 용어가 바로 나태였다. 나태의 현대적 의미와는 그 개념의 범위가 다소 달랐다는 것을 알 수 있다. 따라서 나태의 본래적 개념은 '결여'라고 할 수 있는데, 감정의 결여, 본질의 결여, 의미의 결여, 사명의 결여, 열정의 결여, 수고의 결여, 기쁨의 결여 등은 나태의 현대적 개념인 게으름, 지연 및 태만과는 개념상 다소 차이가 있다.

그렇다면 결혼한 기간이 오래된 사람들 가운데 "우리 부부는 이제 사랑 같은 감정이 없어요. 서로 아무런 느낌도 없고, 즐거움도 없어요"라고 말할 정도가 되었다면 이것은 나태에 노출된 현상으로 볼 수도 있는데, 나태를 이런 방식으로 이해하는 것이 나태의 본래적 의미이다.

이탈리아의 수도원장 베네딕투스(Benedictus, 480-543)는 수도사들에게 나타나는 나태를 관찰한 후, 이를 일컬어 '영혼의 원수'라고까지 표현했다. 베네딕투스는 나태를 인간의 영혼을 좀먹게 하고, 영적 생활을 바르게 할 수 없게 만드는 치명적인 독으로 간주한 것이다. 사람이 나태해지면 심리정서적, 정신적으로 혼미해지며, 영적 생활이 느슨해지다가 궁극적으로 하나님의 은혜에서 단절되고, 이웃에 대한 관심도 무뎌지기 마련인데 이것은 '영적 질병'이다.

이집트 사막에서 수도생활을 하다가 생을 마친 에바그리우스 폰티쿠스(Evagrius Ponticus)는 "정신적, 영적으로 나태에 빠지게 되면 동시에 신체에도 반드시 어떤 증상이 나타나게 된다"고 분석했다. 무기력해지고, 잠이 쏟아지거나 또는 잠이 오지 않거나, 눕고 싶은 마음이 간절해지고, 신체 여기저기가 아프기 시작하면 급기야 신경증 및 정신증에 걸릴 수 있다. 이런 증상이 심해지면 마치 겨울잠을 자는 동물처럼 꼼짝도 하지 않고 웅크리고 있게 되는데, 에바그리우스 '수도사들에게 이런 증상이 흔히 나타난다'고 보았다.

　게으름과 나태는 잠(수면)과 밀접한 관련이 있다. 잠은 하나님께서 모든 동물에게 안식을 베푸시는 방편이며, 은혜이다(시 127:2). 잠을 소중히 여겨야 하지만 지나치게 잠에 빠지는 것은 게으름과 나태로 이어지는 지름길에 들어선 것과 같다. 그래서 성경은 나태의 상징으로 오래 자는 것을 언급하기도 한다. 성경은 게으른 사람의 특성을 '좀 더 자자, 좀 더 졸자'(잠 24:33)는 모습으로 묘사하고 있는데, 잠을 오래 자는 것에 대하여 게으름과 나태라고 경고(잠 6:9)하고 있다. 잠을 오래 자면 자신이 마땅히 해야 할 시간이 부족하게 되고, 해야 할 일이 지연된다.

2. 악인이 돼 가는 것

나태에 대한 성경의 가르침은 명백하다. 성경은 나태를 명백한 죄로 규명하고 있으며, 나태는 무서운 심판을 초래할 것이라고 가르친다(마 25:12, 26-30). 나태에 대한 심판이 사후에 있을 일이라면 나태한 자는 이 땅에서 나태에 합당한 대가를 치르게 되는 것이 분명하다. 성경에서 나태에 대한 부정성, 파괴성 등을 가장 단호하게, 집중적으로 지적한 곳은 잠언이다.

　나태의 정의와 관련하여 어디까지가 나태와 게으름이고 어디까지가 나른함으로 인한 휴식인지 구분하는 것은 모호하다. 성경은 노동 후의 쉼을 나태로 보지 않는다. 십계명 가운데 제4계명에 "엿새 동안에 힘써 네 모든 일을 행할 것이나 제칠일은 안식일인즉…"이라는 내용을 볼 때, 진정한 안식이 되기 위해 힘써 일하는 노동이 전제가 되어야 한다. 나태를 기준으로 본다면, 성경은 다소 이분법적 기준을 가지고 있는 것처럼 보인다. 즉, '게으른 사람은 불의한 사람'이고, '근면한 사람은 의로운 사람'이라는 인식이다.

성경은 부자와 가난한 자를 일컬어 '의인과 악인'이라 하지 않았고, 높은 자와 낮은 자를 '의인과 악인'이라 표현한 바가 없다. 그러나 게으른 사람은 '악인,' 성실한 사람은 '의인'이라고 명확하게 대비된 표현이 많이 발견된다(마 25:26). 성경은 악하고 게으른 사람은 장차 마지막 날에 바깥 어두운 데서 슬피 울며 이를 가는 비탄에 잠길 것이며, 성실하고 충성된 사람은 종말에 주인이 베푼 잔치에 참예하여 즐거움을 얻게 될 것으로 설명하고 있다(마 25:14-30, 눅 19:11-27).

나태한 사람의 특성은 행동이 없으며 핑계와 변명이 많다는 것이. 어떤 일을 시도해 보지도 않고 지레 겁을 먹고 포기하거나, 합리적인 것처럼 보이는 적당한 이유를 달아 지연하거나, 여러 가지 극단적이며, 부정적인 상상을 하게 된다. 잠언에 "게으른 자는 말하기를 사자가 밖에 있은즉 내가 나가면 거리에서 찢기겠다 하느니라"(잠 22:13)는 구절이 있다. 여기에서 '게으른'이라는 말은 히브리어로 '아첼'(עָצֵל)이라고 하는데, 이 말은 '한가하게 기대다,' '빈둥거리다'라는 뜻이다. 나태한 사람은 하는 일 없이 빈둥거리면서 생각만 많아져 머릿속에 온갖 극단적이고, 부정적이며, 공포스러운 상상을 한다.

그리고 그 상상은 '찢기겠다'는 것인데, 이 말은 히브리어 '라차흐'(רָצַח)로 '산산조각으로 부수다'는 의미가 내포되어 있으며, 아주 처절한 죽음과 실패를 뜻한다. 밖에 나가보지도 않고 '찢기겠다'는 파국적이고, 재앙적인 생각에 노출되어 어떤 일을 시도해 보지도 않고, 심리적으로 심각하게 위축되는 것이다. 두려움은 두려운 상상을 낳게 하며, 그 상상으로 인해서 더욱 두렵게 된다. 요즘 길거리에서 흔히 볼 수 있는 개처럼,

이 말씀이 기록될 당시는 거리 여기저기에 사자들이 돌아다니던 때가 아니었다. 이것은 극도의 부정적인 상상을 의미한다. 게으른 사람은 어떤 일을 해보지도 않고 "이것은 이래서 안 돼! 저것은 저래서 안 돼!"라고 말하며 핑계의 이유를 찾는다. 그래서 게으른 사람은 해야 할 일에 이유를 달고 안 할 구실과 핑계를 찾지만, 부지런한 사람은 해야 할 일에 기회를 보고 할 방법을 찾는다.

디모데전서에 "저희가 게으름을 익혀…망령된 폄론을 하며…마땅히 아니할 말을 하나니…"(딤전 5:13)라는 말씀이 있다. '폄론'이란 다른 사람에 대해서 폄하하고 헐뜯을 뿐만 아니라 쓸데없는 말을 하는 것이다. 대개 말이 많은 사람들 가운데 나태한 사람이 많다. 잠언에 "게으른 자는 그 손을 그릇에 넣고도 입으로 올리기를 괴로워하느니라"(잠 26:15)고 묘사하고 있다. 나태한 사람은 감이 나무에서 떨어져 자신의 입으로 들어가기만을 바라는 사람이다.

또 잠언에 "게으른 자는 그 잡을 것도 사냥하지 아니하나니…"(잠 12:27)라고 말씀하는데 이렇게 행동하지 않는 것(inactivity)은 나태한 사람의 특성이다. 사사기에는 "가로되 일어나서 그들을 치러 올라가자 우리가 그 땅을 본즉 매우 좋더라 너희는 가만히 있느냐? 나아가서 그 땅 얻기를 게을리 말라"(삿 18:9)고 행동하지 않는 나태한 사람을 독려하는 내용이 있다.

대부분의 나태한 사람은 불로소득(不勞所得), 즉 수고하지 않고 얻으려는 특성이 있다. 성경에 "일하기를 힘쓰라"고 했고, "누구든지 일하기 싫어하거든 먹지도 말라"(살전 4:11-12)고 했다. 수고하지 않고 먹는 자는 하나님의 뜻을 거역하는 사람이다. 나태는 인간의 선천적인 죄로 타고난 인성 가운데 하나라고 보지만 반드시 경계해야 할 대상이다. 나태는 여러 죄들 중에서 하나이지만 결국, 하나님과 다른 사람, 자신에게 불성실하게 되는 심각하고, 치명적인 죄이다.

3. 나태가 왜 죄인가?

나태의 죄는 '어떤 행위를 하는 죄라기보다는 아무것도 하지 않는 죄'라고 할 수 있다. 그렇기 때문에 나태는 다른 죄와 달리 양심의 가책이나 죄책감이 상당히 약화 또는 희석된 죄이다. 나태한 사람은 특정 행동을 하지 않았기 때문에 스스로 '명백한 잘못을 했다'고 생각하지 않으므로 죄책감을 별로 가지고 있지 않다. 그래서 이들은 가슴을 치며, 통곡하거나 회개하려고 하지 않는다.

중세 이탈리아의 작가 단테(Alighieri Dante, 이탈리아의 가장 위대한 시인, 서유럽 문학의 거장)가 나태를 일컬어 '덕을 행하는 데 게으른 것'으로 묘사했듯이 나태는 '악을 행하는 죄'(sin of commission)라기보다는 '선을 행하지 않는 죄'(sin of omission)라고 정의할 수 있다. 성경에는 "사람이 선을 행할 줄 알고도 행치 아니하면 죄니라"(약 4:17)고 기록되어 있다.

4. 사회 태만과 무임 승차

사회심리학에서 말하는 '링겔만 효과'(Ringelmann effect)도 일종의 나태를 설명하는 용어이다. 막스 링겔만(Macimilie Ringelmann, 1861-1931)은 19세기 말에 소, 말, 사람 및 기계를 이용한 영농의 생산성을 연구한 프랑스의 농업기술자이다. 음악회에서 박수치기, 또는 운동경기에서 응원하기, 무거운 물건 옮기기, 줄다리기 등을 할 때 구성원의 모든 힘을 합하여 산출하는 것을 집단 생산성으로 보았다. 이를테면, '줄다리기 시합에서 여러 명이 한 팀이 되어 잡아당길 때 강한 힘을 나타낼 수 있다'는 것은 극히 상식적이다.

하지만 '여럿이 모일수록 그 힘은 개인의 합이 되지 않는다'는 사실이 밝혀진 것이다. 박수치는 것도 혼자 박수를 치는 소리보다 다수의 관중이 박수치는 소리가 훨씬 더 크지만 역시 그 박수 소리의 크기는 '개인의 합'이라고 할 수 없다. 링겔만은 집단수행이 개인보다 우수한 것은 분명하지만 그 집단 전체가 효율성을 최대로 발휘하는 것은 아니라는 사실을 발견한 것이다. 개인들과 집단에 압력기가 부착된 밧줄을 당기도록 했을 때 '집단은 구성원들의 실제 능력보다 덜 잡아당긴다'는 사실을 발견했다.

이를테면, 한 사람이 '100'이라는 단위를 잡아당긴다면 2인 집단에서는 '200'이라는 단위를 당겨야 하는데, 실제로 그 힘의 크기는 겨우 186단위였으며, 3인 집단은 300단위가 아니라 255단위를 당긴 것이었다. 8인 집단은 겨우 392단위밖에 당기질 못했다. 분명히 집단은 개인보다 우수했지만, 집단 구성원의 수가 많아질수록, 효율성이 낮아지는 사회 태만(social loafing)이 나타난다는 사실을 링겔만이 발견하여 이를 '링겔만 효과'라고 부른다. 사람이 집단에 속하면 혼자일 때만큼 노력하지 않고 조직 내에서 무임승차(free rider)의 유혹을 받는 인간의 보편적인 심리이다.

사회 태만을 측정하기 위해 피험자들에게 눈가리개와 귀마개를 하고 최대한 크게 소리를 지르도록 했다. 링겔만 효과와 일치하게도 집단을 형성하여 소리를 내는 것이 개인이 소리를 지르는 것보다 컸지만, 집단수행에서는 그들이 할 수 있는 최대치에 못 미치는 결과가 나왔다. 피험자들을 개별적으로 측정한 경우, 그들의 소리 크기는 평균 $9.22 dynes/cm^2$(대략 압력굴착기 소음 크기)였다. 그러나 2인 집단에서는 각자가 할 수 있는 능력의 66%만을 했고, 6인 집단에서는 36%만을 발휘했다.

사회 태만은 대부분의 집단에서 남녀 모두에게서, 모든 연령 집단에서 그리고 여러 문화 집단에서도 공통적으로 나타난다. 사람들은 집단에 속하면 개인적인 책임감을 적게 느낀다고 보아야 할 것이다. 이것을 다른 표현으로 '책임 분산'(diffusion of responsibility)이라고도 한다. 이는 자신이 집단에서 상대적으로 적은 혹은 하찮은 역할을 맡고 있다고 느낄 때 나타나는 현상이다. 죄를 범하는 경우에도 이것이 적용되는데, 집단적으로 범한 죄는 죄책감과 책임감이 많이 약화 또는 희석되는 특징이 있다.

사회 태만이나 책임 분산을 막기 위한 방법으로 세 가지가 있다.

첫째, 집단 활동을 할 때 흥미와 보상이 적절하게 주어져야 한다. 재미가 없거나 보상이 없는 집단 활동은 흥미와 보상이 있는 집단 활동에 비해서 현저하게 사회 태만이나 책임 분산이 나타나게 된다. 대개 구성원은 자신의 노력이 집단의 최종 결정이나 성과에 큰 영향을 준다고 생각하면 자신이 가지고 있는 것 이상의 노력을 하기도 한다.

둘째, 동료 구성원에 대한 태도에 따라서 사회 태만이나 책임 분산이 나타나거나 그렇지 않을 수 있다. 컬(Kerr)은 '집단 구성원이 자신의 파트너가 능력 있고 집단에 기여하려고 노력한다'고 생각할 때 또는 그런 모습을 보게 되면 '다른 구성원들의 사회 태만이 나타나지 않는다'는 사실을 발견했다. 유사하게 잭슨(Jackson)과 하킨스(Harkins, 1985)의 연구에서도 '다른 구성원이 게으름을 피운다'는 생각을 갖게 되면 자신도 게으름을 피우게 되고, '다른 구성원이 최선을 다하고 있다'는 생각을 하게 되면 '사회 태만이나 책임 분산이 감소된다'는 사실을 밝힌 바 있다.

셋째, 역할 애매성(role ambiguity)으로 인해 사회 태만이나 책임 분산이 나타나는 경우가 있다. 역할을 맡은 사람이 해야 하는 행동이 분명히 규정되어 있지 않을 때 그 역할을 맡은 사람은 역할 애매성을 경험할 수도 있으며 이때 사회 태만이 나타난다. 반대로 리더십에 의해 분명한 역할을 분담해 주면 사회 태만은 어느 정도 극복될 수 있다.

5. 나태를 막는 적당한 스트레스

나태한 사람은 아무것도 믿지 않고, 아무것에도 관심이 없고, 아무것도 알고자 노력하지 않고, 아무것에도 관여하지 않고, 아무것도 즐거워하지 않고, 아무것도 사랑하지 않고, 아무것도 미워하지 않고, 아무것에서도 목적의식을 찾지 못하고, 아무것을 위해서도 살지 않으며, 단지 그가 위해서 죽을 것이 아무것도 없기 때문에 살아 있을 뿐이다. 이렇게 아무것도 아닌 상태는 아무 일도 일어나지 않았기 때문일 수 있다. 이런 사람에게 사건이 발생하면 상당한 스트레스를 받으면서 움직이는 경우가 많다. 나태한 사람이 움직이지 않는 이유는 에너지가 있어도 마음이 동하지 않기 때문이다. 이런 사람은 매사에 감동도 없고, 의욕도 없고, 열정도 없고, 무엇인가 새로운 결심을 하거나 적극적으로 시도해 보려는 생각이 없다. 적당한 스트레스는 사람을 움직이게 할 수 있지만 근본적으로 소명과 사명, 열정이 사람을 움직이게 하는 원동력이다.

도로시 세이어즈(Dorothy L. Sayers, 1893-1957)는 20세기 영국에서 활동한 뛰어난 소설가이자 희곡 작가이며 기독교 사상가였다. 세이어즈는 C. S. 루이스(Clive S. Lewis)나 찰스 윌리암스(Charles Williams, 1886-1945)등과 함께 '옥스퍼드 크리스천'이라고 불리었다. 세이어즈는 영국 성공회 사제의 외동딸로 태어나 어린 시절부터 언어에 재능을 나타냈고, 이후 장학생으로 옥스퍼드(Oxford)대학교에 입학했다. 당시 옥스퍼드대학교는 여성에게 학위를 수여하지 않았으나, 제1차 세계대전 후에 교칙이 바뀌었고, 세이어즈는 최상의 성적을 공식적으로 인정받아 옥스퍼드대학교에서 최초로 학사와 석사학위를 받은 여성이 되었다.

세이어즈는 나태를 일컬어 "믿는 것도 없고, 염려도 없고, 다짐도 없고, 배우거나 성장할 이유도 없고, 인생의 목적도 없고, 살아갈 이유도 없고, 자신이 죽을 이유도 없어서 그냥 살아가는 죄"라고 설명했다. 즉 나태와 인생의 무의미를 연결시켰다. 이는 맥크래큰이 주장한 내용과 대동소이하다. 누구든지 자신이 하는 일에 의미가 없다고 생각하면 쉽게 나태해지고, 쉽게 포기하게 된다.

나태를 극복하는 방법은 부지런해지는 것이지만, 부지런해지기 위해서는 마음속에 열정의 불꽃을 일으키고 그것을 태워야 한다. 하지만 나태한 사람들은 열정이 없고, 새로운 것에 대한 두려움이 많고, 용기가 부족하기 때문에 열정의 불꽃을 일으키고 그것을 태우기가 쉽지 않다.

매튜 폭스(Matthew Fox)는 로마 가톨릭교회 신부로서 34년 동안 사목생활을 하다가 1993년 교황청으로부터 축출당하자, 미국 성공회 사제로 개종한 후 1996년 오클랜드에 위즈덤(Wisdom)대학교를 설립한 사람이다. 폭스도 나태의 심각성을 지적하면서 '나태하지 않겠다는 결심만으로는 절대 나태를 해결할 수 없고, 그의 내면에 열정을 갖지 않으면 이것은 해결될 수 없는 문제'라고 했다. 영국의 기독교 변증가인 오스 기니스(Os Guinness)도 폭스와 동일한 진술을 했는데, 그는 '죽음에 이르는 죄'라고 불리는 나태를 극복하는 유일한 방법은 소명, 사명, 열정을 회복하는 것이라고 강조했다.

영국의 경험주의철학자이며 역사가 데이비드 흄(David Hume, 1711-1776)은 철저한 경험론의 입장에서 영향력 있는 저서로 크게 명성을 얻었다. 그러나 말년에 경제적으로 풍요로워지자 출판하기로 되어 있던 『대영국사』의 속편을 저술하는 데 적극적으로 매달리지 않았다. 주위에서는 그 책을 '계속 집필하라'고 요청을 했지만, 그는 빈둥거리면서 집필할 수 없는 이유를 다음과 같이 말했다.

> 내가 글을 쓰지 않는 네 가지 이유는
> 첫째, 나는 집필하기에 나이가 많고,
> 둘째, 살이 쪄서 둔감해졌고,
> 셋째, 너무 게을러졌고,
> 넷째, 현재 돈이 많아서 아쉬운 게 없다.

이것은 단지 홉의 생각만은 아닐 것 같다. 삶의 환경이 풍족해지고, 내면의 열정이 사라지면 누구에게나 나태가 찾아오게 되는데, 나태는 살아있는 사람의 무덤과 같은 것이다. 그래서 그 사람이 어떤 사람인지를 알아보려면 그 사람의 행동을 관찰하는 것도 중요하지만, 그 사람의 마음속에서 솟아나는 욕구가 무엇인지를 살펴보는 것이 중요하다. 그 사람의 욕구가 그 사람의 사람 됨을 말해주기 때문이다.

미국 텍사스(Texas)대학교 정신의학과 교수이며 인지행동치료전문가 모니카 바스코(Monica R. Basco)는 "나태하고 게으른 사람들에게 여섯 가지 유형이 있다"고 분석했다. 그가 분류한 여섯 가지 나태자의 유형은 다음과 같다.

첫째, 해야 할 일을 최대한 미루어 스트레스와 불안감에서 벗어나려고 하는 회피형.

둘째, 일을 끝내는 데 필요한 시간과 실제 걸리는 시간이 항상 다르고 일의 우선순위를 정하는 데도 어려움을 겪는 비체계형.

셋째, 자신의 능력을 확신하지 못해 실수나 실패의 두려움으로 일에 착수하지 못하는 자기회의형.

넷째, 의사표현을 직접적으로 못하고 다른 사람을 통제하는 수단으로 게으름을 이용하거나, 자신보다 다른 사람의 만족을 위해 애를 쓰다 게으름을 피우는 대인관계형.

다섯째, 너무 많은 일을 떠맡아 전력투구를 하다 스트레스를 받으면 손 하나 움직이려고 하지 않는 좌절형.

여섯째, 현실적인 목표보다 더 즐거운 다른 일을 추구하다가 정작 해야 할 일을 끝내지 못하는 즐거움 추구형.

나태한 사람을 어떻게 구분하든 나태한 사람은 모든 것을 귀찮게 생각하는 사람으로서 이들을 신조어로 '귀차니스트'라고 부른다. 이 말은 영어처럼 들리는 우리말 신조어로서 '귀찮다'는 단어에 영어 단어에서 전문가를 뜻하는 접미어 'ist'(이스트)를 합쳐, 모든 것을 귀찮게 생각하는 게으름뱅이를 뜻하는 말이다.

나태한 사람은 대부분 포기를 잘 하는 심리적 특성이 있다. 모니카 바스코(Monica R. Basco)는 다음과 같이 말했다.

> 게으름을 피우는 사람들은 대개 성공 아니면 실패라는 이분법적 사고(dichotomous thought)를 가지고 있는데, 그들은 어떤 일에 대해 성공하지 못할 것 같으면 아예 시작도 하지 않는 것이 낫다고 생각하는 경향성이 있다.

이런 사람은 잘 해낼 수 없을 것 같으면 해보지도 않고 "그거, 할 필요 없어! 그거 안 돼! 그거 하지 마!" 이런 말을 자주 하게 된다. 아니면 시도를 하더라도 성공할 것 같지 않으면 쉽게 포기해 버리는 것이다.

시그문드 프로이드(Sigmund Freud)의 제자 가운데 하나인 심리학자 에릭 에릭슨(Erik Erikson)은 인간의 발달을 8단계로 나누었다.

제1단계: 신뢰성 대 불신감
제2단계: 자율성 대 수치감
제3단계: 주도성 대 죄책감
제4단계: 근면성 대 열등감
제5단계: 정체성 대 역할 혼미
제6단계: 친밀성 대 고립감
제7단계: 생산성 대 침체감
제8단계: 통합성 대 절망감

이 발달과정 가운데 제4단계인 근면성 대 열등감(industry vs. inferiority)

은 대개 7-12세에 나타나는 심리적 특성을 의미한다. 이 시기는 학령으로 볼 때 초등학생 나이이다. 이 시기의 아동은 사회적으로, 학업적으로 근면성, 성실성, 충실성을 경험해야 정상적으로 성장하게 되는데, 이때 나태, 실패, 무능력을 경험하게 되면 결국 평생 열등감을 가지고 살아가게 되며, 그것은 역할 혼미와 고립감, 침체감, 절망감으로 이어진다는 것이 에릭슨의 분석이다. 따라서 교사(부모)가 학생(자녀)의 근면성을 격려하고, 장점을 칭찬하여 성취감을 갖도록 하면 학생(자녀)는 나태를 극복하게 될 것이고, 열등감에 빠지지 않게 된다고 볼 수 있다.

6. 나태와 편리함

일본 정신건강협회 대표로 있는 심리상담가 에토 노부유키(衛藤信之)는 『(뒤늦게 후회하지 않으려면) 하루에 한 번 마음 돌아보기』(今日は゛心をみつめる日)라는 제목의 책을 썼다. 이 책에서 그는 과학의 발달 등 인간의 편리한 생활이 나태를 가져오고 그것은 '마음에 내성(tolerance)을 생기게 한다'고 보았다. 나태로 인해 심리적 내성이 생기기 시작하면 그것은 정신건강에 치명적이라고 그는 분석했다. 나태와 편리함은 정신건강에만 치명적이 아니라 영적 건강에도 치명적이라 할 수 있다.

나태와 편리함은 동일한 것은 아니지만, 상당히 밀접한 관련성을 가지고 있다. 제4차 산업혁명은 기술 만능 시대를 구현하게 될 것이고, 이로써 인간의 편리성은 극에 달하게 될 것이다. 산업혁명으로 얻어지는 편리성은 양면성을 가지는데, 그것은 과학문명의 이기를 누리게 하는 축복임과 동시에 신체적 나태를 초래할 수 있다. 신체적인 나태는 필연적으로 심리정서적, 정신적, 영적 나태로 이어지고 결국 치명적인 상태에 이르게 한다. 즉, 이 땅의 편리성에 안착하여 하나님과 및 돌아가야 할 하나님 나라를 추구하는 인식(의식)이 약화된다.

헤릴 엑시(Halil Eksi)와 세라미 카다스(Selami Kardas)가 지적한 바와 같이, 영적 발달은 영적 발달 동기에 의해 작용되는데, 육체적, 심리정서적, 정신적인 안일함과 편리성은 영적 발달 동기를 약화시킨다고 볼 수 있다. 편리성과 상승된 기술 의존도는 정적 상관(正的相關, positive correlation)처럼 보이는데, 이런 것들이 영적 발달 동기를 약화시키고 신앙에 부정적인 영향을 주어 기도를 통한 문제해결의 입지를 좁게 만들 것이다.

영적 발달 동기는 고난, 고통, 시련, 위기 등으로서 이런 환경에 노출될 때 강하게 작용하는 것이 일반적인 현상이다. 즉 사람은 어렵고 힘든 상황에 처할 때 신앙이 발달하고, 하나님을 의식하게 되며, 간절한 마음으로 기도하게 된다. 과학기술은 인간의 불편과 고통을 마치 '적'(enemy)으로 인식하여 그것의 해결해야 할 목표(target)로 인식한다. 그래서 이 땅을 더 쉽고, 더 편리하고, 더 간단하고, 더 살기 좋은 낙원으로 만들려는 과학사회에서 영적 발달 동기를 자극하고, 자극받는 것은 쉬운 일이 아니다.

모든 과학은 인간의 편리추구를 명목으로 하여 인간의 나태를 부추기는 것이기도 하다. 과학은 '편리성'이라는 이름으로 나태한 자들을 더욱 게으르도록 하고, 그들이 더욱 나태할 수 있도록 그들의 필요를 채워주는 물건들을 개발해 내기 위해서 부단히 노력하고 있다. 물론, 과학의 발달과 문명의 이기를 통해 편리함과 시간의 단축 등으로 얻어진 여유와 에너지를 다른 쪽으로 사용하여 창의적인 일에 더욱 바빠지고 많은 일을 해내는 경우도 있다. 하지만 편리함과 시간 단축은 나태로 이어지는 강한 유혹을 받게 된다.

이를테면, 손뼉 소리로 실내 등(light)이 켜지고 꺼진다든지, 간단한 명령어에 따라 창문이 열리고 닫힌다든지, 허공에 특정 손짓을 하면 텔레비전 채널이 바뀌고, 모든 것이 원격으로 조정되는 '사물 인터넷'(internet of things: IoT) 기술, 5분 만에 밥이 완성되거나, 운전자가 직접 운전을 하지 않아도 인공기능을 갖춘 자동차가 운전을 해주고, 주차도 해주는 무인운전시스템 등 4차 산업혁명 시대의 과학기술 발달은 인간을 식물인간처럼 만들 기세이다. 그래서 영국 소설가 에블린 워프(Evelyn Waugh)는 현대인의 심리적 문제의 원인을 나태로 보았는데, 그는 "나태는 매우 일상적이고 다양한 곳에서 쉽게 발견되며, 현대인을 위험에 빠뜨린다"고 분석했다.

나태의 이유 가운데 하나는 그것이 가능하기 때문이며, 나태하고 게으름을 피우더라도 별 탈이 없기 때문이다. 또 다른 이유는 기계나 다른 사람이 대신 해주는 편리함을 이미 맛보았기 때문이다. '다른 사람'이란 부모, 배우자, 형제, 애인, 친구, 직장 동료, 하급자 등일 수 있다. 이들이 대신 해주는 이유는 더 이상 참고 기다리지 못하기 때문이거나, 명령체계에서 어느 정도 우위를 점유한 사람이 자신의 편리함을 위해 과제나 책임을 떠넘기기 때문일 수도 있다. 사실 남편 가운데 상당수는 아내가 모든 것을 해주기 때문에 청소하지 않는 편리함을 즐기는 경우가 많이 있다.

이 시대는 보편적으로 나태를 심각하게 비난받을 만한 죄로 생각하지 않는 것 같다. 단지 나태는 극복해야 할 약간의 나쁜 습관 정도로 생각할 뿐이다. 여가(leisure)를 강조하는 사회의 분위기도 나태를 어느 정도 눈감아 주는 데 일조하고 있다. 혹시 그것이 '죄'라고 하더라도 이 죄는 '매우 가볍고, 아주 미약한 죄, 모든 사람이 짓는 별 것 아닌 죄'라고 생각한다. 하지만, 맥시 던남(Maxie D. Dunnam)과 킴벌리 레이스먼(Kimberly D. Reisman)은 교만과 나태를 대비되는 죄로 보았다. 즉 교만은 인간으로서 인간 이상이 되려는 노력이지만, 나태는 인간으로서 인간 이하가 되려는 노력이라고 보았다.

7. 대가를 치루어야 하는 나태

마이클 리트(Michael J. Ritt)는 "나태는 반드시 대가를 치루어야만 하는 해악"이라고 밝힌 바 있다. 그 대가는 비만 등의 신체적인 것, 우울 등의 심리정서적인 것, 영적인 것 등 나태 자체의 폐해도 심각하지만 나태로 인해 발생되는 문제는 매우 다양하다.

이를테면, 나태는 몸을 움직이려고 하지 않기 때문에 해야 할 일을 제때 하지 않고 지연하는 것이 문제인데, 이로 인한 운동부족은 신체 비만의 원인이 될 수 있다. 비만은 만병의 근원으로서 대사증후군(代謝症候群, metabolic syndrome)을 야기한다. 움직이지 않음으로써 발생할 수 있는 고혈압, 당뇨, 심혈관질환 등은 인간의 생명을 단축시키는 질병이 아닐 수 없다. 그렇다면, 결국 나태가 인간의 생명을 갉아먹는 좀과 같은 것이라고 할 수 있다.

게으른 사람이 움직이지 않는 것에 대해서 잠언에는 "문짝이 돌쩌귀를 따라서 도는 것 같이 게으른 자는 침상에서 도느니라"(잠 26:14)고 기록되어 있는데, 그 뜻은 게으른 사람은 눕는 것을 좋아하고 대부분 동선이 짧아 자신의 침상에서 시간을 보내게 된다는 것이다.

영국의 의학 정기간행물 「랜싯」(Lancet, 2012)지에 발표된 자료에 따르면, 세계에서 가장 나태한 국가와 국민 1위는 지중해의 섬나라인 몰타(Malta)이다. 2위는 스위스, 3위는 사우디아라비아가 꼽혔다. 「랜싯」의 분석에 따르면, 몰타 국민 전체 사망자 가운데 19.2%가 신체적 활동부족과 관련있었다.

나태는 신체적 폐해와 심리정서적 질환의 원인이라는 사실에 대해서 미국 유니언(Union)대학교 심리학과 교수 해롤드 브룸필드(Harold H. Bloomfield, 1944-)가 밝힌 바 있는데, 특히 그는 나태와 우울 간의 관계를 연구하여 "우울증의 대표적인 증상은 나태"라는 연구 결과를 발표했다.

우울한 사람이 나태한 사람이 되기 쉽고, 나태한 사람이 우울증에 노출될 수 있다는 것으로 우울과 나태는 상관관계에 있다는 의미이다. 이는 리트의 분석이기도 하며, 기독교상담학자 하워드 스톤(Howard W. Stone)도 동일한 입장을 내놓았다. 스톤은 자신의 오랜 상담 경험을 바탕으로 '나태와 우울증, 이 둘은 한 짝'이라고 이해했다.

교회는 전통적으로 나태를 일컬어 '영혼의 어두움'이라는 별명으로 불렀는데, 어두움(melan)이 바로 우울증(melancholy)이므로 나태나 우울이나 동일 맥락이라고 할 수 있다. 그리고 '대부분의 나태한 내담자들에게서 발견되는 공통점이 있는데 그것은 상담자가 그들에게 변화를 요청해도 그들은 나태로 인해 변화, 개선하려는 의지와 열정을 가지고 있지 않기 때문에 상담 효과를 보기가 어렵다는 것이다. 나태한 사람의 정신은 맑고, 밝고, 건전하고, 활기찰 리가 없다. 정신건강을 위해서라도 나태는 반드시 배척되어야 할 성품이다.

8. 나태에서 벗어나기

게으름에 빠지고 나태한 사람은 마치 자신의 어깨에 무거운 물체를 짊어지고 있는 것 같아서 쉽고 빨리 움직이지 못한다. 나태는 실제 자신의 어깨를 누르는 큰 물체보다도 더 무거운 심리적인 압력이다. 벤자민 프랭클린(Benjamin Franklin)이 "게으름과 나태는 쇠붙이 같다"고 비유한 바 있듯이 나태의 습성을 벗어내기가 여간 어려운 것이 아니다.

「조선일보」의 보도(2013년 7월 24일자)에 따르면, 성인 남녀 1,594명을 대상으로 분석한 결과, 자신이 꼭 고치기를 바라는 습관 1위가 나태로 68.1%로 나타났다. 즉 10명 중 7명 정도가 '자신의 나태 습관을 고치고 싶다'고 밝힌 것이다. 연령대별로는 20대와 30대의 경우, '나태 습관을 고치고 싶다'는 응답자가 각각 70.8%와 66.2%로 40대(45.3%)에 비해 훨씬 많았으며, 성별로는 여성이 73.6%, 남성이 57.9%로 나타났다. 스캇 펙은 심리적으로 가장 문제가 되는 것은 '자신이 나태한 줄 모르는 나태한 사람'이라고 보았는데, 많은 사람이 자신의 나태 습관을 알고 있는 것 같다.

옥스퍼드(Oxford)대학교에서 행동분석학 박사학위를 취득한 멍화린(孟華琳)은 『10일 안에 변신하기』(終極突破: 10天改變一生)에서 부정적인 정서 10가지를 하루에 하나씩 극복하여 10일 만에 변신하는 방법을 설명했다. 그 가운데 나태는 '불안한 마음이 만드는 핑계'라고 부제를 붙여 이것도 하루에 변화될 수 있는 것으로 보았다. 하지만 이것은 '상업성을 의식한 속임수'라고 볼 수밖에 없다. '나태를 바꾸어야 한다'는 것은 매우 단순한 말이지만 반복하여 익숙해진 나태를 하루에 바꾸는 것은 매우 어려운 일이다. 대부분의 사람들은 게으름과 나태를 하나의 '습관'으로 이해하고 있다.

학교에서 지각이 잦은 학생들을 살펴보면 집이 멀어서 지각하는 경우도 있지만 대부분은 나태하여 습관적으로 지각하는 경우가 많다. 이것은 사고의 구조이다. 그런 학생은 집이 학교 안에 있어도 지각할 것이다. 나태는 일종의 삶의 태도이고 습관이므로 '일을 미루고, 미적대고, 빈둥거리는 것을 반복하여 생긴 성격'이라고 할 수 있다. 제이 아담스(Jay E. Adams)는 "삶의 방식이란 습관을 의미한다"고 주장했다. 그렇기 때문에 훌륭한 습관이 자신을 지배하도록 해야 훌륭한 삶을 살 수 있는 것이다.

나태를 극복하기 위해서는 늘 성실하고 부지런한 사람과 함께 있는 것이 좋다. '근묵자흑'(近墨者黑)이라는 사자성어가 있는데, 그 뜻은 '붓글씨를 쓸 때 사용하는 먹을 가까이하면 먹이 묻게 된다'는 의미이다. 즉, 놀기 좋아하는 사람과 가까이하면 놀기 좋아하는 사람이 되고, 나태한 사람과 가까이하면 게으른 사람이 되는 것은 당연한 이치이다. 그렇기 때문에 나태를 고치기 위해서는 게으른 친구들과의 관계를 끊고 부지런한 친구들을 사귀어야 한다. 찬송가 342장의 가사 가운데 "네 친구를 삼가 잘 선택하고 너 언행을 삼가 늘 조심하라"는 내용은 우리에게 나태와 관련하여 우리에게 시사하는 바가 많다.

삶의 분명한 목표 수립

나태는 행동의 문제처럼 보이지만 근본적으로 생각의 문제이다. 따라서 나태의 근본 원인을 제거하기 위해서는 먼저 생각을 바꾸어야 한다. 나태를 극복하는 의미 있는 방법 가운데 하나는 삶의 목표를 분명히 정하고 그것을 실현하려고 노력하는 것이다. 물론, 나태에서 벗어나려는 노력과 목표를 수립하고 그것을 행동으로 옮기는 것이 말처럼 쉬운 것은 아니다. 하지만 자신이 추구해야 할 가치와 성취해야 할 목표가 무엇인지를 분명히 정하고, 그 푯대(목표)를 향해 한 걸음씩 꾸준히 나아가는 것이야 말로 나태를 극복하는 지름길이다. 목표가 있고, 그 목표가 명확하면 그 목표를 추구하려는 생각이 발생된다.

마틴 셀리그만(Martin Seligman)과 더불어 긍정의 심리학(positive psychology)을 창시한 심리학자이며, 클레아몬트(Clearmont)대학교 교수 미하이 칙센트미하이(Mihaly Csikszentmihalyi)도 "목표가 없는 사람이 나태하고, 무기력해진다"고 주장했다. 하지만 지나치게 큰 목표는 그것에 이르려는 노력을 해보기도 전에 지레 겁을 먹고 포기할 수 있으므로 실현 가능성이 높은 목표를 수립해야 한다. 큰 목표를 잘게 자른 것을 계획이라고 한다. 그러므로 거창한 목표를 세우기보다는 달성할 수 있는 목표수립과 아울러 그날그날 실행 가능한 구체적인 계획을 세우고 행동으로 옮기는 것이 나태를 막는 방법이다.

또 계획을 잘 실행하여 결국 목표에 이르기 위한 소소하지만 중요한 방법은 마감 시간, 마감 기일을 설정하는 것이다. 그렇게 되면 다소 심리적 부담을 느끼게 되기는 하지만 일을 무한정 미루는 것을 막게 된다. 이럴 경우에도 자신의 능력을 잘 분석하여 실현 가능성을 고려하여 마감일을 수립해야 할 것이다.

바로 '지금' 할 것!

나태의 특성은 당연히 해야 할 일을 뒤로 미루는 것인 만큼 '미루는 것을 줄이면 나태가 줄어든다'고 볼 수 있다. 한 시간에 할 수 있는 것을 두 시간 후로 미루고, 두 시간에 할 수 있는 것을 내일로 미루고, 오늘 할 수 있는 것을 다음 주로 미루면 나중에 그 일을 하려고 할 때는 상황이 변하고, 마음이 변하여 할 수 없게 되는 일이 많이 발생한다.

게으름과 나태가 '미룸'으로 나타나는 경우를 잘 설명한 학자가 있다. 심리학자 윌리암 너스(William J. Knaus)는 30년 이상 나태에 대하여 집중적으로 연구하여 상당한 임상경험을 가지고 있는 심리학 박사이다. 그는 합리적 정서행동치료(REBT: Rational Emotive Behavioral Therapy) 전문기관인 '알버트 엘리스 연구소'에서 교육훈련 이사를 역임했다.

윌리암 너스는 합리적 정서행동치료를 창안한 알버트 엘리스(Albert Ellis)와 함께 『미루는 버릇을 극복하기』(Overcoming Procrastination)라는 책을 썼는데, 여기서 모든 형태의 미룸은 기본적으로 '내일에 대한 환상' 때문이라고 분석했다. 그 미룸이 다른 사람에게 특별히 피해가 되지 않을 뿐더러, 지금 잠깐 미루어도 나중에 더 잘할 수 있으리라는 착각 때문에 나태가 나타난다고 볼 수 있다. 하지만 "미루는 습관이 있는 사람에게 훌륭하게 보장된 내일은 결코 있을 수 없다"고 너스는 강조했다. 지금 할 수 있는 것을 미루면 나중에는 상황이 달라져서 그 일을 할 수 없게 되는 경우가 많다. 너스는 미룸의 정체성을 다음과 같이 설명했다.

> 나는 여러 가지 다른 모습을 갖고 있다. 때로는 명확하게 모습을 드러내기도 하고, 때로는 조용히 숨어 있기도 한다. 그렇게 언제까지나 함께 있으면서 당신이 만만하게 보일 때 언제라도 끼어들려고 만반의 준비를 하

고 있다. 나에게는 당신의 인생을 지배할 수 있는 힘이 있으며, 당신이 피하려고 하면 할수록 나는 더 강해진다. 당신이 나를 어쩌다 한 번 이긴다 해도, 당신이 눈치 채지 못하는 사이에 나는 다시 돌아온다. 나는 몇 번이라도 계속해서 당신의 인생을 흐트러뜨릴 수 있는 힘이 있다. 나는 바로 미룸이라는 습관이다.

너스는 "미룸의 습관은 언제든지 인생을 지배할 수 있으며, 인생을 파괴하는 힘이 있다"고 보았다.

미루는 것은 그 사람의 성격적 특성일 수 있는데, 대체로 낙관적 인생관을 가진 사람들이 미루는 것에 익숙하다. 흔히 게으름을 피우면서도 천하태평한 사람들은 낙관주의를 가진 사람이다. 이런 사람들은 '때가 되면 잘 될 거야!'라는 막연하고도 안일한 생각을 가지고 있다. 이런 사람은 급한 일이 생기거나 반드시 뭔가를 처리해야 할 상황에도 '괜찮아, 어떻게든 되겠지…'라는 지나친 낙관적인 생각을 가지며, 일에 대한 계획이나 목표가 없거나 지연시킨다.

나태와 지연 및 속도 간에는 많은 관련성이 있다. 느림이 곧 나태라고 단정할 수는 없을 것이다. 이를테면, 달팽이처럼 느려도 나태하지 않는 사람이 있을 수 있기 때문이다. 하지만 느림이 나태로 이어질 가능성은 매우 높다.

나태는 '지연함으로써 정신이 녹스는 것과 같다'고 비유할 수 있다. 즉 쇠를 사용하지 않고 창고에 처박아 두어 녹슬어 버리는 것과 같다고 할 수 있다. 녹슨 장비는 제 기능을 발휘할 수 없듯이 녹슨 것에 비유되는 나태한 사람은 어디서도 제구실을 할 수가 없다. 항상 부지런하게 사용하는 쇠는 반짝반짝 빛나는 법이다. 이런 정신상태에서 통찰력과 빛나는 아이디어와 열정이 생기며, 그것이 결국 그 사람의 인생도 빛나게 한다.

프랑스 속담에 "부지런한 자의 일주일은 7일이고, 게으른 자의 일주일은 7개의 내일이다"라는 말이 있다. 이 뜻은 '나태한 자는 내일만 바라보면서 일을 지연시키고 미루거나 책임을 회피한다'는 의미이다. 현재를 영어로 'present'(프레전트)라고 한다. 'present'의 또 다른 뜻은 '선물'이다. 지금을 사는 것은 하나님으로부터 우리가 부여받은 선물과 같기 때문에 이 두 단어는 같은 의미일 수 있다.

한국대학생선교회(CCC) 대표를 지냈던 김준곤(1925-2009) 목사가 쓴 『예수 칼럼』에 보면, '마귀들의 회의'라는 동화 같은 이야기가 소개되고 있다. 전 세계적으로 흩어져 있는 마귀들이 한 자리에 모여서 '어떻게 하면 예수 믿는 사람들을 쓰러뜨리고, 신앙생활을 못하게 방해를 할 것인가'에 대한 회의를 했다. 한 젊은 마귀가 자신에게 좋은 의견이 있다며 이렇게 제안을 했다.

"예수 믿는 사람을 아프게 해서 병원 입원시킵시다. 그러면 아파서 아무것도 못할 테니까…."

그러나 사회를 보던 회장 마귀가 말했다.

"그것은 안 돼! 예수 믿는 사람들은 몸이 아프면 더 기도하고, 더 성경을 읽고, 신앙이 더 성숙하게 되서 안 돼!"

다른 마귀가 제안했다.

"그러면 예수 믿는 사람의 마음속에 욕심을 집어넣어서 그것으로 사건을 일으키게 하고, 교도소에 처넣읍시다."

"에이, 그것도 안 돼! 네가 잘 몰라서 그러는데, 예수 믿는 사람은 그런 일이 생기면 눈물 흘리면서 잘못을 회개하고, 더 바르게 살려고 결심하고, 신앙이 더 성장하기 때문에 그것도 안 돼!"

그때 아주 경험 많은 노련한 마귀가 손을 들고 좋은 생각이 있다며 의견을 제시했다.

"예수 믿는 사람에게 기도하도록 합시다. 열심히 기도하도록 합시다. 그리고 열심히 전도하도록 합시다. 까짓것 성경 열심히 읽도록 내버려 둡

시다. 봉사하도록 해도 괜찮습니다. 그러나 그들의 마음속에 '내일 하자!' 는 마음을 집어 넣읍시다."

그것이 채택되어 오늘날까지 마귀가 신자들을 쓰러뜨리는 비법이 되었다고 한다. 그래서 우리에게 제일 위협적인 것이 바로 '내일 마귀'이며, 내일 마귀는 우리의 생각 속에 슬며시 나태를 심어놓고 도망간다.

영국의 경건한 신자이며, 케임브리지(Cambridge)대학교 교수를 지낸 C. S. 루이스(Clive S. Lewis)가 쓴 책『스크루테이프의 편지』(The Screwtape Letters)에도 이와 유사한 내용이 있다. 이 책은 '스크루테이프'라는 삼촌 마귀가 경험이 부족한 조카 마귀 '웜우드'에게 어떻게 하면 기독교 신앙을 무너뜨릴 수 있을지 그 전략전술을 설명해 주는 내용이다. 6번째 편지에서 삼촌 마귀가 조카 마귀에게 이렇게 가르쳐 준다.

"예수 믿는 사람에게 현재를 소홀히 여기게 하고 자꾸 미래를 생각하게 해! 그게 예수 믿는 사람들을 쓰러뜨리는 아주 훌륭한 방법이야!"

'다음에 하자!'고 하면서 현재를 소홀히 넘어가게 만드는 것, 이게 사탄의 전략전술이다. 성경말씀을 읽다가 은혜 받고 새로운 결심이 서면 바로 시행하는 것이 좋다. 또 말씀을 통해 경고를 받았으면 곧바로 회개해야 된다.

성경에 "그러므로 우리는 들은 것에 더욱 유념함으로 우리가 흘러 떠내려가지 않도록 함이 마땅하니라"(히 2:1)는 말씀이 있다. 여기서 '흘러 떠내려간다'는 말은 헬라어 의미로 보면 '소리없이 슬쩍 넘어가거나 사라진다'는 뜻이다. 말씀을 듣고, '깨닫고,' '결심하고,' '아멘!' 했지만 그것을 '다음에 하자'고 하거나 소리없이 슬쩍 못들은 척하고 넘어가면 그 결심이 흐지부지 되버린다. 오늘부터 시작하고, 지금부터 시작하면 나태를 몰아낼 수 있다.

어떤 육군 군목이 한 부대에서 3년간 근무한 적이 있었다. 이 군목은 한 병사가 신병으로 그 부대에 전입을 와서 제대하는 모습까지 지켜보게 되었다. 이 병사가 이등병 때 군목이 그에게 "교회 나오라!"고 전도를 했다. 그랬더니, 그 병사는 군목에게 이해를 구하며 말했다.

"목사님, 제가 지금은 신병이고 고참들 눈치봐야 해서 교회에 나가기가 어렵습니다. 제가 일병이 되면 여유가 생기는데, 그때 꼭 교회에 나가겠습니다."

그 병사가 일병이 되었을 때 군목은 다시 그 병사에게 "이제 일병이 되었으니 교회에 나오라!"고 전도를 했더니, 그 병사가 말했다.

"목사님, 일병이 생활관에서 제일 바쁜 거 아시지요? 지금 제가 제일 바쁠 때라 교회에 나가기가 힘들어요. 상병이 되면 그때 꼭 교회 나가겠습니다."

그 병사가 상병이 되었다. 군목이 그 병사에게 "이제 상병이 되었으니 교회에 나와야지!"라고 말했더니, 그 병사는 이렇게 말했다.

"목사님 선임이 제대를 하여 제가 후임병사들에게 업무를 가르쳐 줘야 해서 너무 바쁩니다. 병장이 되면 그때 반드시 고회에 나가겠습니다!"

그 병사가 병장이 되었을 때 군목은 여전히 "교회에 나오라!"고 전도를 했다. 그러자 그 병사는 "병장으로서 하급자들을 통제해야 하기 때문에 생활관을 비울 수가 없습니다"라고 말했다.

결국, 그 병사는 교회에 한 번도 나와 보지 못하고 제대하게 되었다. 아마 사회 나가서 어떤 사람이 그에게 전도한다면 "지금은 직장이 없어서…," "지금은 신입사원이라…," "지금은 업무가 많아서…" 이런 저런 핑계로 교회에 나가지 않을 것이다. 단테의 말대로 "나태한 자는 늘 미루는 삶을 살다가 죽을 때까지 회개하는 일조차 미루고 멸망을 당하게 된다"는 말은 틀린 말이 아닐 것이다.

어떤 학생은 "제가 졸업만 하면 그때…"라고 핑계를 대는데, 그 학생은 졸업해도 마찬가지일 것이다.

학교에서 못하는 사람이 사회에 나가서 무슨 획기적인 일을 하겠는가?

"제가 지금은 집사라서 그렇지요, 장로안수만 받으면 그때…," "제가 기도할 시간이 없어서 그런데요 시간이 나면 그때…" 이렇게 말하는 사람은 시간이 나도 기도하지 않을 것이다. 지금 없는 시간을 쪼개어 잠시라도 기도하는 것이 중요하다. "지금은 돈이 없어서 그렇지요. 제가 돈 벌면 그때…"라고 돈이 없는 것을 핑계로 삼는 것이 아니라, 없는 가운데서 조금이라도 지금 하는 사람이 나중에도 할 수 있는 사람이다. "지금 제가 몸이 안 좋아서 그런데요, 몸이 좋아지면 그때…" 이런 말은 모두 허풍이다. 물론, 악의는 없을지라도 결국 거짓말일 수 있고, 자신과 상대방을 속이는 말이 된다.

어떤 작자 미상의 시는 우리에게 많은 것을 깨닫게 한다. 그 시의 제목은 <지금 하십시오>라는 것이다.

> 할 일이 생각나거든 지금 하십시오!
> 오늘 하늘은 맑지만 내일은 구름이 보일런지 모릅니다.
> 친절한 말 한마디가 생각나거든 지금 말하십시오.
> 내일은 당신의 것이 안 될지도 모릅니다.
> 사랑하는 사람은 언제나 곁에 있지 않습니다.
> 사랑의 말이 있다면 지금 하십시오.
> 미소를 짓고 싶거든 지금 웃어주십시오!
> 당신의 친구가 떠나기 전에 장미는 피고
> 가슴이 설레일 때 지금 당신의 미소를 주십시오.
> 불러야 할 노래가 있다면 지금 부르십시오.
> 해가 저물면 노래 부르기엔 너무나 늦습니다.
> 당신의 노래를 지금 부르십시오.

'앞으로 성실하게 잘 하겠다'는 생각보다 '자신의 인생에서 성실하게 살 수 있는 기회가 지금밖에 없다'고 생각하고, 지금 성실하게 살아야 한다. 앞으로 사랑할 생각을 하지 말고, '내 인생에서 사랑할 수 있는 순간이 지금밖에 없다'고 생각하고 지금 사랑해야 한다. 앞으로 공부 열심히 할 생각하지 말고, '내 인생에 공부할 수 있는 기회가 지금밖에 없다'고 생각하고 열심히 공부해야 한다. '앞으로 기도 잘 하겠다'는 말은 소용없다. '앞으로 전도 잘 하겠다'는 말에 스스로 속아서는 안 된다. '앞으로 봉사 잘 하겠다'는 말은 거짓말이 될 수도 있다.

그동안 인간의 이런 말에 하나님이 얼마나 많이 속으셨을까?

우리는 더 이상 이런 말로 자신을 속이거나 위로받지 말아야 한다. 지금 이 순간을 성실하게 살아 온 사람에게 주어지는 것이 밝은 미래이다. 성실한 오늘을 살지 못한 사람에게는 미래가 보장되지 않는다. '앞으로 잘 하겠다'는 생각에 스스로 사기당해서는 안 된다. 지금 만나는 이 사람, 지금 하고 있는 이 말, 지금 이 순간을 자신의 인생에서 '가장 중요한 사람,' '가장 중요한 말,' '가장 중요한 순간'이라고 생각해야 한다.

이 세상에 가장 귀중한 세 가지 '금'이 있다. 첫째, '황금,' 둘째, '소금,' 셋째, '지금'이다. '앞으로 잘 하겠다'는 것은 나태일 수 있고 지금부터 잘 하는 것은 성실함일 수 있다. 지금 가지고 있는 것으로 봉사해야 한다. "주여! 주시옵소서! 주시면 그때 열심히 하겠습니다"라는 생각은 잘못된 기도이다. 지금 못하는 사람은 앞으로도 마찬가지일 가능성이 높다.

KBS-TV의 한 대담 방송(2002년 2월 20일 방영)에서 한 대학교수의 삶의 이야기를 방영한 일이 있었다. 이 교수는 자신이 말기 암에 걸려 하나님께 간절히 기도했다고 한다.

"하나님! 제가 지금까지 살면서 한 번도 다른 사람을 위해 살아본 적이 없었습니다. 이번 한 번만 살려주십시오! 만일 저를 살려주신다면 제가 이렇게 저렇게 하겠습니다."

그는 기도를 통해 하나님과 타협을 했다. 그런데 간절히 기도하면 할수록 마음 한구석에서 들리는 소리가 있었는데 그것은 "야! 이 놈아! 내가 네 말에 속을 줄 아느냐?"라는 것이었다. 그래서 그는 기도를 바꾸었다.

"하나님! 살려주시지 않아도 좋습니다. 지금, 선을 행하다가 지쳐 쓰러지면 그때 주님 앞에 가겠습니다. 지금 봉사할 기회를 주십시오."

그래서 자신이 불치병으로 인해 죽어 가면서도 '불쌍한 노인들,' '행려병자,' '치매에 걸려 집에서 쫓겨난 노인'들을 자신의 집에서 돌보게 되었다. 나중에는 노인들의 수가 많아져서 수십 명이 되었다. 이들에게 밥을 먹여주고, 목욕을 시켜주고, 재활을 돕는 일을 한지가 5년쯤 되어서 그는 이상하게 몸이 점점 가벼워지는 것을 느끼게 되었다.

그때서야 '자신이 말기 암환자였다'는 사실을 깨닫고 병원에 가서 다시 정밀검사를 받았다. 그런데 검진 결과 암세포가 다 없어진 것이다. 의사는 의아하여 그에게 "어떻게 된 것입니까?"라고 묻자, 그는 "기도해서 나았습니다!"라고 답변했다. 그러자 의사는 "그게 기도한다고 없어지는 게 아닌데…거 참, 이상하네요. 암튼 완치되었습니다"라는 판정을 했다. 이 교수는 공영방송인 KBS-TV에 자신의 신앙 간증을 하러 나온 것이 아니었고, 불쌍한 노인을 돕고 봉사하는 모범시민으로 표창을 받은 사례를 소개하는 내용에서 자신의 간증을 드러낸 것이었다.

'다음 기회는 없다'고 생각해야 나태를 줄일 수 있으므로, '지금 봉사하다가 죽자'는 마음으로 해야 한다. "저는 몸이 아픈데요. 건강해지면 그때 제가…"라고 말하는 사람은 건강해지면 딴짓할지도 모른다. 지금 건강하지 못하지만 죽을 각오로 일할 때 체험되는 것이 바로 치유의 은혜이다. '받으면 한다?'가 아니라 '하면 받게 될 것'이라고 믿어야 한다.

일본 와세다(早稻田)대학교 심리학과 교수 가토 다이조(加藤諦三)는 다음과 같이 말했다.

불행한 사람은 당장 편하고, 항상 나태한 쪽을 생각하며 그쪽으로 선택하려는 성향이 있는 데 반해, 행복한 사람은 당장 편하고, 나태한 쪽을 선택하지는 않는다. 힘든 것을 회피하지 않고, 수고와 책임을 통하지 않고는 행복을 찾을 수 없다.

아우렐리우스 어거스틴(Aurelius Augustine)의 『고백록』(Confessions)에 보면, 그는 성적으로 매우 방탕한 생활을 하다가 회개하고 예수를 믿게 되었다. 그는 과거 자신이 행했던 쾌락적인 생활이 가끔씩 생각이 나서 너무나 괴로워 하나님께 간절히 기도했다고 한다.

"하나님! 이 육신의 정욕으로부터 저를 지킨다는 것이 너무나 힘들고 괴로운데, 이것 좀 끊게 해주세요!"

그러다가 마음 한편에서 묘한 생각이 떠올랐는데, 그것은 '하나님! 그렇지만 지금은 아닙니다!' 라는 것이었다.

오늘은 좀 상상으로라도 쾌락을 즐기고 '내일부터 끊겠다'는 생각은 사탄에게 기회를 주는 것이다. 그것은 하나님이 원하시는 바가 아니다. '지금 안 하면 못하게 된다'는 생각을 가져야 한다. 지금 봉사하지 않으면 앞으로는 봉사할 힘이 없고, 기회가 없고, 돈이 없어서, 또는 받아주는 곳이 없어서 못할 수 있다. 지금 용서하고, 지금 용서받아야 한다. 앞으로는 용서해 줄 사람이 없어질지 모르고 상황이 어떻게 바뀔지 아무도 알 수 없다. 나태에서 벗어나기 위해서는 게으르지 않기로 결심하지 말고, 부지런 하기로 결심해야 한다.

하나님은 우리들이 나태를 극복하지 못하고 그 속에 빠져 허우적거리는 것을 원하시는 분이 아니시다. 혼자서는 나태를 완전히 물리칠 수 없다는 것을 인정하고, 도우시는 하나님의 전능하신 능력을 의지해야 한다(시 8:1-9). 사람은 누구나 이 땅에 살면서 순간순간 나태를 경험할 수 있지만, 나태를 극복하고 부지런해진 자신의 모습을 그리면서 극복해 나가야 할 것이다.

제5장

음욕: 결코 만족이 없는 욕구

'사막의 수도사'로 알려진 에바그리우스 폰티쿠스(Evagrius Ponticus)는 "성생활을 포기하는 것이 하나님과의 깊은 체험으로 인도하는 삶"이라고 주장했다. 그가 수도사였다는 것을 생각한다면 이 말은 이해가 되는 말이지만, 경건생활을 위해 성 생활을 포기해야 한다는 금욕적인 주장은 오늘날 받아들일 사람도 없겠지만, 받아들이기에 매우 어려운 요구이다. 사실, '성'(性, sex, gender)은 하나님께서 인간에게 주신 귀한 선물이므로 그 자체는 죄가 될 수 없다. 문제는 잘못된 성욕, 즉 음욕과 그에 의해 발생된 및 잘못된 성행동이다. 성은 하나님이 인간에게 명령하신 생육하고 번성하는 일을 하도록 하는 중요한 방편이며, 성욕은 그것을 이루는 원동력(energe)이라고 할 수 있다.

유세비우스 제롬(Eusebius Jerome, 345-419)은 음욕이 타오를 때면 이를 극복하기 위해 자신의 가슴을 치면서 냉수에 뛰어들어 이 감정을 식히려고 노력했고, 이탈리아의 수도원장 베네딕투스(Benedictus)는 음욕이 생길 때마다 가시밭에 굴러서 이런 생각을 극복했다는 기록이 있다.

성욕과 그로 말미암는 쾌락은 하나님이 설계하시고 인간에게 허락하신 아름다운 것임에 틀림없다. 그럼에도 불구하고 육체적인 욕망과 쾌락이 인간의 잘못된 욕심으로 나아가게 될 때 음욕으로 변질되어 죄의 원동력이 된다.

폰티쿠스는 경건하게 살고자 하는 신자들이 반드시 직면하게 되는 죄의 유혹이 있는데, 그것이 바로 '음욕'이라고 했다. 폰티쿠스가 금욕주의적인 수도사의 삶을 살았기 때문에 음욕에 관해서 더 예민하게 반응했을 수 있지만 이는 단지 수도사들에게만 문제가 되는 것이 아니라 경건하게 살고자 하는 모든 사람이 직면하는 문제이고, 유혹이고, 덫이며, 함정임에 틀림없다.

성과 관련된 주제는 입 밖에 내기도 쑥스럽고, 다루기가 매우 힘들고 불편한 주제이다. 성문제는 우리 사회에서 이른바 '금기'(taboo)로 여겨지며, 가능하면 이에 관한 말을 꺼내지 않고, 이것을 화두로 삼지 않으며, 공개하지 않는 것이 미덕인 상황이 되었다. 이를 영어 표기로 'DADT'(Don't Ask, Don't Tell: 묻지도 말고, 말하지도 말라)라고 한다. 이는 1990년대 초반 미국에서 시행된 성소수자의 군 복무, 그들의 자기 폭로(coming out)와 관련하여 용어화된 것이다. 그러나 밝은 곳, 성스러운 곳에서 성을 묻고, 성을 말하고, 성을 다루지 않으면 결국 어두운 곳, 더러운 곳에서 잘못된 성을 다루게 될 수밖에 없을 것이다.

1. 보는 것에서 시작되는 음욕

'음욕'이란 자신의 음란한 욕구를 충족하려는 생각을 의미하고, '욕정'은 충동적으로 일어나는 음욕을 의미한다고 볼 때 두 단어는 서로 '사촌 간'이라고 할 수 있다. 음심, 음욕, 욕정, 성욕 등으로부터 간음이 발생하게 되는데, '간음'은 국어사전에 보면 '부부가 아닌 남녀가 성적 관계를 갖는 것,' 구체적으로는 '혼전 성관계,' '혼외 성관계'를 비롯하여 모든 잘못된 성적 행위를 포함하는 말로 정의된다.

음란(淫亂)은 '음탕하고 난잡함'이라는 뜻이며, 한자에서 '음란할

음'(淫), '어지러울 란'(亂)으로 사용한다. 음란은 성에 대해서 부도덕하고, 문란하고, 남용하는 포괄적이며 광범위한 생각과 행동을 일컫는 개념이라고 할 수 있다. 근래 사회적으로 심각한 문제가 되고 있는 '성폭행,' '성폭력,' '성추행,' '성희롱,' '성학대,' '성중독' 등 다양한 성적 문제들은 모두 '음란'과 '음욕'을 행동으로 옮기는 문제라고 할 수 있다.

'간음,' '음란' 등은 단순히 육체적인 개념뿐만이 아니라 종교적, 영적 측면에서도 사용된다. 성경은 이스라엘 백성들이 하나님과 맺은 계약관계를 져버리고, 우상숭배 등으로 자신을 더럽히고 하나님을 멀리 떠나 불의를 행하는 영적인 문제를 일컬어 "간음"이라고 표현했다.

종교개혁자 존 녹스(John Knox, 1513-1572)는 스코틀랜드에서 당시 타락한 로마 가톨릭교회를 향해 담대하게 "로마교회는 창녀다. 교리든 관습이든 온갖 영적인 간음으로 더럽혀져 있다. 만약 회개치 않으면 교황은 심판을 면하지 못할 것이다"라는 말을 하여 감옥에 갇힌 일이 있었다. 교회가 사람이 아니므로 '간음을 한다'는 것은 사리에 맞지 않는 표현 같지만 교회가 우상숭배를 하고 정치와 야합을 하는 것을 성적 타락으로 이해하여 '간음'이라고 표현한 것이었다.

2. 성경에 나타난 음란

예수 그리스도께서 "음욕을 품고 여자를 보는 자마다 마음에 이미 간음하였느니라"(마 5:28)고 말씀하셨다. 여기서 "여자를 보는 자마다"라는 구절로 인해 이 말씀이 남성에게만 해당되는 말씀으로 들릴 수 있다. 물론 여성에 비해 남성이 성적 욕구, 욕정이 월등히 많기 때문에 틀림없이 남성을 지칭한 말씀이기는 하지만 이 말씀이 '여성은 예외로 한다'는 의미가 아니다. 이는 통유성(通有性)을 내포하여 남성이든 여성이든 모두에게 해당되는 말씀이라고 이해해야 한다.

'음욕을 품고 사람을 보는 자는 마음에 이미 간음했다'고 함으로써 아직 행위로 나타난 죄가 아님에도 불구하고 성적인 욕구를 가진 상태만으로 이미 죄를 판정하는 것을 현대 상담심리학 용어로 '사고-행위 융합'(Thought-Action Fusion)이라고 한다. 즉, '생각이나 행위가 동일하다'는 의미이다. 성경은 '행위로 나타난 결과만을 중요시하지 않고 그 마음의 동기가 중요하다'는 것을 말씀하고 있다. 이 세상의 법은 행위로 드러난 사실만을 판단하지만 '하나님의 법은 인간의 마음속에 있는 죄악된 생각을 감찰(꿰뚫어 봄)하시고 판단하신다'는 말씀이다.

'남성이 여성을 보고 음욕만 가져도 음행한 것과 같다'는 말씀은 다소 지나치게 느껴지기도 한다. 여기서 문제는 '본다'는 것이다. '본다'는 말은 헬라어로 '블레포'(βλημπω)라고 하는데, 이것은 영어로 'watch'와 같은 개념이다. 즉 영어에서 '본다'는 단어는 'see'와 'watch'가 있는데, 'see'는 단순히 눈에 띈 것, 즉 보이니까 보는 것이라면 'watch'는 특정한 의도를 가지고 유심히 살펴보는 것을 의미한다. 남녀가 함께 사는 이 세상은 절반이 남성이고 절반이 여성인으로 남녀가 이성을 서로 보지 않고는 살 수가 없다. 아름답게 생긴 여성이나 멋있는 남성이 지나갈 때 눈에 보여서 보는 (see) 것이야 어쩔 수 없는 일이다. 하지만 음욕을 품고 성적인 상상을 하면서 세심히 꿰뚫어 본다면 그것은 'watch'에 해당하는 것이다.

이를테면, 한 남성이 길거리를 지나가다가 자신 쪽으로 걸어오는 여성과 마주쳤을 때 너무나 아름다워서 순간적으로 "와! 참 예쁘다!"라고 생각하는 것은 남성으로서 어쩔 수 없는 심리라고 할 수 있다. 주님께서 이것을 음란으로 정죄하시면서 이런 정서 자체를 금하신 것은 절대 아니다. 아름답고 예쁜 여성을 보고 '아름답지 않다,' '예쁘지 않다'라고 애써 부정하거나 감정을 속일 필요는 없다. 그렇다면, 오히려 그것은 정서적으로 잘못된 것일 수도 있다.

하지만 지나가는 모습을 다시 한 번 뒤돌아보면서 그 여성의 아름다움을 감상하며 '한번 안아 봤으면 좋겠다'라고 적극적으로 성적인 상상을 한다면 이것은 문제가 되는 것이다. 이처럼 '마음속에 적극적 상상을 가지고 보는(watch) 것이 죄가 된다'는 의미이다. 어쩌다가 실수로 음란 사이트에 접속되었다면 'see'이지만, 의도를 가지고 찾아서 접속하여 보았다면 그것은 'watch'인 셈이다.

남성은 여성보다도 관음증(peeping Tom, voyeurism), 즉 다른 사람의 성(性)을 몰래 엿보는 현상이 훨씬 더 많은데 '모든 성문제가 여기서부터 시작된다'고 볼 수 있다. 욥은 "내가 내 눈과 약속하였나니 어찌 처녀에게 주목하랴"(욥 31:1)고 하면서 '스스로 음욕을 가지고 여성을 쳐다보지 않겠다'는 서약을 한 바 있다. 이 구절을 요즘 말로 "나는 내 눈과 약속했는데, 내가 어떻게 인터넷 포르노그래피에 주목할 수 있을까?"라고 이해해도 신학적으로 틀린 의미는 아니라고 할 수 있다.

그런가 하면, 다윗의 경우 보는 문제로 인해서 음욕을 주체하지 못해 간음한 사건이 발생했었다.

> 저녁 때에 다윗이 그의 침상에서 일어나 왕궁 옥상에서 거닐다가 그 곳에서 보니 한 여인이 목욕을 하는데 심히 아름다워 보이는지라(삼하 11:2).

다윗은 한 여성의 목욕 장면을 목격하게 되었는데, 이때 온갖 성적 상상을 하며 불순한 의도를 가지고 몰두하여 보는 잘못을 저질렀다. 여기서 '보이는지라'는 히브리어로 '라아'(ראה)라고 표기되어 있는데, 이것은 단순히 눈에 띄어서 보는 것 이상의 의미로서 '확인하다,' '살펴보다,' '주목하다' 등의 의미이다.

다윗이 목욕하는 여성을 쳐다보는 시점은 저녁 때 석양 무렵이었는데 가로등도 없었을 때 도대체 얼마나 (집중하여) 보았으면 왕궁에서 먼

거리에 있는 여성의 나신(nude)을 보고 "심히 아름다워 보였다"고 기록했을까?

아마도 다윗은 숨을 죽이고, 눈을 크게 뜨고, 눈의 조리개 기능을 면밀히 작동하여 밧세바의 나체를 유심히 쳐다봤을 것이 분명하다. 에덴동산에서 선악과를 본 아담과 이브가 그 과일을 보고 먹음직스럽고, 보암직스럽고, 행복하게 할 만큼 탐스럽게 느꼈던 그런 느낌을 다윗도 가졌을지 모른다. 이런 것을 '육신의 정욕', '이생의 자랑', '안목의 정욕'(요일 2:16)이라 할 수 있다. 나중에 다윗이 "내 눈을 돌이켜 허탄한 것을 보지 말게 하시고…"(시 119:36-37)라고 기도한 것으로 보아 그가 충분히 회개한 것으로 볼 수 있다. 이렇게 회개할 일 자체를 만들지 않는 것이 좋은 것이다. 다윗과 같은 왕도 이런 실수를 범하는 것을 볼 때 이 유혹은 매우 강력하며, 남성들이 극복하기에 매우 강적임에 틀림없다.

성적인 문제는 개인을 파괴하고 가정을 파탄에 이르게 하며, 자신이 속해 있는 공동체를 좌절하게 만든다. 인류 역사를 살펴보면, 개인과 공동체 그리고 나라가 망하게 되는 원인 중에 빼놓을 수 없는 것이 바로 '성적인 타락'이었다. 개인이 '완전히 성적인 유혹으로부터 단절되어 살아간다'는 것은 불가능한 일일 수 있다. 하지만 성적 상상으로부터 성적인 문제가 발생하고 그 쾌락의 끝에는 하나님의 고통스런 심판이 기다리고 있다.

다윗은 어떻게 하다가 이렇게 성적으로 타락했을까?

그것을 이해하기 위해서는 그 배경에 주목할 필요가 있다. 당시 이스라엘은 태평성대를 이루던 때였다. 다윗은 계속되는 전쟁에서 승리하여 의기양양하게 되었고, 왕으로서 백성들의 전폭적인 지지와 신임을 받았던 때였다. 다윗은 모든 상황이 걱정할 것 없고 평안하게 되자, 신앙적으로 나태해지게 되었다. 이것은 대부분의 인간이 경험하는 구조라고 할 수 있다. 누구라도 돈 걱정도 없고, 사업도 잘 되고, 자식 걱정도 없어지면 열심히 다니던 새벽기도도 살짝 놓게 되고, 기도시간도 줄어드는 등 신앙이나 생활이 나태해지게 된다.

　다윗은 태평성대의 시기를 살다 보니 몸도 마음도 긴장이 풀어지게 되었다. 그의 생각과 삶이 느슨해지면서 죄에 대한 경계도 느슨해진 것이다. 사무엘하 11장을 유심히 보면, 다윗에게 문제가 많이 발견된다.

　첫째, 다윗은 '저녁 해 떨어질 때 침상에서 일어났다'고 기록되었다. 저녁에 잠을 자고 아침에 일어나는 것이 정상적인 생활양식인데 다윗은 빈둥거리며 낮잠이나 자다가 저녁에 일어난 것이다.

　둘째, 지금 전쟁 상황으로서 바쁘고, 중요한 시기에 옥상이나 거닐고 있었던 것이다.

　상담사례들을 분석해 보면, 음욕은 삶에 대한 목적의식이 희미해지고 삶에 소망이 없을 때, 더 이상 무엇인가 성취해야 할 목표가 없을 때, 삶이 무료해질 때, '자신이 성공했다'고 생각하고 그것을 과시하고 싶을 때, 스트레스가 많아서 그것을 해소하고 삶의 활력을 얻고 싶을 때 주로 나타나게 된다. 남성들은 성공하고, 돈이 있고, 한가한 시간이 많으면 많을수록 음욕적인 생각에 빠질 위험성이 많아지게 된다. 그래서 C. S. 루이스(Clive S. Lewis)는 "인간의 내적 세계가 황량하고, 삶이 냉랭하고, 지루하고, 허전할 때가 성적 유혹은 훨씬 강력하게 작용할 가능성이 높다"고 했다.

3. 시험-유혹에 빠지는 단계

성경주석학자 루실 솔렌버거(Lucille Sollenberger)는 "인간이 성적인 유혹을 비롯하여 모든 죄의 유혹에 빠지는 진행과정이 있다"고 분석한 바 있다.

제1단계: 호기심

죄악에 대한 호기심을 갖는 것으로부터 모든 문제가 시작된다. 호기심이 발동하는 것은 순간적일 수 있지만 죄의 첫걸음이라는 면에서 호기심은 상당히 무서운 것이다. 죄악된 호기심이 아담을 타락시켰고, 다윗 왕을 무너뜨렸으며, 오늘날 우리를 죄악의 늪에 빠뜨리려고 유혹하고 있다. 크리스토퍼 사이크스(Christopher Sykes)는 "모든 사람은 크고 작은 차이만 있을 뿐, 음란한 호기심과 욕정에서 자유로운 사람은 한 사람도 없다"고 말했는데, 틀림없는 사실이다.

대마초나 마약 또는 성범죄를 저지르다가 적발된 유명 연예인들에게 기자들이 마이크를 들이대면서 "어떻게 하다가 이렇게 되었습니까?"라고 물으면 공통적으로 "호기심으로 한번 해보았는데 이렇게 될 줄은 몰랐습니다"라고 말하면서 후회하는 모습을 TV에서 볼 수 있다. 종교개혁자 마틴 루터(Martin Luther)는 이미 1517년에 "인간의 본성은 너무 타락되고 눈이 멀어 죄의 거대함을 보거나 감지하지 못한다"고 말한 바 있다. 성적 일탈의 호기심을 충족하려는 음욕은 그 행동으로 나아가도록 하는 에너지가 된다.

제2단계: 죄에 대한 상상

죄에 대하여 상상(심상, imagery)하는 단계는 아직 행위로 옮겨진 것이 아니기 때문에 대부분의 사람들은 이에 대해 관대한 태도를 갖게 된다. 하지만 상상은 죄에 친숙해지고 쉽게 빠지게 만드는 강력한 에너지가 되며, 죄악에 이르게 하는 지름길이다. 자신의 마음대로 성적 대상을 바꿔 가면서 음란한 상상을 하면 역시 강한 성적 자극을 받게 된다.

영국 일간지「미러」(The Mirror, 2015년 6월 5일자)는 흥미로운 연구 결과를 보도했다. 이 매체에 따르면, 여성의 46%가 배우자와 성관계 중 다른 남성과 성관계하는 것을 상상하는 것으로 나타났고, 남성의 경우에는

42% 정도가 이같은 경험을 했다고 밝혔다. 부부 관계 중에 배우자 외의 이성과 성관계를 하는 상상의 대상은 영화배우보다는 직장동료가 주를 이루었다.

행위로 범한 죄가 아니므로 '성적 상상이야 마음대로 할 수 있고, 문제될 것이 없다'고 생각하는 사람들이 많으나, 결국 모든 성적인 죄는 음란한 상상이 현실로 일어나게 된 것이다. 설문에 응한 여성의 8%, 남성의 2%가 이런 성적 상상을 한 후에 그들의 직장동료와 실제로 성관계를 하게 되었다고 밝혔다. 이처럼 상상의 날개를 펴게 될 때는 위험한 수준에 이르게 된 것이라고 스스로 진단할 수 있어야 한다. 죄악되고 강한 상상은 이미 죄의 유혹에 깊게 발을 들여놓은 것과 같다. 음욕을 가지고 수없이 상상을 하면, 실제 간음할 수 있는 상황이 조성되었을 때 그동안 마음에 그려왔던 그 모습으로 끌려들고, 빠져들어, 통제력을 잃고 여지없이 무너져 '간음'이라는 행위로 나타나게 된다.

제3단계: 상상의 즐거움

강한 상상은 죄악된 상상을 더욱 즐거워하는 단계에 이른다. 죄악을 상상하는 횟수가 빈번해지고, 그 정도가 강해지며, 그것을 통해 강한 즐거움을 얻는 단계는 심각성으로 보아 '중증'이라고 보아야 한다. 거부감은 '적의의 표시'가 되지만 즐거움은 '호의의 표시'라고 볼 수 있다. 강한 상상은 이 죄가 '적'이 아니고 '친구'라는 표시라고 분석해 볼 수 있다. 이런 상상을 통해 죄를 친구로 삼으면 그 죄에 대한 부정, 거부, 공격 능력이 완전히 상실하고 만다. 감리교회의 창시자 존 웨슬리(John Wesley, 1703-1791)도 인간이 시험이나 유혹을 받고 죄에 빠지는 이유가 '유혹된 상상을 즐거워하기 때문'이라고 밝혔다.

이 단계에 이르면 '자신이 다소 깊이 빠져 있다'는 것을 어느 정도 인정하는 동시에 묘하게도 죄에 대한 자신감과 정당화가 나타난다. 즉 대부분의 사람들은 '내가 원하지 않으면 언제든지 멈출 수 있어!' '조금만 더 즐기다가 회개하고 돌아가야지'라고 생각한다. 하지만 실제로 그렇게 되기는 매우 어렵다.

'상상의 즐거움을 박차고 돌아간다'는 것은 불가능하지 않지만 쉬운 일은 아니다. 절제는 기본적으로 자신의 능동적 의지를 통해 나타나는데, 상상을 통해 즐거움을 얻게 되면 이미 능동적 의지가 음욕에 지배되어 절제가 작용하기 어렵게 된다. 신앙적으로 자신의 능동적 의지를 드러내는 것이 바로 '기도'이다. 기도를 통해 성령의 능력을 의지하는 의지적 표명 없이는 성령께서도 역사하시기가 어려울 것이다.

전라남도 광주에 소재한 조선대학교병원 입구에 세워진 비석에는 '줄탁동시'(啐啄同時)라는 글자가 새겨져 있다. 이 말은 치료를 위해 '줄과 탁이 동시에 일어나야 한다'는 뜻인데, 여기서 줄(啐)은 빠는 소리 '줄,' 탁(啄)은 쪼을 '탁'이라는 의미이다. 즉 '계란의 껍질 안에서 병아리가 나가려고 빠는 소리를 내면 어미 닭이 밖에서 쪼아서 껍질을 깨뜨린다'는 말이다. 아직 힘도 없고, 부리도 약한 병아리는 그 좁은 공간에서 밖으로 나가고자 하는 의지의 표현하면 어미 닭이 그것을 알아차리고 쪼아줌으로써 새로운 세계로 나올 수 있는 것이다. 병원에 이런 글자를 새겨놓은 것은 '환자의 낫고자 하는 의지와 의사의 처방과 치료가 어우러져 환자의 질병이 낫게 된다'는 메시지를 전하려는 것으로 보인다.

같은 맥락에서 문제 해결을 위해서는 그것을 극복하고 회복하고자 하는 개인의 의지와 아울러 치유와 구원을 주시는 하나님의 은혜가 동시에 일어나야 한다. 요한복음에 보면, 예수님께서 38년된 병자를 고친 내용이 기록되어 있다. "예수께서 그 누운 것을 보시고 병이 벌써 오래된 줄 아시고 이르시되 네가 낫고자 하느냐?"(요 5:6)라고 물으셨다. 38년 된 병자에게 낫고자 하는 의지(줄[啐])를 확인하신 예수님께서 치유의 능력(탁[啄])을 베풀어 주셔서 결국 이 환자는 신유(神癒, divine healing)를 체험하게 된 것이다.

예수님 당시에 병자가 한둘이 아니었다. '능력 많으신 예수님이 존재하신다'는 자체로 그 모든 병자의 병이 다 나은 것은 절대 아니었다. 기본적으로 낫고자 하는 의지를 가지고 예수님께 나온 사람들만 병이 나을 수 있었다. 개인의 의지만으로는 온전히 해결될 수 없기 때문에 하나님의 능력을 의지하는 것이고 성령의 힘을 얻기 위해 기도하는 것이다.

제4단계: 의지박약

죄악된 강한 상상은 의지와 반비례 관계에 있으므로 상상이 강해지면 의지는 상대적으로 약해진다. 의지가 극도로 약해지는 의지박약 단계에서는 죄에 대한 자신의 정서적 거부가 무너지고, 이성도 약해지며, 판단력이 흐려지면서 자신도 모르게 악한 행동을 하고 싶어 한다. 이때 '어? 내 맘대로 잘 안 되네!' '또 죄를 졌네!' '돌아가야 되는데, 내가 왜 이러지?' 등의 생각을 하면서 자신의 내면에서 발생하는 갈등이 매우 심화되고 자아통제 능력의 소멸을 스스로 실감하게 된다.

프랑스의 약사이며 심리치료학자였던 에밀 쿠에(Emile Coue, 1857-1926)는 평생 동안 인간의 심리를 관찰한 결론으로 "인간의 내면에서 상상과 의지가 충돌하면 반드시 상상이 이긴다"고 주장했다. 그렇기 때문에 문제를 해결하고자 한다면 성적인 상상을 야기하는 단서들을 제거하고 그 상상을 거부하고, 상상으로부터 벗어나야 한다.

이것을 상담학자 게랄드 메이(Gerald G. May, 1940-2005)는 '상상을 통해 자기 기만이 나타난다'고 표현했다. 자기 기만은 '자신이 자신을 속인다'는 것이다. 나중에는 자기 속임에 넘어가서 헤어 나오기가 어려운 죄악의 늪에 깊이 빠지게 되어 의지박약된 자신의 모습에 좌절하게 된다. 메이는 자기 기만을 포기하면 이 단계에서 돌아갈 수 있다고 했다.

제5단계: 죄악의 노예

유혹에 거부할 능력을 완전히 상실하고, 이성도 마비되고, 양심은 무뎌지며, 반복하여 죄악된 행동이 나타나는 단계에 이른다. 처음에는 자신이 죄를 범할 수도 있고, 안 범할 수도 있지만 이 단계에 이르게 되면 마음대로 통제되지 않고, 죄악된 행동으로부터 헤어 나오기가 어렵게 되어 '죄의 노예'가 되고 만다.

이는 매우 심각한 상태로서 이를 '중독'(addiction)이라고 한다. 모든 중독 행위는 처음에 한두 번으로 시작된 것이다. 중독 상태에 이르게 되면 자신의 의지대로 할 수 있는 것이 없어진다. 중독을 뜻하는 영어 단어 'addiction'은 라틴어 '아딕투스'(addictus)에서 비롯되었는데, 그 의미는 '중독 대상에 자신의 인격을 양도하여 굴복당하고 노예가 된다'는 뜻이다. 성중독에 노출된 대부분의 사람들은 비현실적인 성적 장면과 쾌락을 반복적으로 상상하다가 결국 중독에 빠져 성적 쾌락에 자신의 인격을 양도하고, 굴복당하며, 노예가 된 사람이다. 이를 프레드릭 뷰크너(Frederick Buechner, 1926-)는 "목말라 죽게 된 사람이 갈증을 해소하기 위해 소금물을 탐내는 것"이라고 비유하였다. 갈증(성적 욕구)을 해소하기 위해 소금물을 마시면 갈증이 없어지는 것이 아니라 더욱더 갈증이 유발되고 이로 인해서 결국 생명을 잃게 되는 것이다.

「문화일보」(2015년 8월 12일자)에 "성욕 참지 못하고 자신도 모르게 여성의 속옷을 훔친 70대 남성"에 대한 보도가 있었다. 경기도 이천경찰서는 대낮 주택가를 돌며 여성 속옷을 훔친 혐의로 조 모씨(75세)를 검찰에 송치했다고 밝혔다. 조 씨는 이천시 일대 주택가를 돌면서 빨랫줄에 널려 있는 여성 속옷을 볼 때 성욕 때문에 자신도 모르게 훔쳤다"고 진술했다.

이 75세의 노인이 여성의 속옷으로 무엇을 하려고 훔친 것인가?

그것을 가지고 성적인 행위를 상상하기 위한 것 말고는 다른 이유가 없을 것이다. 나이가 75세가 되어도 성적 상상을 반복하여 여기서 즐거움을 얻으면 이 문제를 극복하기 어렵게 된다.

4. 인간은 모두 성적인 존재

20세기 신학의 거장으로 수많은 사람들에게 영향을 미친 폴 틸리히(Paul J. Tillich, 1886-1965)가 세상을 떠난 후, 그의 부인 한나 틸리히(Hannah Tillich)의 솔직한 고백이 세간에 알려져 충격을 준 일이 있었다. 한나 틸리히는 남편의 서랍 속에서 혐오감을 주는 여성의 나체 사진 상당수와 성적으로 매우 외설스러운 사진들이 나왔고, 성적으로 학대하고 폭행하는 장면, 불륜, 비서와 성관계, 밤을 새면서 하는 변태적인 성관계 등 모든 종류의 성행위를 나타내는 그런 글들이 숨겨져 있었다고 밝힌 것이다.

훌륭한 사람으로 평가할 만한 신학자나 일반인들이나 거리낌 없이 비난할 만한 범죄자나 할 것 없이 인간은 모두 성적인 존재이다. 성적으로 완전히 깨끗한 사람은 없다. 내면에 숨겨진 음욕이 들키고 들키지 않고의 차이이거나, 다소 심하고 심하지 않은 정도의 차이가 있을 뿐이지, 하나님의 시각으로 볼 때 인간은 모두 성도착자일 수 있다. 그래서 미국 하버드(Harvard)대학교 의과대학 정신건강의학과 교수 머빌 빈센트(Merville D. Vincent)는 "하나님의 견지에서 볼 때 인간은 모두 성도착자일 것이다. 나는 하나님의 완전한 성의 관념에서 볼 때 음탕한 생각을 가져보지 않은 사람이 있을지 의문스럽다"고 말했다.

아무리 존경받는 사람도 성적인 면에 취약하면 그의 모든 재능, 지식, 공적, 인격, 명예 등은 무시되고 만다. 이를 심리학에서는 '르윈스키 효과'(Lewinsky effect)라고 한다. 이 말이 신조어가 된 배경은 미국 제42-43대 대통령을 지낸 빌 클린튼(William J. Clinton, 1946-)의 여비서 모니카 르윈스키(Monica S. Lewinsky, 1973-)와 관련이 있다. 클린턴은 미국 역대 대통령 가운데 최장기 경제호황을 일구어 낸 대통령이었다. 그런데 백악관의 여비서 르윈스키와 성추문에 빠지게 되었고, 그것 때문에 대통령이 청문회에 나가서 창피를 톡톡히 당했던 사건이 있었다.

클린턴 대통령이 이루어 놓은 업적이 많고 대단할지라도 그의 성추문 때문에 사람들은 그를 높이 평가하려고 하지 않는다. 아무리 훌륭하고 능력이 많아도 성적인 면에서 깨끗하지 않으면 그의 전 인격과 능력이 일순간에 부정당하는 경우가 흔히 나타난다. 특히 우리 사회에는 지도자일수록 성문제가 깨끗해야 하며 여기에 노출되면 사회적 생명이 끝나는 현상을 쉽게 볼 수 있다. 사실 인간이 범하는 죄 가운데 성적인 죄가 '유일한 죄'도 아니고, '가장 큰 죄'라고 할 수도 없다. 그러나 사람들은 성적인 죄가 다른 어떤 죄보다도 더럽고, 추접하고, 부끄러운 죄로 생각하는 경향이 있는 것 같다.

만약 어떤 여성에게 결혼을 전제로 한 남성을 소개한다고 가정해보자.

"그 남자는 미국에서 제일 유명한 아메리카대학교에 유학하여 석사학위까지 받고 귀국한 인재로서 키도 크고, 잘 생기고, 귀국하자마자 성삼그룹에 취직해서 연봉이 1억 원이래. 성격도 좋고, 집안도 좋고, 이미 강남에 아파트 한 채도 장만해 놓았어!"

이런 소개말을 듣고 호감을 갖지 않을 여성이 많지 않을 것이다. 그런데 소개해 주는 사람이 "하지만 딱 한 가지 문제가 있는데, 그건 여자관계가 좀 복잡해서…골치는 조금 썩게 될 건데…"라고 말하는 상황이라면 아마 대부분의 여성들은 "그런 남성을 안 만나겠다"고 거절할 것이다. 모든 것이 다 좋아도 성문제가 있다면 다 문제라는 생각이 일반적이다.

"남성은 '돈,' '여자,' '명예'만 조심하면 성공가도를 달릴 수 있다"는 말이 있을 정도이다. 이 말은 여성이 남성을 유혹에 빠뜨리는 존재라는 의미가 아니라 '남성이 여성을 성적 대상으로만 인식하여 잘못 대함으로써 문제가 발생한다면 성공할 수 없다'는 뜻이 되기도 한다. 여성을 온전히 깨끗함으로 자매에게 대하듯 한다면 생길 문제가 없다(딤전 5:2). 남성에게 있어서 성문제는 극복하기 쉽지 않은 높은 벽과 같다고 비유할 수 있다. 사도 바울이 "섰다고 생각하는 사람은 넘어질까 조심하라"(고전 10:12)고 지적했듯이 성에 있어서 자신은 '당당하다,' '깨끗하다,' '문제될 것이 없다'고 자신감을 드러내서는 안 되며 항상 긴장하며 주의해야 한다.

미국에서 사역하는 유명한 TV 부흥사들도 단 한 번의 성적인 실수로 인해 목회를 못하고 사회적으로 매장되는 경우가 흔히 있다. 이런 일은 미국에서뿐만 아니라 우리나라에서도 마찬가지이다. 죄는 사람을 파멸로 몰아넣는 특성을 가지고 있다. 그래서 성은 사탄이 경건한 신자들을 쓰러뜨리기 위해 가장 즐겨 사용하는 방법이 되고 있다. 사탄이 하나님의 사람들을 쓰러뜨린 성공사례를 가장 많이 보유하고 있는 것이 바로 성문제일 것이다.

「문화일보」의 보도(2015년 8월 30일자)에 따르면, 지난 5년간 전문직 종사자의 성범죄 총 3,050건 가운데 성직자가 442건, 의사가 371건, 예술인이 212건, 교수가 110건 순이었다. 이 자료를 볼 때 전문직 종사자 중 성직자가 가장 많은 성범죄를 저지른 것으로 나타났다. 그래서 "전문직 종사자들에 의한 성범죄는 우월적 지위를 이용하여 피해 여성에게 돌이킬 수 없는 상처를 남기고 은폐의 여지도 많은 점을 고려할 때 사법당국의 엄격한 법적용이 필요하다"는 분석이 제기되었다.

미국 얼라이언스(Alliance)신학대학원 목회상담학 교수 크렉 엘리슨(Craeg Ellison)은 사람이 성적인 유혹을 받게 되면 심리적 특성이 나타나게 되는데, 그것은 '근시안적인 시각으로 바뀐다'는 것이다. 사람은 원시안적인 시각(vision)을 가진 존재처럼 보이지만, 성적인 유혹에 노출되는 순간, 어리석게도 전후사정을 살피지 못하게 되는데, 특히 유혹 이후의 결과를 보지 못하게 된다.

엘리슨은 "이런 행동이 향후 자신에게 어떤 영향을 미칠 것인지에 대해서 생각이 없어지므로 이른바 '머리가 명석하다'는 사람들도 그렇게 쉽게 유혹에 넘어가게 되는 것"이라고 분석했다. 성적 유혹에 직면할 때 수많은 부정적인 결과들을 미리 생각할 수 있다면 문제는 쉽게 극복될 수 있을 것이다. "나중에야 어찌되든지 말든지 지금 쾌감을 추구하고, 지금 쾌락을 즐기고 보자"는 생각은 순간적인 근시안적인 생각으로서 현대인의 보편적인 심리정서이다. 그래서 훌륭하게 보이는 지도자들이 너무도 쉽게 성적 유혹에 넘어가는 것이다.

5. 남자와 여자는 뭐가 다른가?

인간은 '성적 존재'이다. '성적 존재'라는 것은 자신의 신체에 성기관을 가지고 있고, 성을 생각하고, 성적 욕망이 있고, 성적 행위를 하고, 성을 통해 즐거움을 갖고, 성행위를 통해 자녀를 생산하는 존재라는 의미이기도 하다. 남성과 여성이 모두 성적 존재이지만, 여성보다 남성이 더 '성적'(性的)이라는 것은 모든 연구 결과에서 공통적으로 밝혀진 사실이다. 남성이 여성보다 성에 대한 호기심, 상상, 에너지, 욕구가 더 넘치는 것에 대하여 의학에서는 호르몬(testosterone)의 차이라고 보는 입장이 있다.

상담심리학에서는 '쿨리지 효과'(Coolidge effect)라고 표현하여 남녀의 성 성향 차이를 설명한다. 이 말은 미국의 제30대 대통령을 지낸 칼빈 쿨리지(Calvin Coolidge, 1923-1929)의 이름에서 비롯된 용어로서 쿨리지 대통령의 바람끼를 빗대어 만든 용어이다. 어느 날 쿨리지 대통령은 그의 아내와 함께 캘리포니아의 한 대규모 농장을 시찰하게 되었다. 농장 주인은 대통령 부부에게 양계장에서 닭 사육과 관련된 내용을 설명했다. 설명을 다들은 대통령이 앞서 갈 때 농장 주인은 대통령 부인에게 닭의 생리에 대해서 빠뜨린 내용이 있다며 영부인에게 추가로 다음과 같이 설명을 했다.

"아참, 수탉은 하루에 20번 이상 교미를 합니다."

그러자 대통령 부인은 깜짝 놀라면서 농장 주인에게 "그 내용을 대통령에게 가서 말씀해 주시겠어요?"라고 속삭였다. 아마 '수탉이 여러 번 교미한다'는 사실을 통해 남편에게 어떤 암시를 주려고 했던 모양이었다. 농장 주인은 빠른 걸음으로 대통령에게 다가가서 말했다.

"아까 잠깐 설명을 빠뜨린 것이 있어서 영부인에게 설명을 드렸더니, 영부인께서 그 내용을 대통령에게 꼭 전달하라고 해서요. 수탉은 하루에 20번 이상 교미를 합니다."

대통령은 마음에 무엇이 찔렸던 그 내용을 알아듣고는 농장 주인에게 "수탉은 항상 암컷 한 마리하고만 교미를 합니까?"라고 묻자 농장 주인은 "그렇지는 않습니다. 여러 마리하고 교미합니다"라고 말했다. 그러자 대통령은 농장 주인에게 귓속말로 "그 내용을 제 부인에게 꼭 말해주시오"라고 했다. 여기서 비롯된 상담심리학 용어가 바로 '쿨리지 효과'이다.

여성보다는 남성이 훨씬 더 많은 성문제의 취약성을 가지고 있고 유혹에 쉽게 노출된다. 미국 오하이오(Ohio)대학교 심리학과에서 조사한 바에 따르면, '남자는 30분에 한 번씩 성행위를 생각하고 여자는 하루에 19번 성행위를 생각한다.' 이것이 사실이라면 남성들은 밥 먹는 것보다 훨씬 더 많은 빈도로 성행위를 생각하는 것이다.

생각은 결국 행동으로 이어지게 되어 있는데, 2011년 서울대학교 사회발전연구소에서 전국 남성 1,000명을 대상으로 한 조사에서 '한국 남성 10명 가운데 4명(37.9%)이 성매매 경험을 했다'는 통계를 발표했다. 한 남성이 1년 동안 경험한 횟수는 평균 2.6회였고, 지출한 비용은 31만 3천 원으로 나타났다. 지금 다시 통계조사를 해본다면, 법적으로 간통죄가 폐기된 사회 분위기로 인해 이 수치는 훨씬 더 높을 것으로 예측된다.

생각뿐만 아니라 행동에 있어서도 '남성은 여성보다 더 성적'이라고 할 수 있다. 린다 브랜논(Linda Brannon)은 2017년에 출간의 자신의 저서 『성:

심리학적 차원』(Gender: psychological perspectives)에서, 미국의 성범죄를 분석해 보았을 때 성폭행(rape)의 경우, 남녀 성비에 있어서 남성이 주체가 된 경우는 99%, 여성이 주체가 된 경우는 1% 이하라고 분석한 것으로 보아 '성 성향은 명백한 차이가 있다'는 사실을 알 수 있다.

「연합신문」의 보도(2017년 11월 6일자)는, 대구의 한 평범한 여성이 인터넷 개인방송을 통해 자신의 성기를 남성들에게 보여주고 돈을 받아 이득을 챙긴 혐의로 경찰에 입건된 사건(음란물 유포죄)을 소개했다. 놀라운 것은 '이 여성이 4개월 만에 벌어들인 돈이 25억 원이었다'는 사실이다. 남성의 성욕을 자극하여 돈을 갈취한 여성도 문제지만 '안목의 정욕'을 충족하고자 25억 원을 갖다 바친 정신 나간 남성들이 더 문제라고 할 수 있다. 서울지방경찰청은, 2016년 11월부터 1년 동안 남성들에게 '성 파트너를 소개시켜 준다'는 가짜 사이트를 개설해 6만 8,000명의 남성회원을 모집한 뒤 이들을 속이고 9억 6,700만 원을 챙긴 혐의로 범인을 입건한 일도 있다. 이런 단적인 사건들을 통해 볼 때 남성의 성욕은 음란, 간음이라는 유혹과 함정에 쉽게 빠질 수 있는 에너지가 된다'는 것을 알 수 있다.

6. 헤어 나오기 어려운 늪, 포르노그래피

현대 사회를 일컬어 흔히 '3S 시대'라고 표현한다. 그것은 'Science'(과학), 'Screen'(영화/동영상), 'Sex'(성)의 첫 자를 따서 이 세 가지가 현대인의 삶과 정신을 지배하고 있기 때문이다. 이같은 것들은 강력한 힘을 지니고 있어서 잘못 사용할 때 인간을 파멸에 이르게 할 수 있다. 이 가운데서 '성의 영향력은 악의 핵폭탄과 같다'고 비유할 수 있다.

포르노그래피(pornography)는 헬라어 '포르노그라피아'(πορνογραφία)

에서 파생된 용어이다. 이 말은 헬라어에서 매춘부를 의미하는 '포르네'(πόρνη)와 쓰기를 의미하는 '그라포'(γράφω)의 결합어로 '매춘부에 관해 쓰는 것'이라는 뜻이다. '포르네'가 신약성경에 사용된 곳은 누가복음 15장 30절, 고린도전서 6장 15절, 데살로니가전서 4장 3절 등이다. 영어 단어 'pornography'가 최초로 사용된 것은 1857년이라고 볼 수 있는데, 그 이유는 『옥스포드 영어 사전』(Oxford English Dictionary)에 최초로 등재된 것이 1857년이기 때문이다.

하지만 그것은 이 단어의 최초 사용이고, 이미 A.D. 79년 폼페이(Pompeii) 화산 폭발로 인해 숨겨졌던 것이 발굴됐는데, '그 당시 벽화에 포르노그래피가 그려져 있었다'는 사실이다. 그런가 하면, 파멜라 폴(Pamela Paul)은 "'포르노그래피가 석기시대부터 있었다'는 것을 여러 벽화가 증거하고 있다"고 주장했다. 포르노그래피는 성적 자극을 목적으로 인간의 육체나 성행위를 묘사한 것으로서 현재 사이버 세계에는 평생을 봐도 다 볼 수 없는, 셀 수 없이 많은 양의 포르노그래피가 존재한다.

포르노그래피는 우리말로 '음란물,' '음란 표현물'(obscenity) 또는 '음란매체'라고 한다. 과거에는 이를 '음화,' '춘화' 또는 '도화'라고도 불렀으며, 세간에는 이른바 '야동'(야한 동영상)이라고도 한다. 현대는 인쇄, 영상 매체 등이 발달하면서 그 종류도 매우 다양하여 사진, 소리(mp 등의 형태로 제작, 보급되어 왔다.

하지만 근래 비디오, DVD, mp3, 사진 등으로 포르노그래피를 접하는 사람은 거의 없을 것 같다. 매체기술의 발달에 편승하여 포르노그래피도 사실적 묘사를 위해 3D, 입체 영상(VR: Virtual Reality, 가상현실) 등이 개발되어 더욱 감각적, 말초적이고 강력한 자극을 제공함으로써 제작자들이 얻는 상업적 이득은 상상을 초월하고, 사용자들은 한 번 빠지면 헤어 나오기 어려울 정도의 유혹이 되고 있다.

포르노그래피 접촉 실태 및 폐해

근래 우리 사회는 과거 어느 때보다 성폭력이 빈번하게 발생하고, 성범죄에 대한 용어도 '성추행'(sexual obsceneness), '성희롱'(sexual harassment), '성학대'(sexual abuse/molestation), '성폭력'(sexual aggression), '성폭행'(sexual violence/rape) 등 다양하게 표현되고 있다.

미국에서 가장 종교적인 도시를 꼽을 때 대부분의 사람들은 서슴없이 유타(Utah)주, 솔트레이크시티(Salt Lake City)를 꼽는다. 이곳은 이른바 '몰몬교'(예수 그리스도 후기성도교회, The Church of Christ of Latter-Day Saints)의 본부가 있는 곳이기도 하며, 70%에 육박하는 시민이 몰몬교 신자들이다. 하지만 흥미로운 사실은 솔트레이크시티가 미국에서 인터넷을 통해 포르노그래피를 가장 많이 내려받는 도시라는 것이다. 이것은 종교로도 인간의 본능인 성욕을 억압, 억제하는 것이 여의치 않음을 반증하는 것이기도 하다. 포르노그래피는 성욕 및 성충동을 해소, 발산한다기보다는 오히려 성행동을 자극, 유발할 수 있다. 포르노그래피에 노출되는 것은 '성욕, 음욕, 음란을 자극하고 성적 공격성을 유발하여 이상 성행위를 증가시킨다'는 실험결과도 있다.

레스 패롯(Les Parrott III)은 "오늘날 명백한 포르노그래피를 접해보지 못한 미국 중고등학생을 찾기란 실제로 불가능하다"고 진술한 바 있다. 미국 중고등학생 600명을 무선 표집(無選 標集, random sampling)하여 조사한 결과, 남학생 91%, 여학생 82%가 포르노그래피에 노출된 것으로 나타났다. 스웨덴 청소년을 대상으로 한 연구에서도 무선 표집된 남녀 고등학교 1학년생(평균 연령 16.5세) 877명 가운데 96%가 포르노그래피를 접한 경험이 있는 것으로 나타났다. 오스트레일리아에서도 포르노그래피의 주 이용자는 '남성'이며 '청소년'이라고 분석했다. 우리나라 여성인권진흥원이 2010년 중고등학생을 대상으로 한 조사 결과, 인터넷을 통해 음란물을 접촉해 본 청소년이 79.4%인 것으로 집계되었다. 매체가 발달된 선진국에서 포르노그래피 노출 현상은 '보편적인 추세'라고 볼 수 있다.

남성의 경우, 포르노그래피에 빈번히 노출될수록 성적 공격성이나 행위가 나타나지 않더라도 성폭행 피해자에 대한 심리적 공감 능력이 현저히 떨어지거나 냉담해지는 심리현상이 나타난다. 즉, 포르노그래피 접촉은 성에 대한 입장과 태도 그리고 신념을 부정적으로 바뀌게 하는 것이 분명하다. 포르노그래피 접촉 빈도가 높으면 공감 능력이 떨어지고 성적 감정의 둔감화가 나타난다고 볼 수 있다.

성에 대한 인지왜곡은 이상 성행동과 밀접한 관련을 맺게 된다는 데 문제가 있다. 일반적인 연구 결과로 포르노그래피는 성폭력을 조장하고, 건전한 이성관계를 파괴하고, 성중독에 노출되는 문제를 야기하는 것이 분명하다. 대부분의 성범죄들을 분석해 보면 포르노그래피가 그 원인인 경우가 많다.

포르노그래피 접촉으로 인해 발생하는 폐해 가운데 심각한 것은 여성 비하 및 남성 지배구조의 성인식, 성기 중심적·쾌락 중심적 성인식, 더 나아가 다양하고 비이성적인 성행태 등이다. 포르노그래피는 인간을 전인적(holistic)이 아니라 오직 성적 존재(sexual being)로만 보도록 만들고 성을 상품화하는 것이 문제이다. 진정한 애정과 인격이 없는 무분별한 행위 중심적 성은 본래 이것을 만드신 하나님의 의도가 아니며, 왜곡이고 타락된 것이다.

포르노그래피 관련 범죄 행태는 상상을 초월할 정도로 다양하다. 드러난 일련의 사건들을 분석해 볼 때 포르노그래피는 남녀, 연령, 빈부, 지위, 성속, 유무식에 상관없이 누구에게나 범죄 유발의 강력한 힘으로 작용하는 것을 볼 수 있다. 미국의 유명한 강간 살인마 테드 번디(Ted Bundy)는 본디 독실한 기독교 신자로서 준수한 외모를 가진 법과대학생이었다. 하지만 그는 12세 소녀를 비롯하여 28명의 여성을 성폭행하고 무참히 살해한 살인마가 되었다. 그가 사형을 당하기 전, '자신이 13세 때 접한 포르노그래피를 반복하여 보면서 더 강한 자극을 추구하다가 이렇게 되었다'고 고백했다.

반(反)포르노그래피에 대한 미국 미네소타(Minnesota)주, 미네아폴리스(Minneapolis) 청문회(city council)에서 많은 여성들과 남성들이 그들의 삶에서 포르노그래피가 미친 영향에 대해서 증언했다. 이 증언에서 '남성들은 포르노그래피를 보면 볼수록, 성학대 성향과 성폭력 성향이 더욱 강화된다'는 것을 증언했다. 미국 청소년의 41%는 포르노그래피를 본 후, "확실히 붙잡히지만 않는다면 자신이 강간할지도 모른다"고 응답한 바 있다.

북미 남성 356명을 대상으로 한 또 다른 연구에서는 "적발되지 않고, 아무도 보지 않고, 처벌받지 않는다면 여성의 의도와 관계없이 성폭행을 하겠는가?"라는 질문에 60%가 '그렇다'고 답변한 것으로 보아 '포르노그래피는 남성으로 하여금 강한 성욕과 음란을 야기하며 그것이 성적 공격성으로 나타날 수 있다'는 것을 알 수 있다. 그래서 레스 패롯은 "어떤 경우에도 포르노그래피가 이로운 영향을 준 경우는 없다"고 단정했다.

구약성경에는 다윗 왕이 밧세바라는 여인의 목욕 장면을 보고 성욕 및 성충동이 발생하여 유부녀인 그 여성을 성폭행한 내용이 기록되어 있다 (삼하 11장). 여성의 목욕 장면을 목격한 관음증은 오늘날 포르노그래피에 노출된 것과 유사한 상황이라고 볼 수 있을 것이다. 부부 관계로 성욕의 발산이 가능한 기혼자에게도, 지체 높은 왕에게도 음란 장면은 절제력을 약화하여 범죄를 야기하는 원인으로 작용한다.

쾌락은 있는데 만족은…

브루스 리치필드(Bruce Litchfield)와 넬리 리치필드(Nellie Litchfield)는 "성중독은 모든 중독에서 가장 쉽게, 가장 빨리 확산되는 것이다"라고 분석했다. 성을 중독으로 이해하고, 그 중독적 폐해를 처음으로 밝힌 것은

1970년대 말이다. '포르노그래피 중독'이라는 용어는 미국에서 의학적 신조어로 사용되다가 1980년대에 들어 정신의학, 심리학 등에서 이를 인정하고 일반화되었다.

포르노그래피 중독은 과정 중독이지만 마약 중독이나 알코올 중독, 니코틴 중독 및 여타의 물질 중독과 마찬가지로 내성(tolerance)이 생기고, 충족되지 않았을 때 금단(withdrawal) 증상이 나타나기 때문에 치료하기가 매우 어려워진다. 포르노그래피 중독도 다른 중독과 마찬가지로 도파민(dopamine) 분비로 인해 쾌락이 발생되는데, 문제는 쾌락은 있지만 만족이 없기 때문에 중독에 쉽게 노출된다는 것이다. '포르노그래피는 성욕 및 성충동이 해소, 배출된다기보다 더욱 강화된다'는 것이 보편적인 연구 결과이다.

과중한 스트레스로부터 탈출하는 방편이 많지 않거나 여의치 않은 사람들이 포르노그래피에 쉽게 중독될 수 있다. 그랜트 마틴(Grant Martin)은 포르노그래피를 보면서 자위행위로 성적 쾌감을 얻는 것을 일컬어 '신경안정제'(tranquilizer)라고 표현했다. 즉, 과중한 학업, 업무 스트레스와 불안, 공포 등을 잊거나 이완하여 안정감을 얻으려는 시도로서 포르노그래피에 몰두하게 되므로 마틴은 이를 '신경안정제'라고 비유하여 설명한 것이다. 이런 경험이 빈번해지는 것은 강박적 성행동으로 이어지며 잠재적 중독의 기반이 견고해지는 것이다.

일반적으로 포르노그래피에 대한 중독은 4단계의 회로를 따라 반복되며 강화가 나타난다.

① 몰두(preoccupation)

포르노그래피를 통해 성적인 생각에 빠지는 황홀경 상태이다. 이 상태는 성적 쾌감을 얻기 위해 반복적 자극을 추구하게 된다. 대부분의 사람들은 성적 호기심으로 인해 한두 번의 포르노그래피 접촉으로도 극도의 성적 만족감을 얻게 되지만, 자극포만이 발생한 경우에는 자극의 수위를 높이지 않으면 쾌감을 얻을 수 없게 된다.

② 습관화(ritualization)

성적 자극과 흥분에 몰두하는 빈도와 자극의 정도가 증가하여 자위행위나 다른 성행동도 반복되어 의식화, 습관화되는 단계이다. 이때는 의지가 매우 약화되는데, '자신이 성적 상상을 스스로 통제할 수 있다'고 생각하지만 빈번한 실패를 경험하게 되어 절망감을 갖게 된다. 평상시에도 이성을 바라볼 때 성적 상상을 하면서 보는 일이 잦아진다.

③ 강박적 성행동(compulsive sexual behavior)

몰두와 습관화의 다음 단계는 강박적 성행동이 나타나거나 성행위에 대한 내현적 강박사고가 나타날 수 있다. 이 단계에 이르면 '스스로 행동조절을 하기가 어렵다'는 것을 비로소 발견하게 되며, 점차 무기력감을 갖게 된다. 이 경우는 물질 중독에서 나타나는 금단현상이 동일하게 나타나서 자신의 의지로 포르노그래피에서 벗어나기가 어렵게 된다.

④ 자포자기(despair)

자신의 무기력에 대한 절망 또는 자포자기에 빠지게 된다. 이 상태에서 우울증, 불안증 등 다양한 신경증 및 정신증이 나타나게 된다. '포르노그래피 중독에서 치료받았다'는 사람들의 공통적인 표현은 '자신이 치료되었다'는 확신이 없고, '언제 다시 원점으로 돌아갈지 확신할 수 없다'는 것이다. 이렇게 되는 원인은 누구에게나 삶에 '깊은 만족을 얻지 못한 부분'이 있기 때문이다.

이에 대하여 복음주의 저술가이며 목사인 존 파이퍼(John Piper, 1946-)는

"중독은 자신의 내면에 하나님으로부터 만족을 얻지 못할 때 그 대용으로 무엇인가 채우려는 현상"이라고 설명했다. 그러므로 하나님을 의지하는 것으로부터 성중독의 치료가 시작된다. 포르노그래피는 인간을 존엄하게 보지 못하게 만들고, 이성을 성적 대상으로만 보고 영혼을 보지 못하고, 오직 육체만을 사랑하게 되며, 인간 안에 있는 하나님의 형상을 손상시키기 때문에 영적으로 심각한 폐해가 발생한다.

관음증에 대한 성경적 입장

포르노그래피와 관음증은 음욕을 강하게 자극하는 방편인데, 성경에 직접적으로 이에 대한 단어나 직접적인 교훈을 명시한 곳은 없다. 성경에 명시적으로 포르노그래피에 대해 기록한 내용이 없다 하여 성경이 이를 금하지 않는다고 해석하는 것은 어불성설이다. 성경에 이 단어가 기록되지 않았을 뿐, 그것의 죄악성을 유추해 볼 수 있는 다양한 교훈들이 많이 있다. 창세기 9장 22-23절을 보자.

> 가나안의 아버지 함이 그의 아버지의 하체를 보고 밖으로 나가서 그의 두 형제에게 알리매, 셈과 야벳이 옷을 가져다가 자기들의 어깨에 메고 뒷걸음쳐 들어가서 그들의 아버지의 하체를 덮었으며 그들이 얼굴을 돌이키고 그들의 아버지의 하체를 보지 아니하였더라(창 9:22-23).

이 구절에서 하체를 보지 않은 것과 본 것의 차이에 대해 성경은 매우 예리하게 평가하고 있다. 즉 '함은 아버지의 하체를 보고, 다른 아들들 셈과 야벳은 아버지의 하체를 보지 않고 덮어주었다'는 것이 본문의 내용이다. 이는 단지 아버지의 하체에 국한되는 것이 아니라 다른 사람의 은밀하고 부끄러운 부분(성기)을 가리키는 것으로 이해해야 할 것이다. 그런 면에서 볼 때 모든 관음증과 포르노그래피는 부끄럽고 가려져야 할 하체를 공공연하게 드러내는 것이므로, 이는 명백하게 성경에 위배된 것임을 알 수 있다.

출애굽기 28장 42절에 "…속바지를 만들어 허리에서부터 두 넓적다리까지 이르게 하여 하체를 가리게 하라"는 구절에서도 하체는 성기를 의미하는데, 이것이 드러나는 것은 부끄러운 것이므로 성경은 이것을 가려야 한다고 분명하게 교훈하고 있다. 하지만 관음증과 포르노그래피는 하체를 의도적으로 드러내어 볼거리로 삼고 상업화하는 것이므로 분명히 성경에 어긋나는 죄이다.

시편 119편 37절에 "내 눈을 돌이켜 허탄한 것을 보지 말게 하시고 주의 길에서 나를 살아나게 하소서"를 광의적으로 해석하여 '내 눈을 돌이켜 포르노그래피를 보지 말게 하시고 주의 길에서 나를 살아나게 하소서'라고 이해해도 신학적인 문제가 발생하지는 않을 것이다.

하박국 2장 15절에 "이웃에게 술을 마시게 하여…그에게 취하게 하고 그 하체를 드러내려 하는 자에게 화 있을진저…"는 관음증과 포르노그래피의 전형적인 모습을 묘사한 것이라고 볼 수 있다. 이 구절에서도 문제가 되는 것도 역시 하체를 드러내는 것인데 이에 대해 성경은 명백하게 다른 사람의 하체를 의도적으로 드러내어 그 부끄러움을 노출시키려는 사람에게 '화 있을 것'이라고 기록했다. 여기서 '하체'라는 말은 '아랫도리' 바지를 입는 부분이라기보다는 '성기'를 의미하는 완곡어법이다. 하박국에 명시된 것처럼 이웃에게 술을 마시게 하여 그에게 취하게 한 후, 그 하체를 드러내게 하는 사건은 우리 사회에도 빈번하기 발생하고 있다.

이와 유사한 일로 "울진경찰서 강력범죄수사팀은 여자 청소년인 B(15세) 양에게 술을 마시게 한 후, 성폭행하고 상해를 입힌 혐의로 A 씨(22세)를 긴급체포하여 구속했다고 밝혔다. A 씨는 피해자에게 술을 마시게 하여 취하게 한 후, 인근 모텔로 유인해 피해자를 성폭행하고 상해를 입힌 혐의를 받고 있다"라고 보도된 사건은 하박국이 기록된 B.C. 600여 년 전에 발생한 사건과 서로 다르지 않은 형태이다.

예수님의 가르침은 더욱 분명한데, 예수님은 "음욕을 품고 여자를 보는 자마다 마음에 이미 간음하였느니라"(마 5:28)고 말씀하셨다. 관음증과 포르노그래피의 의도가 음욕, 즉 성적 자극인 만큼 이는 '간음과 다를 바 없는 행위'라고 볼 수 있다. 실제적으로 성기의 삽입이 없었더라도 포르노그래피를 보며 정신적 삽입을 의도했다면 이는 다분히 간음에 해당되는 것이다.

디모데후서 2장 22절에 "청년의 정욕을 피하라," "땅에 있는 지체를 죽이라 곧 음란과 부정과 사욕과 악한 정욕과 탐심이니 탐심은 우상숭배니라 이것들을 인하여 하나님의 진노가 임하느니라"(골 3:5)는 말씀은 이에 대한 직설적이고 명백한 교훈이다.

7. 음욕, 어떻게 처리해야 하는가?

죄를 처리하는 유일한 방법, 회개

다윗은 간음죄도 기가 막히게 범했지만 회복도 기가 막히게 잘 한 사람이다. 그는 바로 죄를 회피하지 않고, 직면하면서 침상을 적시는 회개의 기도를 통해 회복하였다. 하나님은 다윗의 죄를 심판하기 위해 밧세바와 사이에서 낳은 자식을 거두어 가셨으나 철저히 회개한 다윗을 보고 회복의 의미로 솔로몬을 선물로 주신 것이다. 모세는 "너희 죄가 정녕 너희를 찾아낼 줄 알라"(민 32:23)고 기록했다. 하나님의 눈을 피해 숨을 곳도 없지만 숨길 수 있는 죄도 없으므로 철저히 회개하는 방법밖에 다른 방법은 없다.

간음한 여인이 예수님 앞에 잡혀왔을 때 많은 사람들은 그를 '죽이자'고 했다. 간음하다가 현장에서 적발된 사람을 돌로 쳐서 죽이는 것은 당시 상황으로 볼 때 하등의 문제될 것이 없는 적법하고 당연한 일이었다. 하지만 예수님은 그들을 향하여 "죄 없는 자가 돌로 치라"고 했다. 그녀를 향해 돌을 집어던지려 하던 사람들은 예수님의 말씀을 듣고 그녀를 향해 들었던 돌을 모두 내려놓았다. 누구도 이 죄로부터 완전히 자유로울 수 있는 사람은 없다.

그리고 이 세상에는 예수님께서 용서하지 못할 죄도 없다. 음욕, 음란, 간음, 음행이 더러운 죄임에는 틀림없지만 씻지 못할 죄는 아니며, 무거운 죄인 것은 사실이지만 용서받지 못할 죄는 아니다. 하나님 앞에서는 어떤 죄라도 회개하면 동이 서에서 먼 것처럼(시 103:12), 아버지가 자식을 불쌍히 여기시는 것처럼 하나님께서 인간의 죄를 씻어 주신다고 약속하셨다. 흰 눈보다 더 희게 양털보다 더 희게 씻어주시고 용서해 주실 것을 주께서 약속해 주셨다(사 1:18).

'회개는 음란하고 더러운 모습이 담긴 동영상을 삭제하는 것과 같다'고 비유할 수 있다. 성경에 따르면, 죄를 범했기 때문에 망하는 것이 아니라 회개하지 않았기 때문에 망하는 것이다.

단호한 거절

아우렐리우스 어거스틴(Aurelius Augustine)은 젊은 날 방탕할 때 사귀던 여인을 거리에서 우연히 마주치고 슬쩍 피하려는데, 그 여인은 어거스틴을 발견하고 그를 향해 소리를 지르면서 "나예요, 나! 나라니까!" 하면서 계속 유혹을 하는 것이었다. 그러자 어거스틴은 더 이상 피할 수 없어 뒤돌아보면서 그 여인에게 "너는 너지만 나는 옛날의 내가 아니다. 나는 이미 회개했다"고 말하면서 단호하게 유혹을 물리쳤다. 이처럼 음욕을 끊는 것은 매우 단호해야 하는데, '이 번만 하고 다음부터 하지 말자'고 하면 절대 유혹을 극복할 수 없다.

창세기에 나오는 요셉은 젊은 나이에 누구나 쓰러질 수 있는 성적인 유혹을 받았지만, 그것을 단호하게 박차고 나옴으로써 물리쳤다. 유혹에 빠지느냐, 헤어 나오느냐는 바로 자신에게 달린 것이다.

음란한 유혹에 맞서 싸울 것인가 아니면 피할 것인가?

사람들로 하여금 악에 빠지도록 만드는 악한 분위기라는 것은 틀림없이 존재한다. 시험에 들지 않기를 기도하면서 이런 분위기에서 벗어나지 못하고 괴로워하는 사람은 사실상 유혹에서 벗어나려는 의도와 의지가 없는 사람이다. 이는 마치 손가락을 불 속에 집어넣으면서 "주여! 저의 손이 불에 타지 않게 하여 주시옵소서"라고 기도하는 것과 같다.

"사람이 불을 품에 품고야 어찌 그 옷이 타지 아니하겠으며…"(잠 6: 26)라는 말씀처럼 불에 데지 않으려면 불을 피하는 것이 가장 현명한 방법이다. 죄악된 자리에 있으면서 "시험에 들지 말게 하옵소서" 하는 기도는 아무 의미가 없다. 음욕을 극복하기 위해 맞서 싸우는 것은 현명한 방법이 아니고, 음란한 분위기로부터 벗어나야 정욕을 피할 수 있게 된다(딤후 2:22).

음욕을 피하기 위해 중국의 한 청년이 스스로 자신의 성기(testicles)를 제거하는 일이 2015년에 중국 산둥성 웨이하이(威海) 시에서 발생하였다. 병원 관계자는 "이 청년은 스스로 자신의 성기를 제거한 상태에서 응급실에 들어와 의료진들이 크게 놀랐다"고 전했다. 이 청년은 이 도시 모 전문학교에 다니는 학생이었는데, 의료진들에게 "성욕으로 인해 성가신 게 너무 싫어서 혼자 고환을 제거했다"고 태연히 털어놓았다. 그는 병원에 도착하기 4시간 전에 혼자 자신의 고환을 제거한 것으로 알려졌다. 의사의 질문에 그는 "성욕 없는 생활을 원한다"(喜歡沒有性欲的生活)라고만 짧게 답했다.

이 청년처럼 성기를 적출하거나 봉합한다고 하여 음욕이 제거되거나, 그것이 봉합되거나 그것으로부터 해방되는 것은 아니다.

그렇다면 음욕을 제거하기 위해 생각의 좌소인 뇌를 적출할 것인가?

성경에 기록되었듯이 할례는 마음에 해야 하듯(롬 2:29) 마음속에 도사리고 있는 음욕을 회개로써 제거해야 한다.

영국의 성경주석학자 매튜 헨리(Matthew Henry, 1662-1714)는 영국 여왕의 마차를 몰게 될 마부 선발 인터뷰 내용을 예화로 소개한 바 있다. 마부를 채용할 왕실 관리는 최종 3명의 후보자에게 물었다.

"당신은 절벽 끝 얼마큼까지 마차를 몰 수 있소?"

첫 번째 마부가 대답했다.

"저는 30cm까지 갈 수 있습니다."

이어서 두 번째 마부가 말했다.

"저는 절벽 10cm까지 가까이 마차를 몰 수 있습니다."

그리고 마지막 마부는 이렇게 말했다.

"저는 여왕을 모시고 절벽 같이 위험한 곳에는 가지 않을 겁니다."

이 마지막 사람이 여왕의 마부로 선발되었다고 한다. 위험한 곳, 죄 많은 곳, 유혹이 있는 곳, 음란한 곳은 가지 않는 것이 가장 안전한 것이다. 창세기에 나오는 요셉은 보디발의 아내로부터 성적인 유혹을 받았을 때 상대방을 설득하려고 하거나, 그 분위기를 바꿔보려고 하거나, 자신을 시험해 보겠다고 하지 않고, 과감하게 그 자리를 박차고 나옴으로써 시험을 물리쳤는데, 이는 매우 현명한 방법이었다. 대부분의 죄는 우리가 강하게 물리치고, 대적하고, 맞서 싸우는 것이 원칙이지만, 음욕, 음란한 상황에서는 맞서서 싸우기보다 피하는 것이 원칙이고 지혜이다. 사람은 누구든지 음란한 분위기 속에 있으면 음란한 영향을 강하게 받게 되어 있기 때문이다.

라틴어 '코람 데오'(*Coram Deo*)는 '하나님 앞에서…'라는 의미이다. 경건한 신자는 '하나님 앞에서 산다'는 신전의식(神前意識)이 투철한 사람이다. 누구나 '하나님이 안 본다'고 생각할 때 긴장이 풀어지고 쉽게 죄를 범하는 것이다. 모세가 사람을 죽일 때도 "좌우를 살펴 사람이 없음을 보고 그 애굽 사람을 쳐죽여…"(출 2:12)라고 기록되어 있다. '모세는 사람의 눈만 의식했을 뿐, 하나님이 보신다'는 것을 알지 못했다. 다윗도 밧세바를 범할 때 '하나님 앞에서 죄를 짓는다'는 것을 생각하지 못했다. 그러나 요셉은 "하나님께 죄를 지으리이까?"(창 39:9)라고 말한 것으로 보아 그는 '항상 하나님이 보신다'는 신전의식을 가지고 살면서 믿음을 지켰던 사람이었다.

'당신은 혼자 있을 때에도 경건한 그리스도인인가?'라는 물음에 스스로 진지하게 답할 수 있어야 한다. 인간은 누구나 '지켜보는 사람이 없다'고 생각하면 유혹에 쉽게 넘어가게 된다. 하나님이 안 보인다고 생각하거나 하나님이 안 본다고 생각하는 것은 믿음의 약화인데 이럴 때 유혹에 쉽게 빠져들게 된다. 현대적 개념으로 이해하기 쉽게 표현한다면 어디서나 CCTV(폐쇄회로 TV)가 있다고 생각해야 한다.

요즘 우리 사회 어디서나 볼 수 있는 CCTV를 사람들은 하나님보다 더 무서운 존재로 생각하는 것 같다. 난폭운전, 속도위반, 주차위반, 신호위반, 끼어들기를 하다가도 CCTV만 있으면 누구나 곧바로 착한 운전을 하게 된다. 잠언에 "여호와의 눈은 어디서든지 악인과 선인을 감찰하시느니라"(잠 15:3)고 기록하고 있듯이 하나님은 '그 어떤 고성능 CCTV보다 선명하게 인간의 일거수일투족을 살펴보신다'는 것이 신전의식이다. 미국 시카고(Chicago) 윌로우크릭교회 담임목사 빌 하이벨스(Bill Hybels, 1952-)가 쓴 책 『아무도 보는 이 없을 때 당신은 누구인가?』(*Who You Are When No One's Looking*)에서 그는 "신자는 혼자 있을 때라도 항상 의식해야 할 눈이 있는데, 그것은 바로 하나님의 눈"이라고 했다.

이렇게 코람 데오(신전의식)의 믿음을 소유한 사람은 어떤 유혹에도 쉽게 빠져들지 않는다. 유혹은 사람 사는 곳이라면 어디든 있지만 이에 넘어가지 않기 위해 주님이 가르쳐 주신 기도("우리를 시험에 들게 하지 마옵시며…")를 간절한 마음으로 드려야 한다. 그리고 자신의 내면에 있는 유혹의 요소들을 제거하고, 유혹의 분위기에서 벗어나며, 죄악으로 접근하려는 유혹의 마음을 단호하게 거부하여 정결한 마음을 유지해야 한다.

거룩한 일에 몰두

덴마크의 실존주의 철학자 죄렌 케에르케고르(Søren A. Kierkegaard, 1813-1855)는 한 때 매춘의 유혹을 받고 실수한 일에 몹시 괴로워했다. "하나님! 저를 회복시켜 주옵소서"라고 기도하다가 그가 깨닫게 된 것을 일기에 썼는데 "하나님의 거룩한 일에 집중적으로 몰두할 때 이런 문제로부터 벗어날 수 있고, 깨끗해지는 것을 느낄 수 있었다"고 고백했다. 특히 남성은 돈 있고, 시간 있고, 권력 있고, 힘 있고, 여유 있으면 음란한 죄를 범할 가능성이 높아지므로, 거룩한 일에 바쁘고 헌신된 삶을 사는 것이야말로 이 죄로부터 자신을 보호하는 방법이다.

어거스틴은 다음과 같이 말했다.

"그대는 그대의 육신을 그대의 영혼에 복종시키려 하는가? 그렇다면, 그대는 먼저 그대의 영혼을 하나님께 복종시키라. 그대가 스스로 제어하려면 그대 자신이 먼저 하나님의 다스림을 받아야 한다."

이 말은 자신의 욕구와 욕망을 하나님께 맡길 때 '주님께서 다스리신다'는 뜻이다. 어거스틴은 젊어서 성적인 방종의 경험과 아울러 참회의 체험을 했던 사람이었으므로 그의 말을 관심 있게 들을 필요가 있다.

음란에 대한 성경의 교훈은 매우 명확하다. 로마서에는 "몸은 음란을 위하지 않고 오직 주를 위하여 있으며 주는 몸을 위하여 계시느니라"(롬 6:1)했고, 또 데살로니가전서에는 "하나님의 뜻은 이것이니 너희의 거룩함이라 곧 음란을 버리고 각각 거룩함과 존귀함으로 자기의 아내 대할 줄을 알고 하나님을 모르는 이방인과 같이 색욕을 따르지 말고…"(살전 4: 3-5)라고 교훈하고 있다.

제6장

탐욕: 모든 죄를 낳는 어머니

　탐욕은 인간이 이 땅에 살면서 가장 먼저 범한 죄이고, 가장 많이 범하는 죄이며, 가장 마지막까지 범하는 죄이다. 모든 죄의 배후에는 탐욕이 자리잡고 있어 탐욕을 일컬어 '모든 죄의 통로,' '모든 죄의 근원'이라고 할 수 있으며, 영어로는 이를 'mother sin'(모든 죄를 낳는 어머니)이라고 표현한다. 탐욕은 그 죄 하나로만 끝나는 것이 아니라, 이를 통해 모든 죄를 불러오는 원천적인 동기이기 때문에 탐욕을 '어머니'로 묘사한 것은 매우 적절하다.

　하나님께서 모세에게 내려주신 10계명의 열 번째 계명은 '탐내지 마라'는 것이다. 탐욕을 갖는 것은 명백하게 하나님의 명령, 계명을 어기는 죄가 된다. 탐욕의 시각으로 십계명을 본다면 여호와의 이름을 망령되게 일컫는 것은 하나님의 명예를 탐하는 것이고, 안식일을 범하는 것은 하나님의 시간을 탐하는 것이고, 살인하는 것은 이웃의 생명을 탐하는 것이고, 간음하는 것은 이웃의 정조를 탐하는 것이며, 도적질하는 것은 이웃의 소유를 탐하는 것이다. 그렇게 볼 때 탐욕은 모든 죄로 통하는 입구이다.

　일반적으로 아내를 갖고 싶은 욕망, 자동차를 갖고 싶은 욕망, 집을 갖고 싶은 욕망 그 자체는 죄가 될 수 없다. 하지만, 갖고도 더 갖고 싶은 마음이나 이웃의 아내, 이웃의 자동차, 이웃의 집, 이웃의 소유 등 빼앗아 갖고 싶어 하는 것은 문제이며, 이를 '탐욕'이라고 한다. 인간에게 탐욕이 생기면 그것을 채우려다가 육체적·심리정서적 폐해가 발생되고, 유혹의 늪에 빠져 결국 헤어 나올 수 없게 된다.

　인류 최초의 인간, 아담과 이브가 범한 최초의 죄가 바로 '탐욕'이었다. 하나님은 아담과 이브에게 에덴동산에 있는 '모든 것을 다 갖도록 했고, 다 지배하고, 다 먹을 수 있다'고 허락하셨다. 하지만 단 한 가지, 하나님께서 아담과 이브에게 '선악을 알게 하는 나무의 실과는 먹지 말 것'을 요구했다. 그런데 아담과 이브는 모든 것을 갖고도 그것에 만족하지 못하고 선악을 알게 하는 나무 열매를 탐하다가 결국, 낙원에서 쫓겨나게 되었다.

　그 이후로 아담과 이브의 피를 이어받은 모든 인간의 마음속에는 누가 가르쳐 주지 않았어도 탐욕의 뿌리가 깊이 박히게 되었다. 이것을 '죄성'이라 하는데, 이 죄성은 베어내도 자라고, 또 베어내도 자라서 죽기 전까지는 해결하기 어려운 심리정서적 문제이며 영적인 문제이다.

1. 탐욕 파헤치기

국어사전에 탐욕은 '탐내는 마음'이라고 정의되어 있다. 탐욕(貪慾)은 한자로 '탐할 탐'(貪), '욕심 욕'(慾)으로 설명하고 있다. 영어에서 탐욕을 나타내는 단어 'avarice'는 라틴어 '아바리티아'(*avaritia*)에서 비롯되었는데, 이 말은 '재물을 더 소유하고자 하는 욕심'이라는 뜻이다. 이탈리아 출신의 세계적인 작가 알리기에리 단테(Alighieri Dante, 1265-1321)는 탐욕을 일컬어 "자신이 필요한 것보다 더 소유하려는 욕구"라고 정의했다. 일용할 양식은 반드시 필요한 것이지만 그 이상을 생각하는 것이 탐욕이다.

　상담심리학에서는 인간을 더 나은 욕구, 더 나은 삶을 향해 나가는 존재로서 누구나 더 많이 갖고 싶어 하고, 더 많이 쓰고 싶어 하고, 더 많이 먹고 싶어 하고, 더 높이 올라가고 싶어 하고, 더 많이 벌고 싶어 하는 존재로 이해하고 있다. 이 '더, 더, 더…'를 요구하는 마음이 탐심이며, 탐욕이다. 탐욕의 속임수는 조금만 더 갖고자 하는 것이다. 가진 것을 만족하지 못하고 조금만 더, 더, 더 요구하니까, 먹어도 배부르지 않고, 올라가도 만족이 없고, 가져도 풍성하지 못하다.

탐욕과 유사어로는 탐심(貪心), 탐닉(耽溺), 욕망(慾望), 과욕(過慾), 욕심(慾心) 등의 단어들이 있다. 탐욕의 헬라어는 '프레오네시아'(πλεονεζία; 막 7:22, 눅 12:15, 고전 6:10, 엡 5:3, 골 3:5, 살전 2:5, 벧후 2:3)인데, 이 말은 '더'(more)와 '갖는다'(have)는 단어가 합하여 '더 많이 갖고자 하는 마음'을 뜻한다.

간혹 어떤 신상품이 갖고 싶어서 돈을 모아 구입하고자 애를 쓸 때 그 사람의 내면에는 '저것을 갖지 않으면 나는 행복하지 못할 것 같아! 어떤 일이 있어도 저건 꼭 사야 돼! 그러면 나는 행복할거야!'라고 생각하며, 밤낮 그 물건 갖는 것을 상상하고, 사모한다. 결국 애써서 모은 돈으로 그 물건을 사서 가져보면 시시한 것이 되고 말거나 후회되는 경우도 있다. '가지면 행복할 것'이라는 생각은 대부분 착각이며, 사람들은 이 생각에 속고, 이 착각에 빠져 평생을 살게 된다. 그래서 탐욕과 행복은 단 한 번도 서로의 얼굴을 마주쳐 본 적이 없다는 말이 있다.

한 어린아이가 동네에서 놀다가 보니까, 건너편 마을 언덕 중턱에서 눈부시게 반짝거리는 물체가 눈에 띄었다. 그 아이는 도대체 저 화려한 것이 무엇인지 궁금하여 견딜 수가 없었다. 그것이 아주 재미있고, 자신을 즐겁게 할 수 있는 무엇이라고 생각하여 아이가 개천을 건너 땀 흘려 힘들게 언덕에 도착해보니까, 그것은 깨진 유리 조각이 햇빛에 반사되고 있는 것이었다. 이는 마치 갖고, 올라가고, 채우고, 먹으면 그것이 자신을 기쁘고, 즐겁게, 화려하게, 행복하게, 만족하게 해 줄 것이라고 착각하지만, 막상 갖고, 올라가고, 채우고, 먹고 나면 아무것도 아니라는 것을 나중에서야 알게 되는 것과 비슷하다고 할 수 있을 것이다.

2. 탐욕으로 죽을 수도…

세계적인 독일인 부자 카우젠(Khausen)은 그의 생을 자살로 마감했다. 그는 독일에 15,000채의 아파트와 콘도미니엄을 소유하고 있었을 뿐만 아니라 미국 샌프란시스코(San Francisco)에 25개의 빌딩과 4,200채의 아파트와 콘도미니엄이 있었고, 아틀란타(Atlanta)에 53개의 빌딩과 4,200채의 아파트와 콘도미니엄이 있었다. 이처럼 세계적인 부자가 57세의 나이로 자살한 것이다. 그가 자살한 이유는 자신이 원하는 만큼 돈이 벌리지 않아 답답함에 못 이겨 스스로 목숨을 끊은 것이었다.

이런 부자가 재산을 더 갖지 못한 답답함에 자살한 것을 보면 '인간의 욕심은 끝이 없으며, 채워질 수 없다'는 태고의 진리를 확인할 뿐이다. "저희에게 이르시되 삼가 모든 탐욕을 물리치라. 사람의 생명이 그 소유의 넉넉한 데 있지 아니하니라"(눅 12:15)는 예수님의 말씀은 진리이다. 7가지 죄에 대하여 집중적으로 연구한 헨리 페얼리(Henry J. Fairlie)도 탐욕이란 '더 갖고 싶어 하는 심리'라고 분석했는데, 그것은 대부분의 사람에게서 '맹목적'이라고 주장했다.

더 가질 수 없는 답답함에 '이렇게 사느니 차라리 죽어버리자'고 하는 사람이 있는가 하면 '더 갖기 위해서 다른 사람을 죽여버리자'고 하는 사람도 있다. 대부분의 탐욕으로 인한 사건은 후자의 것들이다. 기독교상담학자 게리 콜린스(Gary R. Collins, 1934-)는 『당신도 차이를 나타낼 수 있다』(You Can Make a Difference)에서 '탐욕에 노출된 사람들은 대부분 냉혈적인 성격을 가진 공통점이 있었다'고 밝힌 바 있다. '냉혈적 성격'이라 함은 '자신의 탐욕을 충족하기 위해서는 어떤 수단과 방법을 가리지 않기 때문에 상대방을 배려하는 마음도 없고, 이해도 없고, 공감도 없고, 더 나아가서 잔인하기까지 하다'는 의미이다.

그렇기 때문에 우리 사회에서 이런 사람들이 자신의 욕구, 욕망, 욕심,

탐욕, 탐닉을 위해 다른 사람을 생각하지 않고 사건을 저지르는 것이며, 그 결과들을 신문 사회면에서 수없이 목격할 수 있다.

출애굽기에 "그의 밭이나…이웃의 소유를 탐내지도 말지니라"(출 20:17)고 했는데, 여기서 '탐내다' 는 단어의 히브리어 '하마드'(חמד)는 '몹시 열망하다' 는 의미를 내포하고 있다. 그래서 '탐심'이란 다른 사람의 소유를 갖고 싶어서 몹시 열망하는 상태를 말하는데, 이런 탐욕은 자신에게 허락되지 않은 것을 불법으로 소유하려는 욕망을 뜻한다. 그리고 이 상태는 마침내 그 대상을 소유하기 위한 다양하고, 구체적인 범죄를 낳게 한다.

탐욕은 대개 물질적인 것이 그 대상이지만, 명예나 평판을 비롯하여 권력, 사람 등도 대상이 될 수 있다. 사람이 사는 곳이라면 그 어디서나, 정치, 경제, 사회, 문화, 종교 등 어떤 상황에서나, 남녀노소, 빈부귀천 그 어떤 대상에게서나 탐욕이 나타날 수 있다. 이 세상에 인간의 탐욕이 미치지 않는 곳은 없으며, 모든 것에 탐욕이 깃들 수 있다고 보아도 틀린 말이 아니다.

현상적으로 볼 때 탐욕은 가난한 자보다는 부유한 자에게 더 많이 노출되는 죄라고 볼 수 있다. 이에 대하여 솔로몬 쉼멜(Solomon Schimmel)도 동일한 입장을 취했는데, 빈곤한 자에게 탐욕이 없다는 것이 아니라, 빈곤한 자는 빈곤 상태에서 탐욕을 나타낼 기회가 많지 않은 것이다. 그러나 부유한 자는 이미 탐욕을 통해 재물이 주는 쾌락을 맛보았고, 재물의 축적을 경험해 보았기 때문에 탐욕이 강화되었다고 볼 수 있다.

3. 과연, 마귀가 주는 유혹일까?

신자들 가운데는 자신이 당하는 시험이나 유혹을 귀신, 악령, 악마, 사탄, 마귀라고 불리는 세력들이 자신을 타락시키는 것으로 이해하는 사람도 있다. 시험이나 유혹에 넘어갔을 때 사람들은 책임을 자신이 지려는 것이 아니라 상담심리학 용어로 '귀인'(歸因), 즉 그 책임을 외부의 대상에 전가하려는 성향이 나타난다고 볼 수 있다.

뉴욕 오번(Auburn)신학대학 성서신학 교수 왈터 윙크(Walter Wink, 1935-)는 "귀신, 악령, 악마, 사탄, 마귀 이런 것들이 인간에게 '시험이나 유혹'이라는 함정을 만들어 놓고 그곳에 빠지도록 하는 역할을 한다"고 분석했다. 그렇기 때문에 실패, 실수, 좌절, 시험, 유혹에 빠진 경우, 그 책임을 면하기 위해 악한 존재에 투사하는 것이다. 즉 '나는 그러고 싶지 않았는데 악한 세력들이 나를 이렇게 만들었다'는 것이다. 물론, 이런 악한 존재들과 그 활동에 대한 많은 사례들이 성경에 기록되어 있기 때문에 그것을 파악하는 것은 어려운 일이 아니다.

"너희는 너희 아비 마귀에서 났으니 너희 아비의 욕심을 너희도 행하고자 하느니라"(요 8:44)는 예수님의 말씀에 비추어 보면 욕심은 마귀의 것이고, 인간이 탐욕을 나타냄으로써 마귀적 성품을 갖는 것임을 알 수 있다. 마귀는 종국에 무저갱에서 영원한 형벌을 받게 되는데, 그렇게 되기 전까지 마귀는 신자들을 시험하고, 유혹하여 타락시키기에 여념이 없을 것이다(계 20:3). 자신이 책임을 지려고 하지 않고, 마귀에게 귀인, 전이, 투사하려는 심리는 자신의 죄와 책임을 약화 또는 희석하거나 회피하는 것이 될 수 있다. 즉 '나는 욕심을 부릴 생각이 전혀 없었는데, 이 귀신, 악령, 악마, 사탄, 마귀가 나를 유혹하여 내가 이렇게 탐욕에 빠지게 되었다'는 핑계를 만들 뿐이다.

심리적으로는 내면의 강한 동기나 욕구, 욕망 등이 유혹의 요인으로 작용한다. 그리고 충동 조절에 실패한 경우, 심리적 불안정으로 흔들리다가 유혹에 빠져들게 되는 것이다. 이 세상에 어떤 존재가 자신을 유혹할 수는 있어도 시험에 빠뜨려 죄악의 늪에 밀어 넣는 존재는 없다. 유혹의 늪에 빠지는 것은 그 유혹에 대한 자신의 내면적 동의가 있었기 때문이다. 자신이 유혹에 동의하지 않는다면 흔들릴 수는 있어도 유혹에 빠지지는 않게 된다.

이에 대하여 실존주의 심리학자이며 정신의학자였던 빅터 프랭클(Victor E. Frankl, 1905-1997)도 동의하였다. 프랭클은 "인간은 특정 상황에 응하든지, 대항하든지 이는 자신이 스스로 결정한다"고 주장했다. '마귀가 나로 하여금 그 일을 하게 했다'고 말할지는 모르지만 마귀는 단지 유혹만 했을 뿐이다. 모든 행동으로 짓는 죄는 죄를 범하는 사람 스스로 동의한 결과이다.

기독교상담학자 테리 쿠퍼(Terry D. Cooper)와 신디 엡퍼슨(Cindy K. Epperson)도 동일한 입장을 취했는데, 그들은 "사람들은 부당한 행동 또는 죄악된 유혹이 접근해 올 때 악마로부터 유혹을 받고 있는 것인데, 대부분의 유혹들은 자신의 의식 안에 존재하는 것이지 외부에 의해 통제되는 것이 아니다"라고 분석했다. 그렇기 때문에 유혹은 외부의 유혹적 요소(환경)도 문제가 되지만, 내면에 이미 그 유혹에 이끌리는 생각, 호기심, 희망, 갈망, 욕구, 욕심, 탐욕, 탐닉 등이 존재하기 때문에 유혹에 빠지는 것이다. 그러므로 이것을 제거해야 유혹을 극복할 가능성이 높아진다.

어떤 사람이 자신의 승용차로 고속도로를 운행하면서 몰려오는 졸음을 몰아내고자 커피를 마시기 위해 휴게소에 정차하게 되었다. 쉬어 갈 시간이 충분하지 않아 휴게소에서 커피 한 잔을 사서 운전하며 조금씩 마시려고 운전석 옆자리에 커피를 두었다.

휴게소를 출발하여 고속도로로 진입하기 위해 속력을 내려는 순간, 앞차가 갑자기 급정거를 하는 것이었다. 도리 없이 이 사람도 급제동할 수밖에 없었고 옆 좌석에 둔 커피가 쏟아져 자리를 더럽히고 엉망이 되었다. 이런 상황에서 그는 급제동한 앞차를 욕할 수도 없고, 커피를 욕할 수도 없는 일이었다. 그 순간, 이 사람은 중요한 것을 깨닫게 되었는데, 컵 속에 커피가 없었다면 상황이 어떻든 간에 차가 더럽혀지지는 않았을 것이라고 생각했다.

　유혹도 문제이지만, 더 문제가 되는 것은 '자신의 내면에 그것이 있었다'는 것이며, 다른 사람으로 인해, 사건으로 인해 유혹을 받을 때 그것이 밖으로 나와 더러워지는 것이다. 이것을 상담심리학에서는 '투사적 동일시'(projective identification)라고 한다. 자신의 내면에 그것이 있었기 때문에 그것으로 유혹이 올 때 유혹에 넘어가서 결국 내면의 그것과 유혹적 요소로서 그것이 동일해진다는 것이다.

4. 탐욕에 관한 사탄의 주기도문?

"하늘에 계신 우리 아버지여…시험에 들지 말기 하옵시고…"라는 주의 기도를 입으로만 하지 말고, 실제로 탐욕에 대한 사탄의 시험에 들지 않으려면 욕심을 줄이려는 노력을 해야 한다.

　누군가 '주기도문'을 패러디하여 '탐욕에 관한 사탄의 주기도문'으로 만든 내용이 있다. 그것을 보면 돈과 재물만을 추구하는 사람의 심정을 잘 알 수 있다. 어떤 사람이 만든 유머와 같은 것이지만 실제 넘치는 탐욕을 가진 사람들은 이런 마음을 가지고 있을 수도 있을 것 같다.

> 은행에 계신 우리 돈이여, 이름이 거룩히 여김을 받으시옵고, 당신이 지배하는 세상이 임하옵시며, 당신 뜻이 세상에서 이루어진 것 같이 가정과 직장에서도 이루어지이다. 오늘날 우리에게 끝없는 탐욕을 주옵시며, 은행이 우리에게 빚진 자를 고발하여 압류한 것 같이 우리도 빚진 자를 고발하게 하옵시고, 우리를 신용불량에 들지 말게 하옵시고, 다만 채무에서 구하옵소서. 대개 욕심과 탐욕과 영광이 영원히 돈과 함께 있사옵나이다.

'탐욕은 마치 우리의 머리 위에 날아다니는 새와 같다'고 비유할 수 있다. 종교개혁자 마틴 루터(Martin Luther)는 말했다.

"우리 머리 위에 나는 새를 막을 수는 없다. 그러나 그 새가 내 머리에 둥지(nest)를 트는 것은 막아야 한다."

이처럼 잠깐 스쳐 지나가는 탐욕들을 원천적으로 막을 수는 없지만 그런 생각들을 마음에 품게 되면 틀림없이 큰 죄로 부화될 수 있으므로 그것을 자신의 마음속에서 제거해야 한다. 탐욕이 생길 때마다 지속적이고, 적극적이고, 단호하게 그것을 물리치지 않으면 그것은 '받아들이겠다'는 뜻이거나 묵시적 동의이므로 유혹에 곧바로 노출되고 만다. 자신의 내면에 그것을 통제했다면 유혹이 도전해 온다고 할지라도 아무 상관없는 사람이 될 것이다.

5. 탐욕의 통로

기독교상담학자 마크 맥민(Mark R. McMinn)과 티모디 필립스(Timothy Philips)는 "인간의 탐욕에 대한 연구없이 시험과 유혹을 이해하거나 그것을 다룬다는 것은 불가능하다"고 설명했다.

구약성경에 욥은 "언제 내 마음이 여인에게 유혹되어…"(욥 31:9), "내 마음이 가만히 유혹되어…"(욥 31:27)라고 했는데, 여기서 우리는 시험과 유혹의 장(field)이 인간의 '마음'이라는 것을 알 수 있다. 유혹의 요소를 이미 마음속에 가지고 있는 것이 문제이다.

야고보는 "오직 각 사람이 유혹을 받는 것은 자기 욕심에 끌려 미혹됨이라"(약 1:14)고 했다. 그러므로 자신의 내면에 있는 탐욕과 같은 유혹의 요소들이 있다는 사실을 인정하고 그것을 드러내야 한다. 날마다 이것을 처리하는 신앙의 과정이 없다면 누구라도 본능에 사로잡히게 되고, 결국 속물이 되고 마는 것이다. 그래서 사도 바울은 "나는 날마다 죽노라"(고전 15:31)고 고백했는데, 이것은 '그가 자살을 시도했다'는 말이 아니라 '그의 내면에서 싹트는 탐욕을 포함한 죄성을 날마다 죽이고, 그 싹을 자르고, 정결하게 되려고 부단히 노력했다'는 의미로 이해된다.

사람은 누구에게나 탐욕이 있는데, 아이들에게는 아이들대로의 탐욕이 있고, 청년은 청년대로의 탐욕이, 노인에게는 노인대로의 탐욕이 있다. 아이들은 "용돈을 모아 게임기 하나 장만하면 소원이 없겠다"고 말할 수도 있다. 그러나 젊은이들 가운데는 시간만 있으면 이성을 찾아다니고, 돈만 있으면 분위기 좋은 곳에 가서 데이트하는 것이 소원인 사람도 있을 것이다. 지나가는 아름다운 여성을 보면 정신을 잃고 시선이 그리 향하는 청년도 있을 수 있다. 지금까지 키워주신 부모의 은혜는 아랑곳하지 않고, 이성 때문에 괴로워하다가 자살하는 청년도 있다. 그렇지만 아이들은 아름다운 여성이 지나가든 말든 마음에 아무 동요가 없다.

그래서 '유혹' 또는 '시험'이라는 것은 연령대마다 다르고, 관심 분야에 따라 다르고, 사회적 위치에 따라 다르다. 어떤 사람은 이성에는 큰 관심이 없으나 돈이 시험거리가 될 수 있고, 또 어떤 사람은 성격이 참 좋은데, 명예에 아주 약한 사람이 있을 수 있다. 이 약한 부분이 바로 사탄의 표적이 되는 것이며, 시험이나 유혹의 통로가 되는 것이다. 이런 시험과 유혹의 통로들을 성경적인 표현으로 한다면 '육신의 정욕,' '안목의 정욕,' '이생의 자랑'(요일 2:16)이라고 할 수 있다.

이 땅에서 시험과 유혹은 결국, 이 세 가지의 통로들을 통해 들어오게 된다. 7가지 죄들도 넓은 의미에서는 모두 이 세 가지에 포함된다. 미국의 저명한 복음주의 신학자 데니스 오크홈(Dennis L. Okholm)은 "인간문제를 살펴볼 때 지나친 탐욕이 항상 시험과 유혹을 불러일으켰다"고 분석한 바 있다. 탐욕은 인간이 모든 시험과 유혹에 빠지게 되는 통로이다.

첫째 통로인 '육신의 정욕'은 인간에게 가장 기본적인 욕구이면서 가장 강력한 욕구로서 주로 성적인 욕구이다. 이 욕구는 오직 이 땅의 일, 육신의 일에만 관심이 집중되는 것으로서 더 느끼고, 더 즐겁고, 더 자극적이고, 더 쾌락적이고, 더 큰 쾌감을 얻고자 하는 것이다.

둘째 통로인 '안목의 정욕'은 보고자 하는 욕구 또는 보여주고자 하는 욕구이다. 보아야 별 것도 없는데, 보고 싶어서 견딜 수 없는 마음, 애써 보려고 노력하는 마음이며, 또 보여줄 것도 없으면서 뭔가를 보여주려고 노력하는 심리에 기초한 유혹이다. 이를 상담심리학에서는 '시각적 콤플렉스'(spectacular complex)라고도 한다. 인간에게 다가오는 모든 유혹은 눈을 통해서 들어온다고 볼 수 있다. 아름다워 보이고, 멋있게 보이고, 매혹적으로 보고, 행복하게 보이는 것으로부터 비롯된다.

이브가 에덴동산에서 선악을 알게 하는 나무의 실과를 따 먹을 때에도 그 실과가 '먹음직도 하고 보암직하다'고 표현한 것을 보더라도 유혹은 시각을 통해서 들어온다. 다윗도 밧세바를 보면서 보암직스럽고, 사랑스럽고, 행복하게 할 만큼 탐스러워 보였을 수도 있다. 누구라도 안목의 정욕에 이끌리면 유혹을 거부하기가 어렵게 된다. 하지만 그 끝에는 하나님의 심판이 기다리고 있다.

어느 백화점이든 백화점 매장에는 창문이 없는데, 있다고 하더라도 물건들을 쌓아놓아 창문을 차단해 놓았다. 고객이 쇼핑을 할 때 바깥세상을 차단해서 오직 물건을 사는 것에만 관심을 집중시키게 하려는 '심리적 전략'이라고 할 수 있다. 창 밖에 비나 눈이 오는 것을 보게 되면 학교에 간 자녀들의 귀가 걱정, 집 베란다에 걸어 둔 빨래 생각을 할 수 있고, 어두워졌을 때는 집으로 돌아가려는 귀소본능이 발동하여 '쇼핑을 방해할 수 있다'는 것이다. 그리고 밝은 햇살이 들어오면 상대적으로 상품이 초라하게 보이기 때문에 조명으로써 상품을 인위적으로 부각시키기 위해 창문이 없는 것이다.

또 백화점에는 시계 판매점 외에는 시계가 없어서 시간을 볼 수 없다.

이것도 고객을 백화점에 오래 머물게 하려고 유인하는 마케팅 전략이라 할 수 있다. 왜냐하면 사람이 시계를 보는 순간 심리적으로 약속시간을 떠올리게 되고, 시간에 쫓기게 될 수 있기 때문이다. 또 의자를 두지 않음으로 고객이 앉지 못하고 계속 돌아다니면서 구매하도록 만들고 있다. 백화점을 방문한 고객이 앉아 있는 시간은 매출이 발생하지 않으므로 백화점 입장에서는 유익이 없는 시간이다.

또 대형 마트에 가면 주기적으로 물건 진열을 바꾸어 놓는다. 고객은 자신이 자주 가는 마트에 자주 구입하는 물건이 어디에 있는지를 기억하고 있기 때문에 필요할 때 바로 그리로 가서 사게 되지만, 물건의 위치를 바꾸어 놓으면 그 물건이 어디에 있는지 찾다가 이것저것 구경하면서 충동구매가 발생하기 때문이다. 이것은 '견물생심'(見物生心)이라는 심리를 이용한 '판매전략'이라고 할 수 있다. 사람은 무엇이든지 보면 마음이 끌리고, 마음이 끌리면 구매에 대한 충동이 발생하게 된다. 그래서 안목의 정욕은 인간의 탐욕을 끌러내는 통로가 되는 것이다.

셋째 통로인 '이생의 자랑'은 자랑하고자 하는 욕구가 유혹의 통로가 되는 경우이다. 인간은 자랑하고 싶어서 견디지 못하는 존재라고 할 수 있다. 삶의 목표를 엄밀히 분석해 보면 상당 부분은 자랑하기 위한 것들이다. 우리말 속담에 "도토리 키 재기"라는 말이 있다. 도토리가 서로 자기가 크다고 해봐야 사람이 볼 때는 고만고만한 도토리일 뿐이고, 도토리가 키가 커봐야 거기서 거기이다. 그 뜻은 인간이 서로 잘난 척을 해봐야 하나님께서 보실 때 거기서 거기라는 말이 된다. 그럼에도 불구하고 대부분의 사람은 자신이 다른 사람보다 더 나은 것, 더 높은 것, 더 넓은 것, 더 큰 것, 더 많은 것을 가지고 있는 것에 대하여 자랑을 통해 행복감을 가르려고 한다.

예수님은 광야에서 40일간 금식기도를 하신 후에 사탄에게 '육신의 정욕,' '안목의 정욕,' '이생의 자랑'에 대한 유혹을 받으셨다. 사탄은 예수님께 다가와 '이 돌들로 떡이 되게 하라! 높은 데서 뛰어내려라! 그러면, 천사들이 나타나서 다치지 않게 잘 보호할 것이다. 내게 절을 하면 온 세상을 다 주겠다'고 유혹했다. 예수님은 유혹을 받으셨으나 탐욕이 없으셨기에 유혹에 넘어가지 않으셨다.

인간은 누구나 시험과 유혹을 받을 수 있다. 유혹 자체는 죄는 아니다. 다만, 유혹에 넘어가는 것이 문제이다. 이 세상은 죄악 투성이며, 다양한 시험과 유혹이 도사리고 있어서 사람은 언제나, 어디서나, 누구에게나 틀림없이 공격을 당할 수 있다. 시험과 유혹을 '사탄의 공격'이라고 본다면 이것은 항상 자신에게 가장 약한 부분을 공략하여 들어올 수 있다. "나는 절대 그런 더러운 유혹에는 안 넘어갈 거야!"라고 장담하는 것은 훌륭한 결심일 수는 있으나, 이것은 일종의 교만이다.

"그런즉 선 줄로 생각하는 자는 넘어질까 조심하라"(고전 10:12)는 성경말씀처럼 누구나 시험과 유혹에 긴장하고, 조심하며, 경계해야 한다. 한 두 번 물리치고, 극복했다 하여 자만심을 가져서는 안 된다. 사탄이 다음 번에는 다른 방향으로, 다른 형태로, 다른 사람을 통해, 다른 시도를 할지도 모른다. 다윗의 기도 "내 마음이…탐욕으로 향하지 말게 하소서"(시 119:36)처럼 우리도 날마다, 아침마다, 일마다 하나님을 의지하며 그렇게 겸허히 기도해야 한다.

6. 연령에 따라 달라지는 욕구

탐욕은 '이기주의의 최절정'이라고 할 수 있다. 그래서 기독교상담학자 마틴 밥간(Martin Bobgan, 1935-)은 탐욕은 '자기애적 죄'라고 주장했다. 탐욕은 '먹어도 내가 먹어야 하고, 올라가도 내가 올라가야 하고, 벌어도 내가 벌어야 하고, 성공해도 내가 성공해야 하고, 상을 받아도 내가 받아야 하고, 모든 것을 내가 해야 되고 나만 해야 된다'는 자기애에 기초된 죄이다. 더 나아가 다른 사람이 먹는 것도 내가 뺏어 먹고, 다른 사람이 올라갔을 때 끌어내리고자 하는 악이 바로 탐욕이다.

'이 세상에 탐욕만 없으면 이 세상은 천국이 된다'는 말이 있는데, 물론 탐욕이 없어졌다 하여 천국이 되는 것은 아니지만 그만큼 '탐욕으로 인해서 인간 삶에 심각한 문제, 폐해, 사건, 사고 등이 많이 발생한다'는 의미이다.

실존주의 심리학자 아브라함 매슬로우(Abraham H. Maslow, 1908-1970)는 인간의 욕구에 대해 주로 연구한 학자이다. 매슬로우는 1945년에 인간의 욕구에 대해서 체계적으로 정리하여 욕구의 단계를 분석했는데, 이는 유혹의 단계와도 같다고 볼 수 있다. 그것은 다섯 단계로서 생리적 욕구, 안전(안정)의 욕구, 소속감-사랑의 욕구, 자존감의 욕구, 자아실현의 욕구이다.

이를테면, 사람은 세끼 밥 먹는 것이 가장 강력하고, 최대의 욕구이지만 밥만 먹고는 살 수가 없다. 일자리가 없을 때나 먹고 살기 위해서 어떤 일이라고 하겠다는 생각을 하게 된다(생리적 욕구). 일자리를 갖게 되고, 밥을 먹고 나면 위협 없이 안전하고, 안정된 일자리를 추구하게 된다(안전/안정의 욕구). 그것이 확보되어야 편히 살 수 있고, 안전/안정을 얻음으로써 행복을 느끼게 되기 때문이다.

그것을 얻고 나면 그 후에는 사회적으로 인정받을 만한 기관(학교, 직장 등)에 소속되기를 갈망한다(소속감-사랑의 욕구). 또 인정받을 만한 기관에 소속된 것만으로는 행복을 얻을 수 없다. 자신이 소속된 기관에서 자신의 존재를 인정받고, 존중받고, 승진하고, 영향력을 나타내고 싶어 한다(자존감의 욕구). 그리고 나중에는 박사도 되고 싶고, 사장, 회장, 이사장, 대표 등 자기를 실현하고 싶어 하는 최종 욕구(자아실현의 욕구)가 발생한다고 매슬로우는 주장했다.

매슬로우의 욕구위계론(need hierarchy)은 하위욕구가 충족될 때 비로소 다음 욕구로 나아간다고 보았다. 하지만 그는 인간의 욕구가 충족될 수 없는 것이라는 사실을 간과한 것 같다. 이를테면, 아무리 맛있는 음식을 배가 터지게 먹고, 더 이상 한 숟가락도 먹을 수 없는 포만상태에 이르렀어도 그것은 일순간이며, 4-5시간만 지나면 또 먹고자 하는 욕구가 발생하기 마련이다.

프랑스의 사상가 장 자크 루소(Jean J. Rousseau, 1712-1778)는 다음과 같이 주장했다.

> 10대는 먹는 것에 얽매인다고 했고, 20대는 애인에게 얽매여 더 예쁘고, 더 아름답고, 더 멋있는 사람을 사귀고 싶고, 30대는 더 즐기고 싶고, 더 자극을 받고 싶고, 40대는 더 큰 꿈을 갖고 싶고, 더 지배하고 싶고, 50대는 탐욕으로 더 갖고 싶어 하고, 60대는 결국, 절망에 얽매인다.

이것은 그 연령대에 주로 선호하는 것을 나열한 것일 뿐, 30대, 40대, 50대, 60대라 하여 돈을 싫어하거나, 이성을 싫어한다는 것이 아니다. 분명한 것은 인간의 욕망이란 만족함이 없어, 무엇이든지 탐할 수 있고, 언제까지든지 탐할 수 있는데, 탐욕이 하자는 대로 했다가는 결국, 파멸의 절벽으로 떨어지게 된다.

공자(孔子)는 "나이가 마흔이 되니 세상에 미혹되지 아니하고…"(四十而不惑)라는 말을 한 바 있다. 나이가 40세가 되면 세상 모든 일에 대하여 시비분변(是非分辨)을 할 수 있고 감정 또한 적절하게 절제할 수 있는 나이이므로 어떤 일에도 쉽게 미혹되지 않는다고 말했는데, 심리학적으로 볼 때 이것은 사실이 아닐 듯싶다. 루소는 나이가 50대를 '가장 탐욕에 깊이 빠질 나이'라고 분석했기 때문이다. 탐욕은 모든 연령대에 모든 사람에게 나타나는 공통적인 것이고, 본능적인 것이다. 막 태어난 어린아이도 그것이 표출되지 않았을 뿐, 그 내면에 탐욕의 죄가 잠재되어 있고, 70대 노인이라고 하여 살면서 탐욕을 다 쏟아버린 것이 아니라, 여전히 그 내면에 탐욕이 자리잡고 있다.

경기 이천경찰서는 대낮 주택가를 돌며 여성 속옷을 훔친 혐의로 조 모씨(75세)를 불구속 입건하여 기소 의견으로 검찰에 송치했다는 언론의 보도(2017년 8월 12일자)가 있었다. 조 노인은 주택가 빨랫줄에 널려 있는 여성의 속옷을 훔친 이유에 대해 "성적인 욕망으로 인해서 자신도 모르게 순간적으로 그랬다"고 진술했다. 자신의 성적 욕구를 해소할 마땅한 방법이 없을 때 성도착증(sexual fetishism)으로서 '복장 도착,' '물품 음란증' 등이 나타날 수 있는데 이런 현상은 성적인 탐욕에 기반을 두고 있는 것은 명백하다.

인간이 200세를 산다고 해도 이 성적인 탐욕에서 깨끗한 상태가 되지는 않을 것이다. 인간이 성장하면 성장할수록 점점 커지는 것이 탐욕이고, 타락하면 타락할수록 더 커지는 것이 탐욕이다.

한 초등학교 교실에서 탐욕에 관한 실험을 한 내용이 있다. 그것은 사탕이 가득 담겨진 그릇을 가운데 두고, 좌우에 빈 그릇 하나씩을 둔 후, 실험자가 학생들에게 이렇게 요청했다.

"네가 먹을 사탕을 한 주먹 쥐어 왼쪽 그릇에 두고, 네 친구가 먹을 사탕도 한 주먹을 쥐어 오른쪽 그릇에 담아라. 사탕의 양은 똑같아야 한다."

그런데 관찰해 보면 똑같은 한 주먹인데 다른 사람의 사탕 한 주먹보다 자신의 사탕 한 주먹이 꼭 더 많았다. 어떤 학생도 예외가 없었는데, 이런 현상은 이 실험에 참여한 초등학생에게서만 나타나는 현상은 아닐 것이다. 이것은 의식적일 수도 있고 무의식적일 수도 있는데, 인간은 다른 사람보다 더 갖고 싶어 하는 탐욕이 심리저변에 깔려있기 때문에 이런 행동이 나타난다고 볼 수 있다.

스코틀랜드의 저명한 성경주석자 윌리암 바클레이(William Barclay, 1907-

1978)는 "탐욕은 모든 인간에게 본능적인 욕망으로서 가장 강력한 것"이라고 주장했다. 탐욕은 가장 강력한 힘이기 때문에 이 힘이 잘못 사용될 때 문제가 커지는 것이다.

7. 탐욕, 유혹으로 끌고 가는 견인차

탐욕이 있는 사람은 뇌물을 쉽게 받아들이게 된다. 그의 내면에 탐욕이 이것을 빨아들이기 때문이다. 이런 사람에게 '돈을 많이 벌 수 있다'는 제안은 극복하기 어려운 유혹이 된다. 속아 본 적이 있는 대부분의 사람들에게서 발견되는 공통점은 바로 '그들의 내면에 탐욕이 있었다'는 것이다. 탐욕이 없는 사람은 유혹이 있어도 쉽게 빠져들지 않는다.

"오직 각 사람이 시험을 받는 것은 자기 욕심에 끌려 미혹됨이니…" (약 1:14)라고 기록되어 있는 성경말씀을 보아도 사람이 탐욕 때문에 시험에 빠지고, 속는 것이다. 언론의 보도에서 흔히 볼 수 있는 각종 사기 사건들을 분석해 보면 사기를 치는 사람은 모두 사람의 탐욕을 이용하여 범행을 한 것이고, 사기를 당하는 사람은 대부분 그의 내면에 탐욕이 존재했기 때문에 사기를 당한 것이다. 그래서 '누구한테 속았다, 사기 당했다'라고 말하는 사람은 그 내면에 강한 탐욕이 함정이 되어 유혹에 쉽게 넘어간 것이다. 탐욕은 탐욕을 가진 사람으로 하여금 유혹으로 끌고 가는 견인차라고 할 수 있다.

아우렐리우스 어거스틴(Aurelius Augustine)은 "죄란 무엇인가? 그것은 관심의 초점을 하나님에게서 자기 자신에게로, 자신의 욕구로, 자기 만족으로 방향을 바꾼 결과"라고 보았다. 자석의 N 극과 S 극이 서로를 강하게 잡아당기듯, 탐욕은 시험과 유혹을 서로 끌어당기는 역할을 한다.

영국의 대표적인 금융회사 바클레이즈(Barclays)는 전 세계 53개 국에

2,013개 이상의 지점을 보유하고 있으며, 직원만 12만 명이 넘는다. 이 회사의 최고경영자 로버트 다이아몬드(Robert Diamond)는 직원 가운데 일을 잘하고 잘못하는 것에 관계없이 탐욕이 과도한 사람을 색출하여 강제 퇴직시킨 바 있다. 탐욕이 과도한 직원들을 어떻게 가려냈는지 매우 궁금한데, 돈을 다루는 사람들에게 있어서 탐욕은 '가장 경계해야 할 대상'이라고 그는 생각했기 때문일 것이다.

국내에서도 금융업에 종사하여 돈을 다루는 사람들이 거액을 탈취하여 잠적해 버리는 사건들이 제법 발생하고 있다. 「일요경제신문」의 보도(2010년 4월 28일자)에 따르면, '대학생의 71%가 일확천금을 꿈꿔봤다'고 한다. '일확천금'(一攫千金)이란 정상적으로는 절대 얻을 수 없는 것으로서 이것이 바로 탐욕이다.

이것은 돈 벼락을 맞아야 하는 건데 이런 벼락이 어디서 내리겠는가?

일확천금을 얻고 싶은 생각이 마음에 있다면 '일확천금을 얻게 해준다'는 유혹에 솔깃하여 쉽게 빠져들게 되는 것이다. 대개 불노소득이나 일확천금을 얻고자 사람들이 복권을 구입하게 된다.

1988년 미국 펜실베니아(Pennsylvania) 주에서 버디 포스트(Buddy Post)라는 사람이 복권에 당첨되어 1,620만 달러의 상금을 받은 사람으로 유명하다. 1달러를 1,000원으로 환산하면 162억 원이 넘는 돈이다. 그러나 포스트는 "이 돈 때문에 불행이 시작되었다"고 고백했다. 그는 가정불화로 이혼하게 되고, 동생은 이 돈을 탐내어 형을 죽이려다가 살인미수로 복역하게 되고, 소송에 휘말려서 3분의 1을 날려버리고, 상금을 가로채기 위해 음모했던 변호사, 경찰관 등을 소송하면서 지불해야 했던 변호사 비용으로 돈을 다 써버리고 빈털터리가 되었다. 그는 복권에 당첨이 되지 않았다면 생기지도 않았을 문제들이 너무나 많이 생겨서 괴로웠다고 후회하면서 "돈이 많으면 몰려드는 것은 파리 떼뿐이다"라고 술회했다.

이와 유사한 일이 국내에서도 발생한 적이 있었다. 「중앙일보」의 보도

(2012년 7월 27일자)는 한 30대 가장이 로또복권 당첨으로 8억을 받았지만 모두 탕진하고 결국, 스스로 목숨을 끊었다는 사건을 소개했다. 전라남도 광주시 서구 모 목욕탕 남탕 탈의실에서 김 모씨가 목을 매 숨진 채 발견됐다. 경찰 조사 결과, 김 씨는 5년 전 로또복권 1등에 당첨되어 8억 원을 상금으로 받았다. 평범한 가장으로 아내와 1남 1녀를 둔 김 씨는 곧바로 회사를 그만두고 당첨금으로 주식투자 등을 했으나 사회 물정에 어두운 탓에 수차례 사기를 당했고 결국, 당첨금을 모두 탕진했다. 생활이 어려워지자 친·인척들에게도 많은 돈을 빌려야 했고 수천만 원의 빚만 떠안게 되었다. 생활고 등으로 가정불화도 심해져 결국, 이혼한 후, 자녀와도 떨어져 홀로 살던 김 씨는 심한 우울증을 앓아온 것으로 전해졌다. 광주 서부경찰서의 한 관계자는 "김 씨가 생활고 등을 비관해 스스로 목숨을 끊은 것으로 보고 유족 등을 상대로 조사하고 있다"고 밝혔다. 불노소득이나 일확천금을 노리는 복권 당첨자의 70%는 당첨되기 전보다 더 불행한 삶을 산다는 통계도 있다.

하나님의 경제원리는 땀 흘려 수고한 만큼 소득을 얻는 것이다. 도박하는 사람들은 모두 수고 없이 땀 흘리지 않고 일확천금을 얻으려는 생각을 가진 탐욕자들이라고 볼 수 있다.

도박을 하다가 망하는 사람들이 한둘이 아니고, TV에서 그 많은 도박 사건을 보면서도 도박을 하는 이유는 무엇인가?

바로 일확천금에 대한 탐욕 때문이다. 처음에는 도박이 아니었고, 무료함을 달래는 재미로 시작했을지도 모른다. 아마 초기에 판돈은 몇 백 원, 몇 천 원, 몇 만 원으로 시작하였을 것이다. 그렇지만 한 발, 한 발 탐욕의 늪으로 빠져들게 된다.

"욕심이 잉태한즉 죄를 낳고 죄가 장성한즉 사망을 낳는다"는 성경 말씀은 2천 년 전이나, 지금이나 모든 사람에게 적용되는 말씀이다. 이 말씀이 진리라는 것을 확인할 수 있는 사건들이 항상 신문의 사회면을 장식하고 있다. 이 말씀을 유심히 살펴보면 '욕심이 자라난다'는 뜻이 내포되어 있다. 사람의 욕심은 점점 자라고 커진다. 표준새번역 성경이나 현대인의 성경, 공동번역 성경은 이 구절을 "죄가 자라면"이라고 번역을 했는데, 욕심을 생명체처럼 '자라나는 것'으로 이해한 것이다. 사람은 나이를 먹으면서 신체도 점점 커지는데 그와 아울러 탐욕도 커지게 된다. 이 사실은 토마스 아퀴나스(Thomas Aquinas)가 처음 관찰하여 밝힌 바 있다.

도박에서 판돈이 커지는 것도 욕심이 자라기 때문이다. 도박 때문에 빚을 지게 되고, 그 빚이 점점 커지고, 돈을 갚을 능력이 안 되니까 돈을 빌려준 사람을 살인하거나, 자살하는 사건들은 매우 안타까운 일이다. 야고보서 1장 15절을 미리 알고 이 말씀대로 지켜 살았다면 발생하지 않았을 사건이다.

인간의 '욕심'이란 삼키고 또 삼키고 나서도 '또 달라'고 울부짖는 괴물과 같은 것이다. 대부분의 사람들은 더 새로운 것, 더 자극적인 것, 더 좋은 것, 더 멋있는 것, 더 비싼 것, 더 즐거운 것을 찾고, 자신의 욕구를 채우려는 노력이 나타나는데 이것은 죽을 때까지 지속된다.

성경에는 탐욕 때문에 문제가 된 사람들이 많이 소개되고 있다. 대표적인 인물은 열왕기상에 나오는 아합 왕과 이세벨이다(왕상 19:15-18). 아합 왕과 이세벨은 '나봇'이라는 사람의 포도원을 보고서 탐욕이 생겼다. 이들은 탐욕을 품고 그것을 뺏으려고 나봇을 달래도 보고, 위협도 해보았지만 나봇이 듣지 않자, 나중에는 나봇을 죽이고 포도원을 빼앗고 말았다. 죄를 범하면 죗값을 받게 되는데, 아합 왕은 그 죄 때문에 아내 이세벨과 함께 비참하게 죽고 말았다.

8. 탐욕은 우상숭배

성경에는 탐심을 '우상숭배'(골 3:5)라고 했다. 탐욕을 가진 사람들은 하나님보다 재물을 신(mammon)으로 더 사랑하고 섬기기 때문에 우상이 되는 것이다. 윌리암 베커스(William D. Backus)는 "탐욕의 껍질을 벗겨내면 그 속에 우상이 자리잡고 있다는 사실을 발견하게 될 것"이라고 설명했다. 탐욕을 갖게 되면 어떤 고상한 생각도, 위대한 정신도, 하나님에 대한 영성도 자리잡을 여유가 없다.

탐욕으로 가득 찬 사람은 기도를 해도 불건전한 기도밖에 할 수 없다. 우리가 기도해도 응답받지 못하는 원인 가운데 하나는 탐욕, 정욕 등으로 드리기 때문이라고 야고보가 설명했다(약 4:3). 자기 중심적인 탐욕으로 하나님을 조종하려는 경건하지 못한 사람의 기도를 하나님께서 들어주실 이유가 없다. 하나님은 인간의 탐욕이나 채워주시는 물주나 요술램프가 아니다.

미국 스프링아버(Spring Arbor)대학교 영성신학 교수 리차드 포스터 (Richard J. Foster, 1942-)는 "탐욕은 하나님 앞에 드려야 할 진정한 찬양을 방해한다"고 주장했다. 탐욕은 찬양만 방해하는 것이 아니라, 예배도 방해하고, 묵상도 방해하고, 기도도 방해하고, 봉사도 방해하며, 영성을 함양하지 못하게 만드는 사탄의 도구가 아닐 수 없다. 포스터는 탐욕을 '인간으로 하여금 악에 빠지도록 만드는 악한 영적 세력인 것이 분명하다'고 주장했다. 아담과 이브는 에덴동산의 모든 실과를 마음대로 다 먹을 수 있었지만 먹으면 안 되는 딱 하나, 선악과를 먹으려던 탐욕으로 인해 에덴동산에서 쫓겨나고 말았다. 다 가져도 더 갖지 못해 아쉬워하는 것이 인간의 탐욕이다.

러시아의 문호 레프 톨스토이(Lev N. Tolstoy)의 작품 『인간에게는 얼마만큼의 땅이 필요한가?』(How much Land Does a Man Need?)에 나오는 내용이다. 러시아의 한 시골에 '파흠'이라는 농부가 살고 있었다. 그는 가난한 머슴살이 끝에 돈을 좀 모아서 처자식과 함께 지낼 조그마한 집을 짓기 위해 땅을 구입할 생각을 했다. 그러던 차에 "바시키르(Bashkir)라는 곳에 가면 땅을 거저 주는 마음씨 좋은 지주가 있는데, 거기 가서 땅을 조금 얻어 보라"는 말을 듣고 이 농부는 7일 동안 걸어서 바시키르에 이르게 된다.

바시키르에는 정말로 땅을 거저 주는 지주가 있었다. 이 농부는 자신의 가족들이 살만한 조그만한 집 한 채를 짓기 위해 약간의 땅을 얻고자 하였다.

"어르신, 땅을 거저 주신다기에 제가 땅 좀 얻으러 왔습니다."

그러자, 이 지주는 막대기를 하나 주면서 말했다.

"이 막대기로 갖고 싶은 만큼 땅을 그으세요! 그러나 반드시 해가 지기 전까지는 돌아오셔야 하고, 긋는 곳은 다 드리리이다!"

이 농부는 약간의 땅만을 얻고자 했으나, 공짜 땅을 얻는 즐거움에 힘든 줄도 모르고 양 다리를 벌리고 막대기를 땅에 대고 뒷걸음질을 하여 해가 지기 전까지 열심히 선을 그었다. 해가 지려고 하자 급히 원점으로 돌아오게 되었는데, 허리를 구부린 상태에서 쉬지 못하고 뒷걸음질을 하여 선을 긋느라 너무 힘들어 그만 목에서 피를 토하고 죽고 말았다. 그래서 그를 땅에 묻었는데, 그 농부가 누울 만한 조그마한 땅이었다.

인간의 욕심은 끝이 없어서 죽어야 끝이 나는 경우가 많다. 탐욕은 죽어야 끝이 나는 무서운 죄이다. 이 농부는 욕심만 없었어도 이런 비극을 당하지 않고, 가족들과 행복하게 살았을 것이다. 인간은 누구라도 탐욕을 갖게 되면 그때부터 속물이 되고 속히 죽음(육신적 죽음, 심리정서적 죽음, 사회적 죽음, 영적 죽음)을 재촉하는 비참한 삶을 살게 된다.

단테는 "탐욕이란 굴복시킬 수 없는 마음의 원수"라고 표현했다. 탐욕을 '원수'라고 표현할 정도로 이것은 다스리기가 어려운 강적이며, 처리하기 힘든 죄악이다. 누구라도 이것을 우습게 보아서는 안 된다. 얼마나 많은 사람들이 이 탐욕과의 전투에서 패배하여 죽어나갔는지 모른다. 사람이 탐욕을 갖게 되면 그의 마음이 더러워지고, 영혼이 더러워질 뿐만 아니라, 탐욕으로 인해 마음의 평안도 없어지게 된다.

그렇기 때문에 마음의 평안을 회복하고, 정신건강을 얻기 위해서라도 탐욕을 줄여야 한다. 그래서 토마스 아 켐피스(Thomas a Kempis)는 "탐욕을 버리면 마음의 평안을 얻게 될 것이다"라고 주장한 바 있다. 일단 탐욕이 사람의 마음속에 들어가면 일을 열심히 하지만 그 열심이 모두 불순한 열심으로 바뀌게 된다. 이런 사람에게 권력을 주면 그는 자신의 탐욕을 채우는 방편으로 삼을 것이다. 이런 사람에게 돈을 맡기면 자신의 탐욕을 이루는 수단으로 삼을 것이다. 이런 사람에게 명예를 주면 자신의 탐욕을 드러내는 방편으로 삼을 것이다. 이런 사람들이 교회에서 중직을 맡으면 교회와 하나님을 자신의 탐욕을 충족하는 수단으로 사용하게 된다.

9. 탐욕, 어떻게 처리할까?

자족의 은혜

사막의 수도사 에바그리우스 폰티쿠스(Evagrius Ponticus)는 전도서 1장 7절(모든 강물은 다 바다로 흐르되 바다를 채우지 못하며 강물은 어느 곳으로 흐르든지 그리로 연하여 흐르느니라)을 인용하면서 다음과 같이 말했다.

"탐욕은 마치 바다와 같아서, 여러 강물이 모두 바다로 흘러 들어가지만 결코 그것이 바다를 채우지 못하듯이, 소유는 아무리 많아도 사람의 탐욕을 만족할 만큼 가득 채울 수는 없다."

인간의 탐욕은 밑 빠진 독에 물 붓는 것과 같아서 아무리 채우려 해도 채워지지 않는다. 또 인간의 탐욕은 마치 바닷물을 마시는 것과 같아서 마시면 마실수록 더욱 갈증이 생겨난다. 그래서 로마 속담에 "탐욕은 소금물과 같다"는 말이 있다. 아무리 목이 말라도 소금물을 먹지 않는 이유는 그것이 더욱 갈증을 야기하여 나중에는 결국 죽게 되기 때문이다.

탐욕과 중독은 매우 밀접한 관계에 있으며, 모든 중독자의 심리저변에는 탐욕이 깔려 있다. 인간은 자신의 탐욕을 충족하려다가 중독에 빠지며 결국, 폐인이 되고 마는 것이다. 모든 사람은 마음속에 허전함을 가지고 있다. 그 허전함을 채우려다가 중독에 빠지게 된다. 어거스틴은 "인간의 마음속에는 그 무엇으로도 채워지지 않는, 채워질 수 없는 부분이 있다"고 했다. 어떤 사람들은 허전함 때문에 이곳을 술로 채우고, 담배 연기로 채우고, 성적 쾌락으로 채우고, 마약으로 채우고, 돈으로 채우고, 도박으로 채우려고 하지만 그 허전함을 결코 채울 수 없다. 이 허전한 곳은 오직 하나님이 아니면 절대로 채울 수 없는 부분이다.

구약성경에 탐욕 때문에 망한 대표적인 사람으로 아간을 꼽을 수 있다. 여호수아 7장에 '아간'이라는 사람이 나오는데, 그는 탐욕 때문에 죽었다. 여호와의 것을 여호와께 바쳐야 하는 고대 율법 '헤렘'을 지키지 못한 것이다. 아간은 은 200세겔, 금덩어리 하나, 옷 한 벌을 훔쳤다. 그 당시는 요즘같이 철마다 옷을 바꿔 입을 수 있는 때가 아니고, 옷 한 벌이 매우 귀했던 시절이었다. 옷이 얼마나 귀했는지 '옷 한 벌을 가지고 삼대를 입었다'는 기록도 있다.

이렇게 하나님께 바쳐졌어야 하는 전리품을 아간은 탐욕으로 편취하였기 때문에 이스라엘 군대가 전쟁에서 패하게 된 것이다. 나중에 패전의 원인이 '아간의 탐욕'이라는 것을 발견하고, 아간을 찾아내 그를 '아골 골짜기'에서 돌로 쳐 죽이고서야 전쟁에서 승리할 수 있었다. 이 말씀은 우리에게 시사하는 바가 많다. 우리도 인생의 전쟁에서 아간 같은 탐욕을 아골 골짜기에서 쳐 죽이고서야 인생 전쟁을 승리할 수 있을 것이다.

신약성경에 기록된 인물 가운데 탐욕으로 인해 문제가 된 대표적인 사람은 아나니아와 삽비라이다. 이들은 요즘 개념으로 표현하면 교회의 십

령부흥회에 참석하여 큰 은혜를 받고 자신의 땅을 팔아 전액 헌금하겠다고 작정을 한 것 같다. 물론, 처음에는 순수한 마음으로 토지 판매대금을 모두 바칠 생각에서 땅을 팔았는데, 막상 토지대금을 손에 쥐고 보니 마음이 확 바뀐 것이었다.

그들 부부는 '어휴! 이 큰 돈을 다 바쳐? 이 많은 돈을 벌려면 내가 몇 년을 일을 해야 벌 수 있는데…' 이런 마음이 들지 않았을까?

이런 경우를 '견물생심'(見物生心, 물건을 보면 욕심이 생겨서 마음이 바뀐다는 의미)이라고 한다.

만약에 아나니아와 삽비라가 사도 베드로에게 "목사님! 이거 땅 판값의 절반입니다. 다 바치겠다고 했지만 그렇게 할 수 없었습니다. 죄송합니다. 절반만 바치겠습니다"라고 정직하게 말했다면 어떻게 되었을까?

아나니아와 삽비라는 재물에 대한 탐욕 때문에 죄를 범하고 죽임을 당하고 말았다. 능력이 안 되면 욕심을 줄여야 하는데, 능력도 안 되면서 욕심을 크게 가지면 할 수 있는 것이 죄짓는 거밖에 없다. 그래서 탐욕은 유혹에 쉽게 빠지는 지름길이며 함정이다.

사람이 목숨을 잃으면 아무 소용없는 것이 재산이다. 그래서 자신이 죽는다는 사실을 깨닫고, 먹고 사는 데 부족함이 없다면 지나친 탐욕으로 맹목적인 재산을 움켜쥐는 피곤한 삶을 살 필요는 없다.

고대 로마시대, 헬라의 고위층 사람들의 인사는 특별했다고 한다. 영어권에서는 아침에 사람을 만나면 'Good morning,' 우리는 '안녕하세요?'라고 인사하지만, 그들은 라틴어로 '메멘토 모리'(Memento mori)라고 인사를 했다고 한다. '메멘토'(memento)라는 뜻은 영어의 'remember'(기억하라)는 말이고, '모리'(mori)는 'to die'(죽는 것)라는 말이다. 즉 '메멘토 모리'는 'Remember to die'(죽는다는 것을 기억합시다)라는 뜻이다. '나도 죽고, 당신도 죽고, 곧 죽을 것'이라는 사실을 잊지 않는다면 이 세상을 살면서 지나치게 욕심낼 일이 없다.

사도 바울은 살면서 "자족하기를 배웠다"(빌 4:11)고 고백했다. 누구라도 자족하기를 배우지 못하면 그는 아직 성숙된 그리스도인이 아니다. 탐욕은 그 사람의 인격이나 영성의 여부와 정도를 드러내 주는 표시이기도 하다. 탐욕을 다스리면 성숙한 인격과 신앙을 갖게 되는 것이라고 평가해도 문제가 없다. 탐욕을 해결하지 못한 성인이라면 그 사람은 몸만 성인일 뿐, 생각은 어린아이와 다를 바 없는 '성인-아이'(adult-child)가 되는 것이다. 가진 것에는 흥미 없고, 갖지 못한 것에만 흥미가 있는 '성인-아이'는 불행한 사람이다. 행복한 사람은 자신이 가진 것을 가장 귀한 줄로 알고 감사하는 사람이다. 그래서 탐욕에 노출된 사람들의 공통점은 감사하지 못하는 것이다. 스스로 감사가 부족하다고 생각하는 사람은 자신에게 탐욕이 있지 않은지 분석하고, 진단해 보아야 한다.

"있는 바를 족한 줄로 알라"(히 13:5)는 말씀, 또 "먹고 입을 것만 있으면 그것으로 족한 줄로 알라"(딤전 6:7)는 말씀은 탐욕과는 반대되는 개념으로서 자족, 만족, 감사에 대한 교훈이다. 잠언에는 탐욕을 극복하기 위한 지혜로운 기도가 기록되어 있다.

> 하나님이여, 나로 가난하게도 마옵시고 부하게도 마옵시고 오직 필요한 양식으로 내게 먹이시옵소서. 혹 내가 배불러서 하나님을 모른다 여호와가 누구냐 할까 하오며 혹 내가 가난하여 도적질하고 내 하나님 이름을 욕되게 할까 두려워함이니라(잠 30:8).

에베소서에는 "탐욕은 너희 중에서 그 이름이라도 부르지 말라"(엡 5:3)고 했다. 그만큼 탐욕이 인간의 정신과 영성을 파괴하는 무서운 것이기 때문에 이런 내용이 성경에 여러 차례 기록된 것이다.

그리스 철학자 에피쿠로스(Epicurus)는 "만일 당신의 자녀를 행복하게 만들기 원한다면 당신은 재물을 줄 것이 아니라 그 자녀의 탐욕을 없애 주어야 한다"고 했다. 물질을 대할 때 '이것은 내 것이 아니다. 주님의 것을 내가 잠시 맡은 것이다'라고 생각하면 이 문제가 극복될 수 있을 것이다. 모든 것이 다 하나님께로부터 온 것이기 때문이다.

이것을 요즘 표현으로 한다면 이른바 '내려놓기'라고 할 수 있다. 탐욕을 내려놓아야 마음이 평안해지고 행복해질 수 있다. 그래서 서점에 나가 보면 『내려놓기』라는 제목으로 출간된 책들이 많이 눈에 띈다. 불교에서도 『내려놓기』, 『산사에서 마음 내려놓기』 이런 책들이 나와 있고, 100세의 일본 의사인 히노하라 시게아키는 『스트레스 내려놓기』라는 제목의 책을 썼다. 또 『내려놓기 연습』, 『마음 하나씩 내려놓기』, 『남김없이 내려놓음』, 『내려놓음』, 『더 내려놓음』, 『내려놓고 행복하라!』, 『내려놓은 마음, 찾아오는 행복』 이런 제목의 책들이 쏟아져 나오고 있다.

내려놓는 것이 정신건강에도 좋고, 행복을 얻기 위해 가장 의미 있는 첫 과정이기 때문에 선각자들이 이런 내용의 책들을 출간하고 있는 것이다. 내려놓는 것은 매우 어려운 일로서 자신의 본능을 제재하는 것과 같은 일이기 때문에 여기에 상당한 고통이 따를 수 있다. 하지만 이는 해산하는 고통이라고나 할까, 잠깐의 고통 뒤에 얻어지는 마음의 평안과 여유와 행복은 고통과 비교되지 않는 가치 있는 것이다.

의로운 욕심으로 채워야…

탐욕을 극복하기 위해서는 자신의 마음을 성령으로, 의로운 욕심으로 채워야 한다. 만일 성령으로 채워지지 않는다면 그 나머지 부분은 탐욕으로 채워질 수 있다. 그래서 "너희는 성령을 따라 행하라 그리하면 육체의 욕심을 이루지 아니하리라"(갈 5:16)고 기록되었다.

불교에서는 비움을 목표로 하여 이른바 '마음 챙김'(mindfulness)을 주장하는데, 기독교에서는 비우는 것을 추구하지 않는다. 비우기만 하는 것은 아무것도 아니기 때문이며, 마음속에 탐욕을 없앴다 하여 온전해지는 것이 아니기 때문이다. 탐욕이 사라진 다음에는 그곳을 채울 만한 선한 것이 있어야 한다. 탐욕을 극복하기 위해서 비우는 것은 기본적인 작업이다.

리처드 포스터(Richard J. Foster)는 『기도』(Prayer)에서 이에 대하여 간단하면서도 중요한 방법을 제시했다. 우리의 심령을 결국 하나님의 말씀으로 채워야 하지만 그 전에 비움의 기도가 필요한데, 자신의 내면에 숨어 있는 탐욕을 낱낱이 드러내서 하나님께 구체적으로 탐욕의 사실을 말해야 한다는 것이다. 자신의 내면에서 탐욕의 역동과 갈등하며, 싸우면서 발생하는 괴롭고, 힘겹고, 불쾌한 감정 상태까지도 하나님께 세세히 아뢰어 드러내는 과정이 중요하다.

하지만 여기서 끝나서는 안 된다. 기독교의 영성은 채우는 것으로서 마음속에 하나님의 말씀으로, 성령으로 채워져야 하고, 선한 열정으로 채워져야 이 문제를 극복하고, 변화되고, 자유로울 수 있게 된다. 그래서 탐욕을 버리려고 애를 쓰기보다는 선한 욕심, 선한 열정을 갖도록 힘써야 한다. 성경주석학자 바클레이는 "탐욕은 본능과 같아서 누구든지 그가 살아있는 동안에는 아마 이것이 없어지지는 않을 것"이라고 했다. 다만, "이 힘(에너지)을 선한 일에 쏟아야 이 문제를 온전히 해결할 수 있다"고 보았다.

드리고, 나누어 주기

미움을 해결하는 가장 좋은 방법은 상대방을 미워하지 않는 것이 아니라 그를 사랑하는 것이다. 음욕 때문에 괴로워하는 사람은 그것을 생각하지 않으려고 노력하는 것으로는 안 된다. 그것은 아무 의미가 없다. 음욕을 비워냈을 때 그것을 채울 만한 다른 생각이 있어야 한다. 그렇기 때문에 거룩한 생각을 하려고 노력해야 된다. 인간은 동시간에 상반된 두 가지 생각을 할 수 없는데, 이것을 행동주의심리학에서는 '상반행동강화'(Incompatible Behavior Reinforcement)라고 한다. 특정한 잘못된 생각을 몰아내기 위해 그와 반대되는 선한 생각을 함으로써 잘못된 생각을 극복하게 된다는 것이다.

우리는 모든 것을 다 가질 수도 없지만, 설령 가졌다 해도 영영히 내 것이 되는 것이 아니라는 사실을 알아야 한다. 그러므로 탐욕을 버리고 하나님께 드리고, 이웃에게 나누어 주는 것을 배우기 전에는 이 탐욕을 절대 해결할 수 없게 된다. 미국의 '강철왕'이라는 별칭을 가진 앤드류 카네기(Andrew Carnegie, 1835-1919)는 수많은 역경을 딛고 강철회사를 설립했다. 그에게 있어서 양보할 수 없는 기업정신이 있었는데, 그것은 '다른 사람에게 일자리를 주고, 다른 사람에게 기회를 주고, 다른 사람에게 베풀어 주고, 부를 나누는 것'이었다. 그래서 카네기는 재산이 들어오면 움켜쥐려고 하지 않고, 나누어 주다 보니까 점점 더 많은 재산이 생기고 풍성해져서 결국, 세계 제일의 강철왕이 되었다.

어떤 목사의 글에 "신자들이 명절이 되면 목사에게 사례하기 위해 가져온 과일상자가 있었는데, 나중에 보니 썩어서 그냥 버린 일이 있었다"고 술회하는 내용이 있었다. 이 목사는 이런 일을 깊이 반성하고 회개한 후, 이렇게 신자들로부터 선물로 들어오는 과일을 다른 신자들에게 나누어 주었다고 한다. 이 집에서 들어온 것을 저 집으로 나누어 주고, 또 저 집에서 들어온 것을 이 집으로 나누어 주는 교통정리만 했다고 한다.

그랬더니 신자들은 '목사님에게 대접받은 것을 기뻐하며 자신의 목사님이 나누어 줄 줄 아는 목사'라고 자랑하며, 목사의 사랑에 더욱 보답하는 마음으로 자꾸 더 많이 가져오더라는 것이었다. 이 목사는 '나누어 주면 실제로 3배가 되고, 4배가 되고, 5배가 되어 돌아오더라'는 것을 깊이 깨닫게 되었다는 글을 썼다. 재산도 더 가지려고 움켜쥐면 더 많아질 것 같지만 그렇지 않다. 그래서 일찍이 단테는 "탐욕을 해결하기 위해서는 그 어떤 방법보다도 다른 사람에게 나누어 주면 이 문제가 극복된다"고 주장했다.

단테의 주장을 과학이 입증한 연구 결과가 있다. 미국 미시간(Michigan) 대학교 심리학과 스테파니 브라운(Stephanie L. Brown) 교수와 랜돌프 네스 (Randolph M. Nesse), 아미람 비노커(Amiram D. Vinokur) 그리고 다이랜 스미스(Dylan M. Smith) 등으로 구성된 연구팀은 "다른 사람을 돕는 사람은 자신의 소유를 아끼고, 챙기고, 다른 사람을 돕지 않는 사람에 비해서 장수한다"고 밝힌 것이다. "사회적 지지 제공이 그것을 받는 것보다 더 유익된다"(Providing social support may be more beneficial than receiving it)라는 제목의 이 논문은 「심리과학」(Psychological Science)지(2003년 5월 14호)에 발표되었다. 이 연구는 "탐심을 미워하는 자는 장수하리라"(잠 28:16)는 성경말씀을 입증한 심리학 실험이라고 볼 수 있다.

여기서 '장수'(長壽)라는 단어는 사람들의 관심을 끌만한 단어이다. 장수는 두 가지 의미를 가지고 있다.

첫째, 사람이 욕심을 가지고 있으면 스트레스를 받게 되고, 마음의 평안이 없어져 이런 상태로는 오래 살 수 없게 된다.

둘째, 브라운이 밝힌 '이 땅에서 오래 산다'는 뜻은 문자 그대로 '육체적 생명이 길어진다'는 의미일 뿐만 아니라 자신이 소속되어 있는 공동체, 즉 회사, 직장 등에서 '생명이 길어진다'는 의미로 받아들일 수 있다. '탐욕이 많은 정치인은 그의 정치 생명이 길지 못하다'는 것을 우리는 매스컴을 통해서 빈번하게 접하는 내용이다.

성숙한 그리스도인은 적극적으로 나누는 연습을 해야 한다. 우물에서 물을 자꾸 길어내면 새 물이 솟아나지만, 뚜껑을 덮어놓기만 하면 우물은 마르거나 썩어버리고 만다. 사람들에게 나누어 주면 나눌수록 탐욕은 사라지고 더 풍요로운 삶을 살 수 있으며, 행복하게 된다.

성경은 "사람의 마음에서 나오는 것은 악한 생각, 곧…탐욕"(막 7:21)이라고 했다. 일반적으로 많이 소유하면 부요하다고 생각할지 모르지만, 많은 것을 소유하는 것이 결코 부요한 삶을 보장하는 것은 아니다. 예수님의 비유 가운데 등장하는 한 어리석은 부자는 곳간을 지으면서 자신의 미래를 보장하고 안전을 도모하려 했다.

> 또 내가 내 영혼에게 이르되 영혼아 여러 해 쓸 물건을 많이 쌓아 두었으니 평안히 쉬고 먹고 마시고 즐거워하자(눅 12:19).

그는 곡식이 많이 있으면 그것으로 배불리 먹고 염려할 것이 없고 안전할 것이라고 생각했다. 그러나 성경은 그 생각이 착각임을 말해준다. 예수님은 이런 부자를 일컬어 '어리석은 자'(눅 12:20)라고 했다.

침례교 목사이자 흑인 인권운동가였던 마틴 루터 킹(Martin Luther King, 1929-1968)은 마지막 설교에서 다음과 같이 말했다.

> 내가 이 세상을 하직한다면 나는 여러분들에게 다음과 같은 유언을 남기고 싶습니다. 내가 이 세상을 떠난다면 거창한 장례식을 삼가주십시오. 그리고 긴 찬사도 삼가주십시오. 또 내가 노벨상 수상자라는 것도 말하지 말아 주십시오. 나의 학벌도…그것들은 그렇게 중요하지 않습니다. 내가 바라는 것은 '마틴 루터 킹은 다른 사람들을 위해 살다가 갔다'고 말하여 주는 것입니다. 그리고 '나는 가난한 사람들에게 빵을 주기 위해, 헐벗은 사람들에 옷을 주기 위해 살다가 갔다'고 말해주십시오. 내 생애는 '감옥에 갇힌 사람들을 찾아갔고, 뭇 사람을 섬기고 사랑하다가 갔다'고 말해주기를 나는 바랄 뿐입니다."

탐욕 없는 사람의 삶은 찬사를 아낄 것이 없다.

제7장

탐식: 목으로 넘어가는 쾌락

실존주의 심리학자 아브라함 매슬로우(Abraham H. Maslow)의 주장에 따르면 인간에게 다섯 가지 욕구가 있는데, 이것은 ① 생리적 욕구, ② 안전(안정) 욕구, ③ 소속과 애정의 욕구, ④ 자존심의 욕구, ⑤ 자아실현의 욕구이다. 매슬로우는 인간을 하위욕구를 충족한 후 점차 상위 욕구를 향하여 나가려는 성향을 가진 존재라고 본 것이다.

'생리적 욕구'(1차적 욕구)가 가장 기본적인 욕구이고, 하위욕구이며, 가장 강력한 욕구로서 이는 인간의 삶 그 자체를 유지하기 위해 필요한 욕구이다. 이것이 충족되면 '안전의 욕구'로 나아가는데 그것은 신체적 위험과 위협으로부터의 보호, 불안과 공포로부터의 심리, 정서적인 안정, 혼돈과 무질서로부터의 해방 등을 의미한다. 이것이 충족되면 '소속과 애정의 욕구'를 충족하려는 성향이 생긴다는 것이다.

생리적 욕구 가운데 식욕은 모든 인간의 본능으로서 하나님으로부터 받은 선물이다. 먹고 싶은 마음과 적당한 음식이 있다면 사람은 기본적으로 생명을 유지할 수 있게 되고, 행복감을 갖게 된다. 적당한 식욕과 적당한 음식이 서로 짝이 되어 조화를 이룰 때 만족한 삶을 살 수 있을 것이다. 식욕과 관련해서는 몇 가지 유형의 사람이 있을 수 있다.

첫째, 적당한 식욕이 있고 적당한 음식이 있는 사람은 가장 행복한 사람이다.

둘째, 식욕은 있지만 먹을 것이 없어서 굶는 사람이다.
셋째, 식욕은 없는데 먹을 것이 많거나 맛이 없어서 버리는 사람이다.
넷째, 식욕도 넘치고 많이 먹어 비만한 사람이다.

세계 인구는 대략 70억 명 정도 되는데, 이 가운데 약 25% 정도는 기아에 허덕이고 있다. 굶어 죽는 사람은 1분에 약 28명 정도로 '하루에 4만 명 이상이 아사한다.' 대개 굶어죽는 사람들은 주로 아시아, 아프리카 등 저개발국의 사람들이다. 북한은 최빈국으로 통제된 사회라서 몇 명이 아사하는지 정확하게 파악조차 되지 않고 있다. 이렇게 먹지 못해 영양실조에 노출되거나 굶는 사람들이 많은데, 만일 어떤 사람이 음식을 많이 먹고 '배불러 죽겠다'고 말하거나 '맛 없어서 못 먹겠다'고 하거나 음식을 남겨서 버린다면, 그것은 어떤 사람들에게는 매우 화가 나는 일이 될 수도 있다.

우리나라는 대부분의 사람들이 풍성한 식탁에서 먹는 즐거움을 얻는 것 같다. 그러나 우리나라에도 굶어 죽는 사람이 있는데 공식 통계로는 2008년에 3명, 2009년에 9명으로 집계되었다. 우리나라 사람들은 과식으로 인해 스스로 비만하다고 생각하여 살을 빼는데 지불되는 사회적 비용이 엄청난 실정이다. 한쪽에서는 먹을 것이 없어서 굶어죽고, 한쪽에서는 탐식, 폭식, 과식, 다식, 대식, 포식을 일삼고 '배불러 죽겠다'는 것이 현실이다.

모든 '죄'가 인간의 역사와 함께했듯이 탐식도 인간의 역사와 그 역사를 함께하고 있다. 탐식은 지금까지 살펴본 7가지 심각하고 치명적인 죄의 마지막 내용인데, '도대체 이것이 죄가 되는가?'라고 생각할 사람들도 많이 있을 것이다. 현대인들은 탐식에 노출되지 않은 사람이 없을 정도로 많은 사람들이 관련되어 있어서, 이를 '죄'라고 생각하고 싶어 하지 않는 경향성이 있다. 탐식이 죄가 된다면 도대체 얼마만큼을 먹을 때 죄가 되는지 궁금해진다.

신약성경에는 바리새인을 일컬어 '먹기를 탐하는 자'(눅 7:34)라고 묘사하고 있는데, 바리새인들이 도대체 어떤 음식을 어떻게 탐했기에 이런 평가를 받았는지 궁금하지만 기본적으로 성경은 탐식을 부정적으로 보고 있다. 탐식을 말할 때 고대 로마사회 귀족들의 호사스런 연회를 대표적인 예로 들 수 있다. 그들은 제국의 식민지 곳곳에서 공수해 온 맛있는 음식을 많이 먹고 나서 공작의 깃털을 자신의 목구멍에 넣어 구토하고 또 다시 먹는 일을 반복했다. 더 많이 먹지 못해서 한탄하며 먹는 즐거움을 느끼고자 했던 행태는 인간의 타락된 모습이다.

1. 무엇이 탐식인가?

탐식(貪食, Gluttony)은 한자로 '탐할 탐'(貪), '밥 식'(食)이 합해져서 생긴 단어로서 '먹는 것에 욕심을 부린다'는 의미이다. 탐식의 유사용어로는 다식(多食), 대식(大食), 폭식(暴食), 과식(過食) 등이 있다. 국어사전에 탐식은 '음식을 탐냄' 또는 '탐내어 먹음'으로 정의되어 있다. 음식을 얼마나 탐내어 먹으면 탐식에 해당하는지 '탐식'의 규정은 사실 모호하여 그 명확하고 구체적인 기준을 제시하기 어렵다. 하지만 포만감이 느껴진 후에도 계속 식사를 하거나, 지나치게 비싼 음식을 먹거나, 일정한 식사시간 외에도 계속 음식을 섭취하는 경우에는 '탐식'을 의심해 볼 수 있을 것이다.

탐식을 영어로는 'gluttony'라 하고, 스페인어로는 'gula,' 이탈리아어로 'gola,' 포르투갈어로 'gula'라고 하는데, 이는 모두 라틴어 '굴라'(*gula*, 여성명사)에서 비롯된 용어들이다. 라틴어 '굴라'의 본래적 의미는 '목으로 넘어가는 쾌락'이라는 뜻이다. '탐식'이란 배고파서 먹는 것이라기보다 '절제되지 않은 식욕'을 의미한다.

사실 먹고자 하는 욕심 자체는 죄가 아니다. 성욕도 그 자체는 절대 죄가 아니다. 우리의 인생이 즐겁게 살도록 하나님이 주신 아름다운 선물이며, 이것을 통해 사랑을 나누고, '생육하고 번성하라'는 하나님의 뜻을 이루게 된다. 그런데 사탄은 그 선물을 절제하지 못하게 만들고, 과도하게, 왜곡되게, 사용하도록 하여 타락의 도구로 전락시켜 버렸다. 물질도 마찬가지로 그 자체는 죄가 될 수 없다. 물질은 우리가 세상을 살아가는 데 반드시 필요한 것이다. 그런데 사탄이 그 물질에 대한 지나친 욕심을 갖도록 하여 물질이 인간의 삶에서 주인 노릇하게 만드는 탐욕이 문제일 뿐이다.

식욕과 식탐은 구별되어야 한다. 식욕은 인간의 생명을 보존하기 위해 하나님께서 주신 귀한 선물이다. 그런데 사탄은 생명을 보전하는 것이 아니라 식욕을 절제하지 못하게 만들어서 우리의 생명을 파괴하게 만들어 버린다. 절제되지 못한 식욕으로 인해서 얼마나 많은 사람들이 육체적, 심리정서적, 정신적, 영적 피해를 입는지 모른다.

도대체 탐식은 무엇일까?

토마스 아퀴나스(Thomas Aquinas)는 탐식의 개념을 다섯 가지로 나누어 이해했는데 첫째, 많이 먹는 것, 둘째, 급히 먹는 것, 셋째, 게걸스럽게 먹는 것, 넷째, 까다롭게 먹는 것, 다섯째, 호화롭게 먹는 것을 포함시켰다.

많이 먹는 것

탐식의 기본적인 개념은 지나치게 많이 먹는 것이다. 이미 배가 부른 상태인데도 계속 먹고 또 먹는 것은 분명히 탐식이다. 아퀴나스는 이것을 가리켜 '활동하기에 적당한 분량의 음식에 결코 만족하지 못하고 초과하는 유형'이라고 설명했다. 네델란드의 유명한 철학자 바뤼흐 스피노자(Baruch Spinoza, 1632-1677)도 "먹는 것에 대한 지나친 욕망과 사랑이 바로 탐식"이라고 주장했다. 현대 사회에서 뷔페(Buffet)식당은 현대인들의 탐심을 이용한 탐식 산업이라고 할 수 있다.

기닌 로스(Geneen Roth)는 『음식이 사랑일 때』(When Food is Love)에서 다음과 같이 분석한 바 있다.

> 사람들은 배가 고프기 때문에 음식을 많이 먹는 것으로 생각하지만, 그보다는 무시, 불신, 애정 결핍, 성적 학대, 심리적 허탈감, 분노, 슬픔, 차별 등의 심리정서적 문제가 발생했을 때 그것을 음식으로 채우려는 현상이 나타난다.

탐식은 음식을 통해 정서적 만족감을 얻고 식욕을 충족하는 것이다. 이것을 입증이라도 하는 듯 영국 왕실 출입기자 앤드루 머튼(Andrew Merton)이 「선데이 타임즈」(Sunday Times)지에 쓴 기사에 따르면 '엘리자베스(Elizabeth) 여왕의 맏며느리 다이애나(Diana) 왕세자빈은 결혼 후, 왕세자가 그녀에게 마음을 열어주지 않아 다섯 번이나 자살을 기도했으며, 심신 불안으로 인해 과식증에 걸린 바 있었다'고 밝혔다.

'사랑'과 '사탕'은 음식에 있어서 밀접한 관련이 있어 "사랑이 부족하면 사탕을 찾는다"는 말이 있다. 유사한 발음을 대비하여 상반된 개념을 설명하려는 말로 이해된다.

얼마만큼이 지나치지 않고 적당한 분량의 음식인가?

사람마다 위장의 크기와 소화능력 그리고 신체상태, 운동량 등이 다르기 때문에 그 기준을 일률적으로, 절대적으로 정한다는 것은 매우 어려운 일이다. 사실 탐식에 대한 통일된 개념을 수립하는 것은 어렵다. 미국 사람들이 존경하여 '미국 건국의 아버지'라는 별명으로 부르며, 100달러 지폐에 얼굴이 새겨진 벤자민 프랭클린(Benjamin Franklin)은 "배부르도록 먹지 말라!"는 유명한 말을 남겼다. 만일 이것이 탐식의 정의라면 한숨이 나올 정도로 지나치게 많은 사람들이 여기에 노출된 것으로 보인다.

토마스 아 켐피스(Thomas a Kempis)는 1399년에 그의 형이 원장으로 있는 아그네스(Agnes) 수도원에 들어가 자신의 생애 대부분을 그곳에서 지내다가 1426년 수도원 부원장으로 취임하여 후진 수도사들을 지도하다가 1471년 92세의 나이로 세상을 떠났다. 토마스 아 켐피스는 이 수도원에서 많은 수양서와 전기를 썼는데, 그의 저서 『그리스도를 본받아』(The Imitation of Christ)는 중세 경건문학의 고전으로 50개 국 이상의 언어로 번역되어 성경 다음으로 많이 읽힌 세계적인 양서가 되었다. 이 책에서 토마스 아 켐피스는 "배가 터지도록 먹고 마실 때 '방탕'이 문을 두드린다"고 탐식을 경계했다. 많이 먹는 것에는 항상 먹는 '항식'(恒食)의 의미가 포함되기도 한다.

급하게 먹는 것

급하게 먹는 것은 지나치게 빠른 속도로 음식을 섭취하는 것이다. 탐식하는 사람들의 공통점은 음식을 빠르게 먹는 이른바 '속식'(速食)의 습관이 있다. 음식을 빨리 먹으면 뇌가 포만감을 느끼기도 전에 많은 양의 음식을 먹게 되고, 음식의 맛을 느끼지 못하기 때문에 자극적인 것을 선호할 수밖에 없다. 강한 맛, 자극적인 맛은 대체로 위장에 좋지 않은 영향을 주며, 맛의 감각을 무디게 만든다. 입안에 든 음식을 몇 번 씹기도 전에 삼켜버리고, 곧바로 음식을 입에 집어넣는 것은 바른 식생활이 아니다.

음식을 빨리 먹음으로써 음식의 맛을 음미하거나, 음식을 만든 사람의 정성과 수고를 생각할 여유도 없고 또 음식을 먹을 수 있도록 은혜를 베풀어 주신 하나님께 감사할 여유도 없다. 그래서 음식을 빨리 먹어 치우는 것은 육체와 정신 그리고 영성에도 좋지 않다. 탐식자들의 관심은 오직 먹고 마시는 행위 그 자체이며, 자기 만족, 자기 감정, 자기 충족에 집중되어 있다. 음식을 천천히, 감사하며 먹는 습관을 갖는 것은 신자된 품위를 지키는 것이다.

먹는 것과 관련된 질병을 '섭식장애'(eating disorder) 또는 '식이장애'라

고 하는데, 이는 먹는 것과 관련된 이상행동을 통칭하는 것으로 식욕부진
(거식증, anorexia nervosa)과 식욕항진(폭식증, bulimia nervosa)으로 나뉜다. 식
욕부진은 탐식과 반대되는 개념이고, 식욕항진에는 세 가지 증상이 나타
나는데, ① 식사와 식사 사이에 음식을 먹는 것, ② 많이 먹는 것, ③ 빨
리 먹는 것으로 탐식과 무관하지 않다. 또 '폭식증'을 질병으로 보기도 하
는데, 통상 1주일에 2회 이상 다량의 음식을 섭취하는 상태로 3개월 이상
지속될 때 '폭식증'이라고 진단을 내린다.

게걸스럽게 먹는 것

'게걸스럽다'는 것은 음식을 보고 정신없이, 허겁지겁, 품위 없이, 마구
먹어대는 것을 뜻한다. 게걸스럽게 먹는 것을 달리 표현하면 개가 음식을
먹는 태도라고 할 수 있다. 몇 일씩 굶주린 사람이 식사를 하는 것처럼 음
식 먹는 소리를 내면서 음식을 꾸역꾸역 입에 집어넣는 것이다. 이런 사
람들의 입은 마치 음식을 집어넣는 구멍에 불과하다. 물론, 입이 음식을
넣는 유일한 신체기관이기는 하지만 이런 태도는 사람으로서 품격을 잃는
모습이다. 음식의 값을 떠나 음식을 대할 때는 품위를 지키는 것이 중요하
다. 아퀴나스는 탐식을 규명할 때 '음식을 어떻게 먹는가와 무엇을 먹는가
를 고려해야 한다'고 했다.

까다롭게 먹는 것

지나치게 까다로운 식성은 탐식과 통한다. 까다롭게 먹는 것을 소위
'미식'(美食)이라고 하는데, 미식가들은 자신의 입맛에 맞는 것만 고집한
다. 까다롭게 음식을 먹는 사람은 공동체에서 함께 생활하기 어려운 사람
이다. 이에 대하여 C. S. 루이스(Clive S. Lewis)가 『스크루테이프의 편지』
(*The Screwtape Letters*)에서 까다로운 음식을 요구하는 사람에 대해 묘사한 내
용이 있다. 이 책에서 '스크루테이프'라는 삼촌 마귀가 경험이 부족한 조

카 마귀 '웜우드'에게 기독교 신앙을 어떻게 무너뜨릴 수 있을지 그 전략 전술을 설명해 주는 내용이 기록되었다.

어떤 사람이 말한다.

"저는 식성이 까다롭지는 않습니다. 다만 제가 원하는 것은 잘 우려낸 홍차 한 잔, 제대로 익힌 계란 하나 그리고 적당하게 구운 빵 한 조각에 불과한데 문제는 이렇게 간단한 음식을 제대로 해내는 사람이 없단 말입니다."

아마 이런 경우에 홍차를 가져다주면 "이건 제대로 우려낸 게 아니잖아! 더 우려내야지"라고 말할지 모른다. 상대방이 요구하는 잘 우려낸 정도를 알 수가 없다.

익힌 계란을 갖다 주면 "이건 너무 익혔네! 퍽퍽해서 먹기 힘들잖아!"라고 말한다면 요구하는 사람의 그 의도를 어떻게 맞출 수 있겠는가?

얼마큼 익히는 것이 제대로 익힌 것인지 알 수가 없다. 빵을 구워주면 "조금 더 구워야 바삭바삭 맛이 있는데…이건…" 이렇게 말하는 사람들은 항상 '자신은 까다로운 사람이 아니다'라고 생각한다. C. S. 루이스는 이것을 '사탄의 생각'이라고 보았다.

호화롭게 먹는 것

지나치게, 고급스럽게, 호화롭게, 사치스럽게 먹는 것이 탐식이다. 이것은 호화로운 장소에서, 호화로운 분위기에서, 먹기 어려운 음식을. 비싼 값을 주고 먹는 것이 포함된다. 이것을 이른바 '호식'(豪食)이라고 하며, 또 '미식가 증후군'이라고도 한다.

탐식과 관련하여 어느 정도 금액의 식사를 해야 되는가 하는 문제가 있을 수 있다. 특정 금액을 정해두고 그 이상은 탐식이고 그 이하는 탐식이 아니라고 말할 수는 없지만 그 비용이 상식을 초월할 경우에는 문제가 될 수 있다. 간혹 신세를 졌다고 생각하는 사람들이 신세를 갚기 위해 고급호

텔 또는 전망 좋은 식당을 예약하여 식사를 대접하거나 받는 경우가 있다. 이런 경우 평생 먹어보지도 못한 음식을 대하게 되고 양도 많지 않아 먹은 것 같지도 않지만 나중에 계산할 때 보면 상상을 초월하는 금액이 청구되는 경우가 있다. 이처럼 비싼 음식을 먹으면서 '야! 내가 평생 한 번도 와보기 어려운 고급호텔 식당에서 이렇게 비싼 식사를 다 먹어보고…호사하네 이게 출세 아닌가?!'라는 생각과 함께 자신을 특별한 사람으로 착각하고 그 분위기에 도취되어 '즐거움을 얻는 것은 탐식에 해당된다'고 할 수 있다.

어떤 뷔페식당은 200가지가 넘는 음식이 차려졌다고 과시하는데, 이처럼 비싸고 많은 음식을 먹으면서 식사 전에 "하나님, 이렇게 많은 음식을 먹게 해주셔서 감사합니다"라고 기도하는 것이 과연 옳을까 하는 생각마저 든다. 그래서 헨리 페얼리(Henry J. Fairlie)는 "사교계에서 이른바 '좋은 교제'라는 잘못된 명분 때문에 탐식의 죄를 쉽게 범하게 된다"고 분석한 바 있다. 값비싼 식사가 혹시 좋은 교제는 될 수 있을지 모르지만 좋은 교제를 위해 또 다른 죄를 짓는 것은 아닌지 심각하게 생각해 보아야 한다.

영국의 저명한 성경주석학자 윌리암 바클레이(William Barclay)가 말했다.

"고대 로마시대의 탐식에 대해서 지적하기를 한 번 식사에 500파운드(한화 약 825,000원)의 비용이 드는 잔치가 자주 벌어졌고, 이때 공작의 머릿골, 휘파람새의 혀 따위가 나오는 특이한 음식과 호화 만찬회가 있었다."

로마의 제8대 황제였던 아우루스 비텔리우스(Aulus Vitellius)는 탐식으로 유명한 사람이다. 그는 69년 4월 16일 즉위하여 그해 12월 20일에 죽음으로써 황제의 삶도 마감했다. 1년도 채 안 되는 재임기간 동안에 300만 파운드(한화 약 50억 원) 이상의 돈을 오직 먹는 일에 사용했는데, 어떤 연회에는 물고기 2,000마리, 새 7,000마리를 식탁에 올리게 했다고 한다.

4-5시간만 지나면 또 배가 고파질 텐데, 이런 육신의 욕망에 따라 사는 것은 영성에 도움이 되지 않을 것이 분명하며, 탐식의 지배를 받을 때 영적 싸움을 제대로 하기는 쉽지 않을 것이다. 육신의 문제를 통제하지 못하면서 영적인 일에 대해 향상을 기하기는 어렵기 때문에 그리스도인은 탐식과의 전쟁을 선포해야 한다.

『스크루테이프의 편지』의 17번째 편지에도 보면, 삼촌 마귀가 조카 마귀에게 "탐식은 경건하게 살고자 하는 예수 믿는 사람들을 유혹하여 쓰러뜨리기에 아주 훌륭한 수단"이라고 가르쳐 주고 있다. 여기에 보면 삼촌 마귀가 조카 마귀에게 "목회자가 탐식에 대해서 경고하는 설교를 하지 못하도록 하라"고 강조했다.

목회자는 항상 사탄의 공격에 노출되어 있다고 보아야 한다. 왜냐하면 목회자가 문제가 생기면 그가 목회하는 수많은 영혼들이 독초를 먹게 되거나 악영향을 받기 때문이다. 7가지 죄 가운데 가장 가볍게 여겨지는 탐식은 영적 지도자들의 취약한 부분이기도 하다. 그래서 목회자들 가운데 탐식에 노출된 사람들이 많이 있다.

목회자가 탐식의 문제에 노출되면 이 문제에 대해서 설교하지 않거나 못하게 되는 우를 범하게 된다. 탐식에 대해서 설교하기 어려운 이유는 본인이 탐식에 노출되었거나, 자신이 목회하는 신자들 가운데 비만한 사람들이 너무 많고, 탐식을 주제로 하지 않아도 다루어야 할 설교 주제가 많은데 괜히 비만한 신자들의 심기를 불편하게 할 이유가 없다고 생각하기 때문이다.

2. 배고프면 아무것도 필요없어

창세기에는 '최초의 인간 아담과 이브가 탐식에 대한 유혹과 충동을 이기지 못하고 죄를 범하여 낙원에서 추방됐다'고 기록되어 있다. 그러나 둘째 아담인 예수 그리스도는 '돌을 떡으로 만들라'는 사탄의 유혹을 거부함으로써 이를 물리쳤다. 성경에 나오는 중요한 범죄들은 먹는 것과 연관된 경우들이 많다. 창세기를 보면 먹는 것을 절제하지 못하여 비참한 결과를 초래한 인물로서 노아, 롯, 에서 등을 소개하고 있다. 술에 취해 옷을 벗고 길거리에서 추태를 드러냈던 노아, 역시 술에 취해 정신이 혼미해져 자신의 딸들과 성행위를 하는 줄도 몰랐던 롯, 순간의 허기를 면하기 위해 장자의 명분을 경홀히 여기고 팥죽 한 그릇에 하나님의 복을 잃어버렸던 에서가 있다. 에서를 가리켜 "한 그릇 식물을 위하여 장자의 명분을 판 에서와 같이 망령된 자"(히 12:16)라고 표현했다.

여기서 '망령된'이라는 용어는 영어로 'godless'인데 이 말은 '하나님을 믿지 않는 사람,' '경건치 못한 사람'이라는 뜻이다. 먹는 문제로 장자권을 포기한 에서를 성경은 "장자의 명분을 경홀히 여김이었더라"(창 25:34)고 기록하고 있다. '경홀히 여기다'는 말은 히브리어 '바짜하'(בזה)인데 그 뜻은 '가치를 부여하지 않는다'는 의미이다.

에서는 배고픈 순간에 오직 먹는 것에만 관심이 있었고, 그것만 중요했다. 그는 하루 종일 사냥을 했기 때문에 피곤하고 배가 고팠을 것이다. 그런 상태에서 팥죽 한 그릇을 보는 순간, 에서는 판단력을 잃고 소중하게 여겨야 할 장자권과 자존심을 팔아먹은 잘못을 범했다.

그 당시 고대 족장시대에 장자의 명분은 매우 중요한 것이었다. 장자에게는 유산을 두 배나 받을 수 있는 특권이 있었으며, 한 가정의 제사장 직분을 수행하는 특권이 있었다. 그런데 에서는 순간적인 탐식의 유혹에 넘어가 팥죽 한 그릇에 귀한 장자권을 중요하게 여기지 않고 팔아버리고 만 것이다. 식욕이 동할 때 탐식이 나타날 수 있으며, 그 탐식은 자기 됨을 잃게 하고, 사명도 잃게 하고, 결국 삶의 질을 떨어뜨리게 한다. 탐식은 우리가 경계해야 할 적이지만 보통의 적이 아니라 극복하기 쉽지 않은 매우 강적임에 틀림없다.

　먹는 욕구는 인간의 본능으로서 삶에서 빼놓을 수 없는 큰 기쁨이며 즐거움이지만, 탐식, 식탐, 과식, 폭식 등은 먹는 즐거움에 절제되지 않고, 과도하게 집착하는 것으로 틀림없이 문제가 된다. 탐식은 과식을 낳고, 과식은 대식을 낳고, 대식은 폭식을 낳고, 폭식은 폭삭 망하게 된다.

3. 평생 싸워야 하는 욕구

수도원 운동의 시초자로 알려진 이집트의 안토니우스(Antonius, 250-356)는 부자 청년에 관한 기록, 즉 "네게 오히려 한 가지 부족한 것이 있으니 가서 네 있는 것을 팔아 가난한 자들에게 주라. 그리하면 하늘에서 보화가 네게 있으리라. 그리고 와서 나를 좇으라"(막 10:17-27)는 말씀에 감명을 받고 자신의 모든 소유를 처분하여 은둔자의 길을 가게 되었다. 특히 그는 105세까지 살면서 소량의 음식과 소금 그리고 물만 마셨는데, 이런 음식 관행을 수도원 규칙으로 요구하기도 했다. 사막의 수도사들은 광야와 사막에 물과 음식이 귀했기 때문에 기본적으로 음식의 절약과 절제가 필요했다.

　A.D. 415년에 유럽에 최초의 수도원을 설립했던 에바그리우스 폰티쿠스(Evagrius Ponticus)는 수도사에게 가장 일차적으로 찾아오는 유혹을 '탐식'으로 보고, 이것은 인간의 본능이기 때문에 당해 내기 힘든 '강적'이라고 생각했다. 수도사들이 공동으로 식사하는 정해진 시간이 있는데, 그의 제자 존 캐시안(John Cassian of Marseilles)도 배고프다고 하여 식사시간 전에 먹는 것을 탐식으로 규정하고 이를 엄격하게 금지시킨 일이 있다. 그는 수도사들에게 '탐식으로부터 벗어나지 않고서는 결코 영적 싸움에서 이길 수 없으며, 영적 진보를 이룰 수 없다'고 하면서 탐식을 경계했다. 이처럼 수

도원은 금욕을 강조하다 보니까, 금욕주의로 발전하게 되는데, 급기야 '사람이 음식을 먹는 동안에 악령이 들어올 수 있다'고 믿을 정도로 금욕을 지나치게 강조하는 부작용을 낳기도 했다. 물론, 이것은 기독교의 본질이거나 우리가 추구해야 할 개념은 아니다.

4세기경 사막의 수도사들은 철저하게 금욕생활을 했기 때문에 탐식을 죄로 여겼는데 당시 수도원에 먹을 것이 충분하지 않았기 때문에 절식을 강조하기 위해서 과도하게 탐식을 금지했을 수도 있다. 사막의 수도사들의 생활 가운데 교만, 시기·질투, 분노, 나태, 음욕, 탐욕 등은 금방 나타나는 죄가 아니고, 물리치면 한동안은 잠잠해지는 것들이지만 탐식은 매일, 적어도 하루 세 번씩, 최소 6시간에 한 번씩은 이 문제와 싸워야 하고, 평생을 싸워야 하는 문제이기 때문에 이를 영성의 강적으로 인식했던 것이다.

7가지 죄 가운데 교만을 제일 앞에 두고, 탐식을 가장 마지막에 놓게 된 것은 '탐식을 마지막으로 해결하면 모든 치명적인 죄로부터 벗어나게 된다'는 의미일 수도 있다. 하지만 대개 사람들은 죄의 경중을 따질 때 탐식을 제일 뒤에 놓음으로써 덜 파괴적인 죄, 말단에 속한 죄 등으로 다소 가볍게 취급하곤 했다.

기독교 수도원 운동의 발상지는 광야와 사막이었다. 이집트의 나일강 주변 사막이나 시리아 지역의 사막은 수도사들이 수도생활을 하는 데 있어서 가장 적합한 장소였다. 도시는 인간의 욕망과 유혹이 가득한 장소이지만, 광야와 사막은 아무것도 없는 황폐한 곳이기 때문에 모든 것을 끊고 수도에 전념할 수 있는 곳이었다.

수도사들 가운데 영적으로 높은 경지에 오른 남자 수도사를 일컬어 '아바'(abba)로 불렀고, 여자 수도사를 '암마'(amma)로 불렀다. 어떤 아바 수도사는 '식사할 때마다 걸으면서 밥을 먹었다'고 한다. 그에게 "왜 식사를 앉아서 하지 않고, 그렇게 서서, 걸으면서 하십니까?"라고 물으면 "먹는 것이 나를 지배하는 것이 아니고, 먹는 것은 나의 삶에 단지 부수적인 것이 되도록 하기 위해 그렇게 합니다," 또 "앉아서 맛을 느끼면서 육체적 쾌락을 느끼지 않도록 하기 위해 그렇게 합니다"라고 말했다고 한다. 물론, 이 정도 되면 '극단적인 금욕주의자' 수준이라고 볼 수 있지만 이런 극단적인 환경에서도 음식에 대해 절제를 하고자 했던 모습은 대단한 것이라고 볼 수 있다.

이탈리아의 수도원장 베네딕투스(Benedictus)도 수도사들이 먹는 것과 관련하여 지켜야 할 규칙을 만들었는데, 그는 '수도사들의 하루 식사 횟수는 2회를 넘어서는 안 된다'고 강조했다. 고된 일을 하고 나서는 수도원장의 판단에 따라 음식을 추가로 먹을 수 있지만 그렇다고 할지라도 '결코 배부르게 먹어서는 안 된다'고 했다.

12세기에 '발도파'는 적게 먹고, 아껴 먹는 것을 신자들의 미덕으로 강조했다. 피터 발도(Peter Waldo)는 재산을 가난한 사람들에게 나누어 주고 자신은 거지가 되었다. 이런 신앙집단을 일컬어 그의 이름을 따서 '발도파'(the Waldenses)라고 불렀다. 이들은 "가서 네 있는 것을 팔아 가난한 자들에게 주라. 그리하면, 하늘에서 보화가 네게 있으리라. 그리고 와서 나를 좇으라"(막 10:17)는 예수님의 말씀에 감명을 받고 이 말씀을 '우리를 따르려면, 자신의 모든 소유를 팔아 가난한 사람들에게 주고 따르라'고 문자적으로 해석하여 추종자들에게 이를 지킬 것을 강조했다.

13세기에는 탁발(the Mendicant) 수도회에 의해 금욕이 강조되었다. '탁발'(托鉢)이라는 말은 불교 승려처럼 '머리 깎음'이라는 의미가 아니라 한자로 '손을 밀어넣을 탁'(托), '밥그릇 발'(鉢)이라는 말로, 그 뜻은 '이집 저집 방문하면서 빈 그릇을 내밀어 구걸을 통해 생계를 유지한다'는 뜻이다. 이들은 절대적 빈곤을 지키기 위해 음식을 구걸하는 방법으로 자신의 영성을 유지하려고 하였다.

특히, 프란체스코 수도회의 창시자 프란체스코(Francesco, 1181-1226)는 그리스도를 따르기 위해 모든 재산을 스스로 포기하고 소위 '자의적 빈곤'의 길을 선택했다. 그는 소식(小食) 정도가 아니라 금식과 절식을 일상화하여 결국, 건강 문제로 44세의 나이에 세상을 떠나고 말았다. 생명은 이 땅에서 건강하게 살면서 하나님께서 주신 사명을 이루라고 주신 것인데, 그것을 잘 다루지 못하고 오직 금욕생활만 하다가 일찍 세상을 떠나는 것이 과연 하나님이 원하시는 것인가, 이런 삶이 과연 바람직한 삶이었는가는 논란의 여지가 있다.

17세기 청교도들은 적게 먹는 것을 영성훈련의 주된 과정으로 강조했다. 특히, 주일에는 금식하거나 적게 먹을 것을 권장했는데, 그 이유는 '음식을 많이 먹음으로써 예배시간에 졸음이 오고 설교를 듣는 일에 집중할 수 없다'는 점 때문이었다. 또 적게 먹는 것은 육체의 소욕을 '통제하는 것'이라는 점에서 매우 훌륭한 영성훈련으로 이해했다.

인류의 역사를 통해 보면 탐식은 가장 오래되고, 마음속에 깊이 뿌리박고 있는 죄성임에는 틀림없다. 탐식의 대상은 생명을 유지하는 본질로서 섭취해야 할 음식뿐만 아니라 즐거움을 얻기 위해 섭취하는 술, 담배도 포함된다. 탐식하는 사람들의 마음속에는 영적인 관심이 자리잡을 공간이 없다. 이것은 분명히 인간의 영적인 시야를 어둡게 할 수 있다. 그래서 아우렐리우스 어거스틴(Aurelius Augustine)은 탐식이 가지고 있는 심각한 문제를 지적했고, 아퀴나스를 비롯해서 전통적으로 교회는 탐식을 죄로 본 것이었다.

어거스틴은 "만일 어떤 사람이 탐식을 버리고 자신의 한계선을 넘지 않는다면 그 사람은 참으로 위대한 사람"이라고 말했다. 그렇지만 어거스틴은 "죄성으로 인해서 자신은 결코 그렇게 하지 못했다"고 솔직히 고백했다. 어거스틴 같은 성자도 이처럼 탐식을 극복하기 어려운 상대로 여겼는데, 일반인들이야 두말할 여지도 없다. 탐식은 인간의 삶에서 생명유지와 관련된 가장 강력한 욕구로서 '이를 극복한다'는 것은 결코 쉬운 일이 아니다.

어거스틴은 『고백록』(Confessions)에서 자신의 어린 시절에 배나무 과수원에서 배를 훔쳐 먹은 일에 대한 내용을 회상하여 내용을 고백하고 있다. 어거스틴은 어느 날, 자신이 사는 동네 배나무 과수원에 배가 많이 달린 것을 보고 친구들과 함께 그 배를 훔치러 갔다. 배가 고프거나 맛을 보기 위해서는 하나만 따면 되는데, 공짜에다가 훔치는 즐거움 때문에 여러 개를 땄다고 한다. 집에 가면 이보다 더 좋은 배가 있는데, '다른 사람의 배를 훔쳐서는 안 된다'는 이 긴장감으로 인해서 얻게 되는 내면의 쾌감 때문에 '죄를 범하는 자신을 발견하게 되었다'는 것이다.

가족들이 모인 곳에서 아들이 식구들에게 퀴즈를 냈다.

"과수원의 배가 익으면 따 먹어야 하는데, 어느 때 따 먹는 게 제일 맛있을까요?"

가족들은 서로 답을 맞추기 위해 자신이 생각하고 있는 것을 말했다.

"새벽에?" "아침에?" "점심에?" "저녁에?" "밤에?"

그러나 거기에는 정답이 없었다. 아무도 맞추질 못하자 아들이 정답을 발표했다.

"주인이 모를 때 따 먹는 게 제일 맛있다"

사실, 이 답은 이미 잠언에 "도둑질한 물이 달고 몰래 먹는 떡이 맛있다"(잠 9:17)는 구절이 소개되어 있다. 어거스틴도 바로 가장 맛있는 배를 따 먹기 위해 그렇게 욕심을 부렸던 것이었다.

인간은 누구나 절제되지 않은 욕심이 자신의 내면에 도사리고 있다. 절제되지 않은 식욕이 탐식인데, 이것은 신앙적으로 '우상숭배'가 될 수 있다. 성경에 탐식자들의 신은 '배'(빌 3:29)라고 했는데, 여기서 '배'는 영어 성경에 'stomach'(위)로 해석되었다. 즉, 배는 '소화기관,' '먹는 것' 등을 의미한다. "자기들의 배만 섬기나니…"(롬 16:18)라는 말씀에서도 '배'는 '위'를 의미하며, 위는 소화기관 자체를 의미한다기보다는 '먹는 것'

을 뜻하는 말이다. 또 '섬긴다'는 말은 헬라어로 '둘류오'(δουλεύω)라고 하는데, 이 뜻은 '종(노예)이 된다'는 의미이다. 즉, 성경은 먹는 것의 종(노예)이 된 사람들을 우상숭배자로 보고 있는 것이다.

'황금의 입'이라는 별명을 가질 만큼 훌륭한 설교로 유명했던 요한 크리소스톰(John Chrysostom, 349-407)은 '탐식은 아담과 이브를 에덴동산에서 쫓아낸 주범'이라고 지목하면서 이를 거부했다. 그는 368년에서부터 370년까지 금욕주의적 학교에서 공부한 일이 있어서 그랬는지는 몰라도 탐식을 절제하는 등 금욕적인 삶을 살았다.

4. 조선 사람들의 결점

과거 우리나라에는 이른바 '보릿고개'라 하여 배부르게 먹고 싶어도 먹을 것이 없었던 곤핍한 시기가 있었다. 또 우리나라 사람들은 먹을거리가 있으면 탐식, 과식을 한다는 내용의 연구도 있다. 한말에 한국에 와 있었던 외국인들의 눈에 비친 한국 사람들은 예외 없이 과식을 하는 것으로 묘사하고 있다. 프랑스 가톨릭교회의 신부 샤를 달레(C. C. Dallet)이 18세기 조선의 실상을 쓴 『조선교회사 서설』에는 다음과 같은 기록이 있다.

> 조선 사람들의 결점으로 폭식(暴食)을 들 수 있다. 조선 사람들은 부자나 가난한 사람이나 양반이나 평민이나 할 것 없이 많이 먹는 것을 명예스러운 일로 여겼고, 어릴 때부터 음식을 많이 먹였고, 음식의 질보다는 양을 중시했다.

한국 사람들은 예로부터 음식을 먹을 때 말을 하지 못하게 했는데, 그것은 입속에 있는 음식이 밖으로 튀어나와 위생의 문제가 있을 수 있고 또

한 점잖지 않은 모습을 보일 수 있기 때문이기도 하지만, 말을 하는 동안에는 그만큼 덜 먹게 되기 때문이다. 그 정도로 먹는 것을 중요하게 생각했던 시절이 있었다.

영국 왕실지리학회 회원이며, 여성탐험가, 작가인 이사벨라 비숍(Isabella B. Bishop, 1831-1904)은 1890년대 중반에 우리나라에 와서 금강산을 구경했고, 1894년부터 1897년까지 11차례나 우리나라를 여행한 사람으로서 그녀는 한국 사람의 대식에 대해 언급한 바 있다. 그녀는 이렇게 기록했다.

> 조선 사람들은 일반적으로 대식을 하며, 영국 노동자의 평균 식량보다 더 많이 먹는 것 같았다. 여성들도 가장이 먹고 난 음식을 남기지 않고 먹어 치워야 했기 때문에 과식은 불가피한 숙명인 것만 같았다.

18세기의 실학자 이익(李瀷)은 한국 사람의 과식에 대한 변명으로 '어려서부터 배불리 먹지 못했던 한이 사무친 마음의 가난 탓'으로 돌리고 있고, 한국의 전통적 생업인 벼농사는 많은 열량이 소요되기 때문에 노동량을 고려하면 과식하지 않고는 견딜 수가 없었던 것이다. 그래서 '음식을 많이 먹기 때문에 가난에서 벗어날 수 없다'는 기록도 있다.

5. 식욕과 성욕의 관계

식욕과 성욕은 피상적으로 관련성이 적은 것 같이 보이지만, 서로 밀접한 관계가 있다. 이에 대하여 맥시 던남(Maxie D. Dunnam)과 킴벌리 레이스먼(Kimberly D. Reisman)은 식욕과 성욕을 가장 유사한 구조라고 분석했다.

즉 둘 다 육체적인 것이고, 둘 다 강한 본능에 뿌리를 둔 것이고, 둘 다

생명과 밀접한 관련이 있는 것으로 하나는 생명을 유지시켜 주고 하나는 생명을 번성시켜 주는 것이며, 둘 다 결핍되었을 때 강한 욕구가 나타나고, 둘 다 공허감이 충족되었을 때 만족감과 행복감을 갖게 되고, 둘 다 감각적이어서 상당한 육체적 즐거움이 내재되어 있고, 둘 다 다양성을 통해 만족을 얻고자 하는 것이고, 둘 다 행위 후에 정복감과 소유욕을 갖게 하는 것이고, 둘 다 정도를 넘어 탐내려는 성향이 나타나는 것이고, 둘 다 눈의 유혹을 통해 마음이 흔들리는 것이고, 둘 다 항상 해도 어떤 방법으로든 절대 만족을 얻을 수가 없는 것이어서 일반적으로 이 둘을 이른바 '쌍둥이 형제'라고 비유한다.

프랑스의 역사학자 플로랑 켈리에(Florent Quellier)도 역시 탐식과 성욕은 서로 정비례 관계에 있다고 주장하면서 '쌍둥이 형제'에 '사악한'이라는 단어를 추가하여 '사악한 쌍둥이 형제의 죄'라고 부르기를 주저하지 않았다. 하지만 일반적으로 탐식으로 인한 죄와 비난 및 낙인에 비해 성욕으로 인한 죄와 비난 및 낙인이 훨씬 더 크고, 파괴적이며 악한 영향력이 크다는 사회적 현실을 염두에 두고 볼 때, 쌍둥이 가운데 성욕이 '형'(兄)에 해당하는 죄로 보는 것이 타당할 것 같다. 그러나 한 달간 금욕생활을 했다 하여 생명에 지장을 초래하는 것은 아니지만, 한 달간 먹지 못했을 때 생명을 유지하기가 어렵고, 어떤 행동이라고 할 수 있다는 점을 고려한다면 식욕이 더 영향력이 크다고 할 수도 있을 것이다.

굶주린 사람들 가운데 음욕이 감당할 수 없게 불타오르는 사람을 발견하는 것은 쉬운 일이 아니다. 그래서 에바그리우스는 수도사들에게 육체의 타오르는 욕망을 억제하는 방편으로 '배고픔'을 권했다. '금식이 음욕을 극복한다'는 직접적인 가르침이 성경에는 없지만, 수도사들은 '배고프면 성욕이 안 생긴다'는 것을 경험적으로 알게 되었다.

존 웨슬리(John Wesley)도 기도와 성경, 성례, 그리스도인의 모임, 금식 등 다양한 은혜의 방편 가운데 가장 우선적인 것을 금식으로 보았다. 그는 금식에 대해 "어떤 은혜의 방편도 금식보다 더 큰 은혜로 인도하지는 못한다"고 강조했다. 폭식과 대조를 이루는 금식을 경험하면 음식의 소중함을 알아 음식을 남용, 오용하지 않게 되고, 배고픈 자의 고통에 공감하게 된다.

6. 탐식의 심리

정신분석학에서는 시그문드 프로이드(Sigmund Freud)의 발달이론으로 탐식을 설명한다. 프로이드는 "인간의 성격은 명확하게 구분할 수 있는 5단계를 거쳐서 발달한다"고 보았다. 제1단계는 구강기(oral stage, 0-18개월)로서 아동이 입의 감각에 집중되어 있는 기간이므로 어머니의 젖을 빠는 행동을 통해 만족과 쾌감을 얻는다는 이론이다. 이 시기에 입의 만족을 얻지 못하면 그 아동은 이런 상태가 고착(fixation)되어 손가락 빨기, 손톱 깨물기, 탐식, 음주, 흡연, 수다 등의 현상이 나타날 수 있다는 것이다. 그리고 결국 그 사람은 평생 음식에 집착하고 탐식하는 사람으로 살아가게 된다고 정신분석학에서는 주장한다. 그럴 듯하게 들리지만 수많은 과음자들, 흡연자들, 수다쟁이, 탐식자들이 구강기에 어머니의 젖을 충분히 빨지 못하여 발생된 결과라고 보는 것은 소설 같은 이야기이다.

　미국 프린스턴(Princeton)신학대학원 기독교상담학 교수 도날드 캡스(Donald E. Capps)는 에릭 에릭슨(Erik Erikson)의 심리학 이론에 근거해서 "탐식은 인생의 발달단계 중 가장 초기 단계에 오는 것"이라고 주장했다. 그리고 탐식이 생기는 이유는 세상을 향한 불신 때문이라고 분석했는데, '그 불신이 희망을 잃게 만들고, 그 절망감이 음식을 탐하게 된다'는 것이다. 그래서 탐식의 가장 중요한 해결방법은 믿음을 되찾는 것이고, 미래에 대한 희망을 갖는 것, 천국에 대한 소망을 갖는 것이라고 소개했다.

결국, 탐식은 단순히 음식의 문제가 아니라 영적인 문제로 귀결다. 지금, 눈앞에 보이는 음식을 맛있게, 많이 먹고 보자는 사람은 대개 자기 통제가 되지 않는 현세적인 사람으로서, 식욕을 이기지 못해서 팥죽 한 그릇과 장자의 명분을 바꾼 에서와 동일한 성격의 사람들이다.

7. 탐식의 부작용

영국의 저술가 패트릭 퍼모(Patrick L. Fermor, 1915-2011)는 "7가지 죄 가운데 탐식은 자신의 건강을 해칠지는 모르지만 다른 사람에게 피해를 주지는 않는다"고 설명했다. 영국의 유명한 시인 이디스 씨트월(Edith Sitwell, 1887-1972)도 퍼모와 동일한 표현을 했는데, "7가지 죄 가운데 탐식은 자신의 건강에는 심각한 피해를 입히기는 해도 가장 다른 사람들에게 심각한 피해를 입히지 않는 죄"라고 보았다. 사람들은 마치 탐식을 죄 가운데서 가장 가벼운 죄쯤으로 생각하는 것 같다. 음식을 많이 먹었다고 하여 하나님의 뜻에 반하는 죄를 범했다거나, 부도덕한 사람이라거나, 지옥에 떨어지게 될 것이라고 믿는 사람은 없을 것이다. 하지만, 탐식에는 여러 가지 부작용이 따른다.

모든 욕망이 죄가 될 수 있는 것처럼 탐식에도 쾌락이 있기 때문에 문제가 될 수 있다. 뇌의 쾌락 시스템을 자극하면 신경전달물질 도파민이 분비되어 그 행위에 대해 호감을 갖고 반복하게 되며 행복감을 느끼게 된다. 탐식도 마찬가지인데, '쾌락'을 얻기 때문에 탐식을 추구하게 되는 것이며, 이는 결국 과정 중독으로 전환될 수 있다.

미국 식품의약국(FDA) 국장을 지냈던 의학박사 데이비드 케슬러(David A. Kessler)는 "맛있는 음식에 지속적으로 노출되면 뇌의 구조가 변화하면서 계속 자극을 찾게 되고, 음식을 향한 충동이 점점 강렬해진다"고 분석했다. 이런 사람은 음식에 대해 절제하지 못하고 '조건반사 과잉섭취'에 노출되고, 그렇게 되면 통제 능력이 상실되고, 만족감을 못 느끼며, 강박 사고로 이어지다가 음식 중독에 이르게 된다.

미국 보스톤(Boston)대학교 철학과 교수 피터 크리프트(Peter Kreeft 1937-)도 "탐식이 습관화되었을 때 일종의 중독 수준으로 보았고, 이 상태가 되면 문제를 해결하기가 쉽지 않다"고 보았다. 그는 탐식을 일반 과정 중독(쇼핑 중독, 도박 중독, 성중독, 스마트폰 중독 등)과 똑같다고 본 것이다.

세계보건기구(World Health Organization, WHO)에서는 음식 중독에 대한 다음과 같은 자가진단 척도를 제작하였다.

① 음식을 먹을 때 생각한 것보다 훨씬 많은 양을 남기지 않고 먹는다.
② 배가 부른 상태에서도 계속 음식을 먹는다.
③ 가끔 '먹는 음식의 양을 줄여야 하는 게 아닌가' 하는 걱정을 할 때가 있다.
④ 하루 중 많은 시간을 과식 때문에 피로감을 느끼면서 보낸다.
⑤ 음식을 지나치게 많이 혹은 자주 먹느라 일상생활의 불편함을 느낀다.
⑥ 음식을 일부러 끊거나 줄였을 때 금단증상(불안, 짜증, 우울감 등)이 나타난다.
⑦ 불안, 짜증, 우울감이나 두통 같은 신체 증상 때문에 음식을 찾는다.
⑧ 특정 음식을 일부러 끊거나 줄였을 때 그 음식을 먹고 싶은 강렬한 욕구를 경험한 적이 있다.

위의 항목 가운데 3가지 이상이 해당된다면 그 사람은 음식 중독에 노출된 것으로 의심해 볼 수 있다는 것이다.

사실, 인생을 사는 재미 가운데 먹는 즐거움은 중요한 것이다. '식도락'(食道樂)이라는 말도 있는데, 식도락가는 음식 먹는 재미로 세상을 사는 사람들이다. 어떤 사람들은 '맛집 순례'를 마치 '성지 순례'를 하는 것처럼 생각한다. 전국으로, 전 세계로 맛있는 곳을 찾아다니며 시간과 돈을 쓰면서 삶의 재미를 얻는 사람은 탐식의 수준에 이른 것으로 보인다. 실제로 우리 주변에는 먹고 마시는 것에 커다란 가치를 부여하고, 삶의 우선순위를 둔 사람들이 많이 있다.

탐식을 절제하는 일에 성공을 못하는 사람은 다른 영역의 절제에도 성공을 보장하기 어려울 것이다. 먹음직하고, 보암직하고, 후각적인 자극과 유혹을 극복할 수 없는 사람은 다른 유혹에도 쉽게 노출될 수 있을 것이다. 그러므로 음식을 앞에 두고 감사의 기도를 드릴 때 적당하게 먹는 절제를 달라고 기도하는 것이 중요하다.

8. 비만으로 죽을 수도…

탐식은 우리가 하루를 살아가는 데 필요로 하는 양분(칼로리)보다 더 많은 것을 섭취하는 것이다. 이것이 심각한 문제가 되는 것은 비만을 초래하기 때문이다. '비만'이란 필요 이상으로 섭취한 잉여의 영양분이 축적되어 살이 되는 것이다. 비만은 각종 성인병(대사증후군), 즉 고혈압, 당뇨, 뇌졸중, 심근경색증, 고지혈증, 심혈관질환, 관절질환의 원인이 되며, 비만한 사람은 이런 질병으로 결국, 수명이 짧아진다.

성경을 살펴보면, 비만하여 문제가 된 두 사람에 대한 기록이 있다. 한 사람은 모압 왕 에글론이고, 또 한 사람은 제사장 엘리였다. 이 두 사람은 모두 자신의 비만한 몸집 때문에 일찍 죽은 사람들이다. 성경에는 "에글론은 매우 비둔한 자였더라"(삿 3:17)고 묘사했다. 에글론 왕이 혼자 있을 때 에훗이라는 베냐민 사람이 왕을 살해할 목적으로 칼을 숨기고, 공물을 바치겠다고 위장하여 왕에게 다가가서 칼로 왕의 복부를 찔렀을 때 왕은 비만한 몸집으로 인해 행동이 둔하여 그 칼을 피하지 못하고 죽임을 당하였다.

또 제사장 엘리는 의자에 앉아 있다가 충격적인 소식을 듣고 의자에서 뒤로 넘어졌는데, 그 비대한 몸집으로 인해 목이 부러졌다.

> 하나님의 궤를 말할 때에 엘리가 자기 의자에서 뒤로 넘어져 문 곁에서 목이 부러져 죽었으니 나이가 많고 비대한 까닭이라…(삼상 4:18).

도대체 엘리 제사장은 얼마나 비만했기에 몸을 제대로 가누지 못하고 죽었을까?

WHO가 정한 비만지수에 따르면, 미국 성인의 55%가 '체중 과다'(과제중, 비만)이고, 23%가 '심각한 비만'이라고 밝혔다. 우리나라 성인 남자의 19.9%, 성인 여자의 23.7%가 복부 비만증, 당뇨병, 고혈압증, 고지혈증, 고요산혈증(통풍의 원인)과 혈액 응고 등 동시다발적인 질병을 앓고 있다. 일본의 스모 선수들처럼 비만한 경우는 일반인에 비해 조기사망률이 10배 이상 증가한다.

사실, 심리적 차원에서 볼 때 비만을 특정 사고와 행동의 결과라고 이해하고 싶지만 현대 의학에서는 비만 자체를 질병으로 보고 비만한 사람을 '환자'로 정의하여 다양한 치료법을 개발하기에 이르렀다. 이처럼 비만을 질병으로 분류해야 탐식을 억제하지 못하고, 단 음식을 많이 섭취하고, 기름진 음식을 많이 먹고, 운동하지 않고, 자기 관리를 못하고 '비만'이라는 결과에 이른 책임을 상당부분 면할 수 있게 될 것이다.

"나는 정말 이렇게 되고 싶지 않은데, 질병으로서 비만 때문에 내가 이렇게 된 것입니다."

"누구는 비만이 좋아서 이렇게 되었겠어요? 이게 병인걸 어떻게 해요?"

비만을 타당하게 하는 근거를 현대 의학이 제공한 만큼, 비만의 자기 책임은 면하고 심리적 지지를 얻어 부담없이 비만에 노출되는 사람이 점점 많아질 수 있다. 물론, '비만이 죄'라고 단정 지을 수 없고, '비만이 게으름의 결과'라고 선언할 수는 없지만 많은 경우 비만은 의지적 자기 통제(조절, 절제 등) 여부와 밀접한 관련이 있는 것은 틀림없다. 비만으로 인해서 본래의 아름다움을 잃고, 게을러지고, 건강을 해치고, 사명을 감당하기에도 어려움이 발생한다면 스스로 탐식자가 아니었는지 돌아볼 필요가 있다.

이른바 성인병의 대부분은 많이 먹어서 생긴 결과이다. 즉 비만이 성인병의 원인이라는 것은 이미 의학이 밝힌 사실이다. 안 먹어서 생기는 병이 한 가지라면 먹어서 생긴 병은 열 가지가 훨씬 넘는다고 볼 수 있다. 과식이 몸에 해로운 것을 분명히 알면서도 계속 먹는 사람들은 자기 자신을 서서히 죽이는 것과 같다. 다소 끔찍한 표현이기는 하지만 결국 탐식과 과식은 자살행위라고 볼 수 있는 것이다.

'소식이 노화를 지연시킨다'는 사실도 의학이 밝혀냈다. 스웨덴 예테보리(Gothenburg)대학교 세포-분자생물학 교수 미카엘 몰린(Mikael Molin)은 '칼로리 섭취를 줄이면 노화의 진행이 지연된다'는 것을 밝혔다. 칼로리 섭취를 줄이면 인체에서 '페록시레독신-1'(Prx-1)이라는 효소가 활성화되는데, '이 세포가 활성화되면 세포의 노화에 따른 유전물질 손상 억제에 중요한 역할을 한다'는 사실이 밝혀진 것이다. 이 연구 결과는 과학 정기간행물 「분자 세포」(*Molecular Cell*, 2011년 11월)지에 발표됐다. 사실, 전문 지식 없이 이 의미를 정확하게 이해하기가 다소 곤란한 부분이 있지만 '적게 먹으면 몸에 좋다'는 말은 틀림없는 사실이다.

탐식에 앞서, 우리가 느끼는 배고픔은 뇌의 시상하부에 있는 '공복 중추'와 '만복 중추'에 의한 것이다. 배가 고프면 혈액 속에 유리 지방산(지방이 분해되어 생기는 지방산)이 증가해 공복 중추를 자극하고 이후 음식을 먹게 되면 혈액 중 포도당 농도의 증가가 만복 중추를 자극한다. 하지만 이 중추가 제대로 작동하지 않으면 음식을 계속 탐하게 된다. '음식을 탐한다'는 것은 만복감의 기본 설정치가 높거나, 혈당을 낮추는 인슐린이 지나치게 분비되는 경우이다. 대부분 식사시간이 불규칙하거나, 식습관의 불균형이 일어나면 중추신경은 혼란에 빠지기 쉽다.

외경(外經: apocrypha)은 거의 소설에 가까운 내용이어서 신학적으로 신뢰하기 어려운 책이지만, 집회서 37장 27-31절은 탐식과 관련하여 우리에게 많은 것을 생각하게 하는 내용이다.

> 살아가면서 너 자신을 단련시켜라. 무엇이 네게 나쁜지 살펴보고 거기에 넘어가지 마라. 과도하게 음식을 탐하지 마라. 음식을 지나치게 많이 섭취하는데서 질병이 발생하고, 많은 사람들이 탐식으로 인한 질병 때문에 죽었으며, 그것을 피하는 자는 생명을 연장하리라.

탐식은 죽음에 이르는 병임에 틀림없다. 윌리엄 오슬러(William Osler, 1849-1919)는 내과의사로서 미국 최고의 의과대학인 존스홉킨스(Johns Hopkins)대학교 의과대학을 설립한 사람이고, 미국 '의학교육의 아버지'라는 별명을 가진 사람이다. 그는 "인류 역사상 칼로 죽은 사람들보다 음주, 흡연 및 과식으로 인해 죽은 사람들이 더 많다"고 분석했다.

'평소 과식을 자주 하는 노인의 경우 그렇지 않은 사람에 비해 두 배 정도 더 많은 기억력의 손실을 가져올 수 있다'는 사실을 미국 존스홉킨스대학교 병원이 밝힌 바 있다. 존스홉킨스대학교 병원은 미국 최고의 병원인데, 이 병원에서는 70-89세에 이르는 1,200명의 노인을 대상으로 음식 섭취량과 기억력과의 관련성에 대해 연구를 진행했다. 연구팀은 실험대상자들이 평소 섭취하는 식사량에 따라 네 그룹으로 나눈 뒤, 기억력 검사를 실시했다.

이 연구에서 가장 높은 열량을 섭취하는 그룹은 열량을 가장 낮게 섭취하는 그룹보다 기억력 손상 위험이 2배 이상 높았으며, 열량 섭취를 중간 정도로 하는 그룹에서는 기억력 손상 위험이 크게 두드러지지 않은 것을 발견했다. 이 연구팀을 이끈 신경학-정신의학 교수 요나스 게다(Yonas Geda)는 "과식, 즉 과다한 열량 섭취가 스트레스를 유발하기 때문으로 기억력에 손상이 발생한 것으로 추측한다"고 분석했다.

9. 탐식, 어떻게 처리할까?

적당히 먹기 위한 비장의 각오

죽기 전까지 탐식으로부터 완전히 자유로울 수 있는 사람은 없을 것이다. 그렇기 때문에 탐식에 대한 절제의 필요성을 스스로 인식하고 훈련해야 한다. 김밥 같은 경우에 먹고 나서 접시를 비웠을 때 다시 채워주고 채워주면 사람들은 자신이 얼마나 먹었는지 감을 잃고 계속 먹게 된다. 처음에만 잠깐 맛을 느끼다가 나중에는 아무 생각도 없이 단순히 배에 채워 욕구를 충족하는 자신을 발견하는 것은 어려운 일이 아니다.

사람들은 처음에는 배고파서 먹지만, 음식이 옆에 있으면 먹는 쾌락과 욕망을 채우려고 먹게 되고, 습관적으로 먹는다. 대부분의 사람들은 수저를 놓아야 할 시기를 스스로 알지 못한다. 그래서 식사를 하다가 배가 터질 것 같은 느낌이 들어야 아쉽게 수저를 놓게 된다. 우리의 식욕은 늘 '음식이 부족하다'고 보채게 된다. 그리고 그 허기를 해소하려고 끊임없이 먹고 싶어 한다. 절제는 탐식에서 벗어나기 위한 첫 번째 방법이며 가장 중요한 방법이다. 탐식에서 벗어나고자 하는 사람은 식사할 때마다 과식하지 않고 적당히 먹도록 비장의 각오, 결심, 결단을 해야 한다.

특히, 뷔페식당에 가면 누구나 탐식의 결심과 결단이 흔들릴 수밖에 없다. 처음에는 자신이 원하는 것을 담아오지만 '다음에는 비싼 음식이 남아 있지 않을지도 모른다'는 염려 때문에 욕심을 부려 잔뜩 담아오는 경우가 있다. 먹지도 않으면서 음식을 많이 가져와서 남기는 것도 탐식의 개념과 별개일 수 없을 것이다. '탐식을 스스로 통제한다'는 것은 어지간히 수양되지 않고서는 어려운 것 같다. 인간에게 식욕 자체가 잘못된 것은 아니지만 절제되지 못한 식욕으로 인해 음식에 매여 사는 것은 문제가 될 수 있다.

이른바 '식이요법'(diet, 다이어트)은 체중조절을 위해 음식을 적절히 조절하는 것으로서 과식하는 사람, 비만한 사람, 성인 질환을 앓고 있는 사람에게는 필수적인 것이다. 미국 존스홉킨스대학교 교수 마크 매트슨(Mark Mattson)의 연구 결과에 따르면, '일주일에 이틀 정도 먹는 양을 약 500칼로리(약간의 채소와 차를 마시는 정도) 정도만 줄여도 뇌질환 억제에 긍정적인 효과가 있다.' 특히 '이따금씩이라도 금식 및 단식을 경험해 보는 것은 질병을 예방하고 수명을 연장시켜 줄 뿐만 아니라 뇌질환의 발병도 낮춰준다'며 '이는 동물실험을 통해 어느 정도 입증됐다'고 밝혔다. 이는 에너지 섭취가 줄면 뇌신경세포가 활성화되고 신경전달물질이 증가하기 때문이라는 것이다.

그는 또 심리학적으로 주기적인 금식 및 단식이 어렵지 않다는 점을 강조했는데, 일주일에 하루 이틀 정도 음식을 거의 먹지 않는다 하더라도 나머지 5일 동안 원하는 것을 먹을 수 있기 때문에 누구든지 충분히 참고 견딜 수 있다고 설명했다. 대개 식이요법을 결심하고도 성공하지 못하는 경우는 '내일부터 하자'고 생각하기 때문이다. 음식에 대한 확고한 절제의 마음을 갖는 데서부터 변화는 시작되는 것이다.

과식으로 인해 비만하여 성인질환을 앓고 있는 어떤 환자에게 의사가 "아이구, 이거 너무 심각한 과체중상태에요. 식이요법을 하셔야 되겠어요" 그러자 이 환자는 "식이요법을 해야 된다면 해야지요. 그런데 선생님, 식이요법은 어떻게 하는 거예요? 식전에 하는 거예요 식후에 하는 거예요?"라는 말을 했다. '식이요법'이라는 것이 음식의 양을 조절하고 몸에 좋지 않은 음식을 절제하며 음식 먹는 시간을 스스로 통제하는 것인데, 이런 말을 했다는 것은 식이요법이 뭔지 모르거나 아니면 이 내용은 유머(humor)일 것이다. 요즘은 많은 사람들이 식이요법에 대한 지대한 관심을 가지고 있어서 식이요법에 관한 책은 성경 다음으로 많이 팔리는 책이 되었고, 식이요법 산업과 몸과 건강을 관리하는 헬스클럽은 융성하는 사업 가운데 하나가 되었다.

영성신학자 리차드 포스터(Richard J. Foster)는 "당신의 배를 버릇없는 아이처럼 내버려 두지 말고 훈련시키라. '음식을 달란다'고 무조건 주지 말라"고 교훈했다. 버릇없는 아이들은 먹을 것을 줘도 또 달라고 한다. 그런 아이에게 계속 주면 줄수록 만족 없이 더 요구하게 된다. 이처럼 길들여지지 않은 배는 먹고, 먹고 또 먹으려고 하며 만족할 줄 모른다. 음식이 충족되지 않았을 때 신경질과 짜증을 내고 더 나아가 분노를 나타내는 것은 정상적인 식생활이 아니다. 유아의 특징은 참지 못하는 것이고, 성인의 특징은 참는 것이므로 음식과 관련하여 참지 못하는 사람을 인격적으로 성장, 성숙했다고 보기 어렵다.

탐식을 없애려면 '과식하지 않겠다'고 생각만 해서는 안 되고, 목에 칼을 둘 정도로 절제를 위한 강한 의지적 결단이 필요하다. 잠언에 "네가 만일 음식을 탐하는 자이거든 네 목에 칼을 둘 것이니라. 그의 맛있는 음식을 탐하지 말라 그것은 속이는 음식이니라"(잠 23:2)고 경고하고 있다. 그리고 그 절제의 결단을 효과적으로 지키기 위해서 주변도 정리해야 한다.

잠언에 "술을 즐겨하는 자들과 고기를 탐하는 자들과도 더불어 사귀지 말라"(잠 23:20)고 했다. '술을 즐겨하는 자'와 '고기를 탐하는 자'는 모두 탐식으로 절제를 하지 못하는 사람들이다. 탐식에 대한 절제가 없고, 훈련되지 않은 사람들과 사귀면 악한 영향을 받게 되고 결국, 그들의 절제되지 않은 죄악에 동반 노출될 수 있기 때문이다.

그래서 자신의 주변에 탐식을 거부하고 절제하는 친구들과 사귀어야 한다. 주변에서 친구들이 맛집을 추천하면서 가보자고 보채면 그것을 쉽게 거부, 거절하기가 어렵다. 절제에 대한 굳은 결심을 하고, 혈서를 써도 그런 친구들과 함께 지내면 결심은 쉽게 무너지게 되기 때문에 탐식하는 친구들을 먼저 끊어야 탐식을 끊을 수 있다.

금식한 돈으로 무엇에 사용할까?

탐식에서 벗어나는 데 도움이 되는 방법은 구제와 자선을 행하고 연습하는 것이다. '그리스도인은 배고파 하는 사람과 그들의 고통을 생각하면서 자신의 입에 들어갈 것을 나누어 먹어야 한다'는 것을 깊이 인식해야 한다. 이런 인식을 지속적으로 갖게 되면 탐식이 나타날 때마다 마음이 불편하게 되어 스스로 먹는 것을 줄이고 그것으로 구제하게 될 수 있다. 필요 이상으로 많이 먹지 않는 엄격한 훈련을 시행하는 이유는 자기 통제력을 키우기 위함도 있지만, 자신이 먹을 음식을 줄여서 궁핍으로 고통받는 가난한 이웃을 위해 나누어 주려는 목적 때문이기도 했다.

금식한 후, 금식에 해당하는 일정 금액으로 이웃을 위해 구제하고 선을 베푸는데 사용하는 것은 대단히 의미 있는 일이다. 어거스틴도 자신이 먹을 것을 줄이고 또 금식하여 그것으로 가난한 사람들에게 나누는 것이 '하늘에 보물을 쌓은 것'이고, 그것이야말로 '굶주린 그리스도를 대접하는 것'이라고 말하면서 '금식을 구제와 연결시켜야 한다'고 가르쳤다. 성경에는 "주린 자에게 네 양식을 나누어 주며…"(사 58:7)라고 기록되어 있고, "주린 자에게 음식물을 주며…"(겔 18:7, 16)라고 요구하고 있다.

과거에는 한국교회에 '성미'(誠米)라는 것을 드리던 제도가 있었다. 교인들이 바친 성미는 목회자에게 제공되기도 했고, 가난한 신자들에게 제공되기도 했으며, 주일예배 후 교회에서 온 교인들이 함께 식사를 할 때 사용되기도 했다. 어떤 권사는 매일 밥을 지을 때면 예수님께 식사를 대접하는 마음으로 한 숟가락씩 쌀을 떠서 별도로 마련한 그릇에 담아 그것을 모아 주일날 교회에 바쳤다. 그리고 그 권사는 평상시 자신이 섭취하는 밥의 양을 성미에서 떠낸 만큼 줄여서 식사를 했다는 것이다. 절식을 통해 성미를 바친 권사의 행동은 바람직한 신앙의 모습일 수 있다.

성경은 '음식을 탐하는 자는 가난하여질 것'(잠 23:21)이라고 경고했다. 먹는 것으로 돈을 써 버리면 의미 있고 창조적인 일에 사용할 비용이 줄게 된다. 또 탐식으로 인한 사회적 부작용으로는 나눔의 부재를 꼽을 수 있다. 사람들은 가난한 사람들을 돌보지 않고 자기 배만 채움으로써 섬김의 기회를 잃게 된다. 사람들이 음식에 집착하는 이유는 '자신의 육체에 그만큼 집착하는 표시'라고 볼 수 있다. 탐식은 배고픈 자의 고통을 외면하고, 자신의 배만 채우는 데 관심을 집중시키며, 다른 사람들에게 무관심한 이기적인 죄이다.

탐식은 죄이지만, 용서받지 못할 죄는 아니다. 이것이 죄였음을 깨닫고, 회개하고 절제하면 누구라도 분명히 용서받을 수 있는 죄이다. 하지만 사도 바울은 '회개에 합당한 행동의 변화가 나타나야 한다'는 것을 강조했다. 사도 바울은 에베소서에서 다음과 같이 강조했다.

> 도적질하는 자는 다시 도적질하지 말고 돌이켜 빈궁한 자에게 구제할 것이 있기 위하여 제 손으로 수고하여 선한 일을 하라. 무릇 더러운 말은 너희 입 밖에도 내지 말고 오직 덕을 세우는 데 소용되는 대로 선한 말을 하여 듣는 자들에게 은혜를 끼치게 하라(엡 4:28-29).

그렇다면, 탐식하는 사람은 탐식이 죄인 줄 깨닫고 그것을 하나님께 철저히 회개한 후, 다시는 탐식하지 않기를 결심하고 절제해야 한다. 그러나 여기서 끝나는 것이 아니라 탐식하던 사람은 더 나아가 금식하거나 절식하여 그에 해당하는 돈으로 굶주린 사람들을 위해 구제할 때 온전한 회복이 일어나며 회개에 합당한 열매를 맺게 되는 것이다.

먹기 위해 사나 살기 위해 먹나?

모든 죄악 가운데서도 탐식은 비교적 너그럽게 용납되고 죄책감도 적은 죄처럼 보인다. 그러나 탐식은 육체와 정신 그리고 영성에 심각한 피해를 초래한다. '지금 당장 잘 먹고 보자다'는 인식에서 비롯되는 것이 탐식이며, '당장 즐거우면 된다'는 찰나적, 순간적, 현세적인 생각에서 비롯되는 행위라고 할 수 있다. 탐식을 비롯하여 7가지 죄는 모두, 이 세상의 만족에 대하여 과도하게 추구하는 것으로서 이 땅에서의 기쁨, 즐거움, 쾌락, 쾌감, 맛 등에 빠지게 하여 우리로 우리가 떠나온 곳, 돌아갈 곳에 대해 망각하게 만든다.

경건한 신자들은 '먹는 것 말고도 더 높고, 더 중요하고, 더 가치 있는 일들이 많다'는 것을 인식해야 한다. 예수님께서는 '사람이 먹는 것으로만 사는 것이 아님'(마 4:4)을 가르쳐 주셨다. 또 산상보훈에서 예수님께서는 "무엇을 먹을까 무엇을 마실까…염려하지 말라"(마 6:25)고 교훈하셨다. 그런데 마태복음 6장은 이 말씀으로 끝나지 않고, "너희는 먼저 그의 나라와 그의 의를 구하라 그리하면 이 모든 것을 너희에게 더하시리라"고 하셨다. 그러므로 경건한 신자들은 더 중요한 것에 대해 영적인 관심을 가져야 하며, 먹지 못하는 이웃을 돌아볼 때 이 말씀의 진정한 뜻을 이루는 사람이 될 수 있을 것이다.

소크라테스는 "악인은 먹고 마시기 위해 살고, 선인은 살기 위해 먹는다"고 했다. 하지만 경건한 신자들은 하나님의 영광을 위해 먹고 마시는 사람이다. 사도 바울도 "너희가 먹든지 마시든지 무엇을 하든지 다 하나님의 영광을 위하여 하라"(고전 10:31)고 했다. 사도 바울은 우리 육체에 대하여 다음과 같이 교훈했다.

너희 몸은 너희가 하나님께로부터 받은바 너희 가운데 계신 성령의 전인 줄을 알지 못하느냐 너희는 너희의 것이 아니라 값으로 산 것이 되었으니

> 그런즉 너희 몸으로 하나님께 영광을 돌리라(롬 6:19-20).

우리 몸은 주님의 것으로서 우리의 관리하에 있는 것이다. 이 몸은 하나님의 영이 함께 하시는 거룩한 성전이기 때문에 함부로 취급해서는 안 된다. 즉 탐식과 폭식, 대식 등으로 자신의 몸을 괴롭히고 피해를 초래해서는 안 된다. 하나님께서 주신 몸을 절제하여 잘 관리해야 하는 것이 성경적인 삶의 태도이다.

닫는 글

치명적인 죄의 해결

1. 양심, 죄책감, 죄의 해소 방법

월드컵 축구경기에서 어떤 선수가 자신의 '자살골'로 팀이 경기에 패하자 그 죄책감에 시달리다가 자살한 사례가 있다. 또 어떤 야구선수가 자신의 실수로 시합에 패한 것에 대해 심한 죄책감에 시달리다가 자살한 일도 있다. 죄책감은 이렇게 사람을 매우 부담스럽게 한다. 성경에도 죄책감에 짓눌려 괴로워하다 견디다 못해 목매어 자살한 사람이 있었다. 그는 바로 가룟 유다이다(마 27:5).

고등학교 시절 살인하고 그것을 숨겨오던 사람이 15년 동안 죄책감에 견디다 못해 공소시효를 며칠 앞두고 자살한 일도 있었다. '공소시효'란 '어떤 사람이 명백하게 범죄를 저질렀어도 검사가 일정기간 동안 이 일을 처리하지 않거나 범인을 잡지 못하면 죄가 소멸된다'는 것이다. 대개 살인사건의 공소시효는 15년 정도로 살일을 하고도 15년 동안 적발되지 않으면 도 이 사람을 윤리, 도덕적으로 비난은 할 수 있지만 살인범으로 법적인 처벌은 할 수 없게 된다. 근래 사회 일각에서는 살인사건에 대해서는 공소시효를 없애자는 운동도 있다.

미국 속담에 "오래된 죄라도 긴 그림자를 드리운다"(Old sins cast long shadows)라는 말이 있는데, 이것은 "오래전에 지은 죄라도 그 죄로 인해서 죄책감과 여파는 오래 남는다"는 의미이다. 죄가 오래되어도 죄책감이 사람을 괴롭히는 것이다.

충청남도 당진경찰서가 이 모씨(27세)를 상대로 '살인 및 사체유기 혐의로 구속영장을 신청했다'는 기사가 언론에 보도(2009년 9월 19일자)된 적이 있었다. 이 씨가 마을 선배 양 모씨(당시 23세)를 몽둥이로 때리고 목을 조른 후 흉기로 찔러 살해한 혐의였다. 양 씨가 숨지자 자신의 범행을 은폐하기 위해 사체를 야산에 암매장했다. 이 사건은 가해자가 계속 악몽을 꾸어 자수함으로써 사건의 전모가 밝혀졌다. 이 씨는 밤마다 시체가 쫓아오거나 도망가는 꿈을 꾸었고, 식은땀을 많이 흘려 체력도 허약해졌으며 잊으려고 노력할수록 양 씨의 얼굴이 또렷해졌다고 털어놓았다.

그는 "양 씨 집 앞을 지날 때면 자신도 모르게 얼굴을 돌렸고 잠을 제대로 자지 못하는 날이 점점 많아졌다"고 고백했다. 양심의 가책에 사로잡힌 이 씨는 양 씨가 계속 꿈에 나타나자 양 씨의 1주기 때 한밤중에 양 씨를 묻은 곳을 찾아 '위령제'까지 지낸 것으로 알려졌다. 그는 '자신이 천벌을 받을지 모른다'고 판단해 살인사건 9년 만에 경찰에 자수했다. 천벌 받을 것을 두려워할 정도의 사람이 어떻게 살인까지 범했는지 쉽게 이해가 되지는 않지만 양심의 가책과 죄책감은 그 살인자를 괴롭혔고 결국 자수하게 만들었다.

성경에 보면, 다윗 왕도 이런 경험이 있었다. 다윗 왕은 자신이 부하 우리야의 아내를 간음하고, 그 남편을 살인한 죄로 "종일 신음하므로 뼈가 마르는 고통과 주야로 주의 손이 짓누르고 진액이 변하여 여름 가뭄에 마름같이 되었다"(시 32:3-4)고 고백했다. 죄를 범한 사람은 대부분 죄책감으로 인해 괴로워하며, 그 죄책을 해소하기 위해 나름대로 노력하게 된다. 그러나 노력한다고 하여 죄책감이 해소되는 것은 아니다. 일반적으로 죄책감은 불안을 야기하는데, 결국, 해결되지 않은 죄책감이 사람을 불안으로 몰아넣어 신체적인 건강은 물론, 심리정서적, 영적 건강에도 심각한 피해를 초래한다.

죄책감의 정의를 국어사전에는 '죄를 지었다고 느끼고 이에 지배되는 정서상태, 곧 자기 규범에 의해 발생되는 양심적 불안'이라고 했다. 한자에서 죄책감(罪責感)은 허물 '죄'(罪), 꾸짖을 '책'(責)으로서 '죄에 대한 책임을 갖는 것'을 뜻하며, 그러한 감정을 죄책감이라 할 수 있다. 죄책감은 그것을 느끼는 감정으로 스스로 자신을 꾸짖는다'는 의미가 내포되어 있다. 사실, 자신이 죄를 범한 후, 죄를 회피하지 않고, 그에 대한 책임을 갖는 것은 바람직한 태도라고 할 수 있으나 말처럼 쉬운 일은 아니다.

죄책감의 유사어로 '죄장감'(罪障感), '죄악감'(罪惡感) 등이 있지만 이런 단어들은 빈번하게 사용하는 용어가 아니다. 죄책감의 신학적인 표현으로 '자아 정죄'라는 용어가 있다. '죄'라는 말이 부담스러울 때 사람들은 '자책감'이라는 말을 쓰기도 한다. 자책감은 '죄책감의 가벼운 표현'이라고 할 수 있다. 자책감은 비합리적으로 자신이 감당할 필요가 없는 짐까지도 지려는 심리현상을 발생시킨다. 스위스의 정신과 의사이며 심리학자인 폴 투르니에(Paul Tournier)는 "모든 사람은 예외 없이 자신의 잘못된 일에 대해 스스로 책임을 느끼고 '자책감'을 갖게 된다"고 했다. 이 세상에 죄책감, 자책감을 가져보지 않은 사람은 한 사람도 없을 것이다.

미국 루이스(Louis)대학교 심리학과 교수 테리 쿠퍼(Terry D. Cooper)는 "모든 사람은 태어날 때부터 기본적 책임감을 가지고 태어나기 때문에 잘못된 일을 했을 때 그 책임감이 바로 죄책감, 자책감을 갖게 한다"고 분석했다. 가볍게는 사소한 물건을 잃어버려도 그것을 지키지 못한 자책감이 일어날 수 있다. '내가 왜 이러지? 이렇게 정신없지? 내가 정신을 어디에 두고 다니는 거지?' 사람이 자책하는 것은 매우 자연스러운 심리현상이지만 대부분의 자책감은 허구이거나 그렇게 될 수 없는 안타까운 후회일 가능성이 높다. 이를테면, '병원에 조금만 더 빨리 도착했었더라면…,' '내가 조금만 더 관심을 가졌었다면…,' '그거 안 먹었어야 하는데…,' '거기에 가지 말았어야 했는데…' 하는 후회를 하게 되지만 사실상 그렇게 하기는 어려운 상황에서 안타까운 마음에 후회하는 생각만 가질 뿐이다.

2. 죄와 죄책감 '감각 순응성'

죄가 죄일 수 있는 것은 죄에 대한 정의와 개념, 원칙, 규율, 규정, 기준, 선 등이 명확하기 때문이다. 만일 이런 것이 명확하지 않다면 죄의 개념이 모호해지거나 죄가 형성되지 않을 것이다. 영국의 유명 작가인 에블린 워프(Evelyn Waugh, 1903-1966)는 이를 '영적인 선'이라고 표현했다. 선이 명확해야 선을 넘었는지 넘지 않았는지 분명히 알 수 있게 된다. 그는 다음과 같이 설명했다.

"신앙이 없는 사람들은 영적으로 넘어서는 안 될 선의 개념이 없으므로 교만, 시기·질투, 분노, 나태, 음욕, 탐욕, 탐식의 선을 자유롭게 벗어나고, 수월하게 넘는다."

'넘어서는 안 될 영적인 선을 넘을 때 비로소 죄가 된다'는 워프의 개념은 이해가 될 듯하면서도 사실, 다소 모호한 표현으로서 영적인 선의 한계에 대한 설명이 없으므로 명확하게 이해할 수 없다.

죄는 헬라어로 '하마르티아'(ἁμαρτία)라고 하는데, 그 의미는 '과녁에서 벗어났다,' '기준과 원칙에서 벗어났다'는 뜻이다. 그 '과녁 및 기준과 원칙'은 바로 하나님의 뜻이 담긴 성경말씀을 의미한다. 현대인들은 이 기준과 원칙, 규율과 통제에서 벗어나 자유를 만끽하고 싶어 한다. 하지만 '죄'라는 개념을 인식할수록 심리적으로 매우 불편하고, 불쾌하고, 불안하게 된다.

현대인들은 '죄'라는 말은 종교에서나 사용하는 단어로 이해하고 싶어 하고, 그 개념을 매우 축소하거나 죄를 성경 또는 교회에 가두려는 시도들이 나타나고 있다. 특히, 심리학과 의학 등에서는 다소 가벼운 죄를 '약점,' '문제,' '실수,' '결함' 등으로 보고, 다소 심각한 죄를 악으로 보려고 하지 않고, '부적응,' '중독,' '장애,' '집착,' '공격성,' '질병' 등으로 부르면서 그 심각성을 약화 또는 희석하거나 관심의 방향을 다른 곳으로 돌리려고 한다.

심지어 죄를 '비의지적 질병' 또는 '보편적 심리정서 현상' 등으로 이해하려고 하는데, 이것은 마치 '죄에게 예쁜 옷을 입히는 것과 비슷하다'고 비유할 수 있다. 아무리 죄에게 예쁜 옷을 입혀서 그것을 미화하더라도 죄(罪)는 악(惡)일 뿐이다. 그래서 기독교철학자 엘튼 트루블러드(D. Elton Trueblood, 1900-1994)가 "부패는 잘못된 것의 미화에 있다"고 주장했듯이 '죄를 죄로 보지 않고, 미화하려는 태도는 인간의 이성, 지성, 정신 그리고 영성이 부패했다'는 증거이다.

심리학은 종교가 아니므로 죄에 대한 개념이 없고, 오히려 사람들이 죄를 많이 생각하면 생각할수록 심리적인 부담으로 인해 정신장애에 노출될 수 있기 때문에 '죄'라는 용어를 사용하지 않고, 의도적으로 이를 회피하려고 한다. 정신분석학을 비롯하여 심리학에서는 기독교가 인간의 죄를 조장하여 사람들에게 불필요한 죄책감을 갖게 한다고 주장하는 일각도 있다.

양심에 의해 나타나는 죄책감은 죄를 알게 하는 기본적인 경고 장치라 할 수 있다. 막 태어난 신생아는 죄를 아직 행위로 범하지는 않았지만 그렇다고 하여 그 아이가 '의인'은 아니다. 사과나무가 사과열매를 맺혔기 때문에 비로소 사과나무가 되는 것이 아닌 것과 같다. 아직 사과열매를 맺지 않았어도 그것은 분명히 사과나무인 것처럼 인간은 죄를 범했기 때문에 죄인이기도 하지만 신생아처럼 아직 죄를 행위로 범하지 않았어도 인간은 원죄, 즉 본래적 죄성, 선천적 죄성, 잠재적 죄성, 죄의 본성을 가지고 있기 때문에 죄인이다.

　기독교심리학을 연구하는 입장에서도 죄의 문제를 심도 있게 다루지 않으려는 것이 현대적 추세이다. 기독교상담학자 맥민과 필립스의 연구에 따르면, 미국에서 발행되는 정기간행물 「심리학과 기독교」(*Journal of Psychology & Christianity*)에 수록된 1,143편의 논문을 분석해 본 결과, 죄를 주제로 한 논문은 단지 4%도 안 되는 43편의 논문에서만 죄의 영향에 관한 연구가 있었다.

　사람들이 지나치게 깨끗한 양심을 지키려고 하거나 지나치게 죄에 민감해지려는 것은 심리적으로 좋지 않다는 것을 일컬어 '계란껍질 증후군'이라고 한다. '계란껍질 증후군'은 '계란껍질이 널려 있는 길을 걸으면서 단 하나의 계란껍질도 부스러뜨리지 않고 걸으려고 하는 것'을 의미하는데 이것은 사실상 불가능하다.

　계란껍질이 깔린 길을 지나가면 당연히 계란껍질을 밟게 된다. 계란껍질이 깔린 길을 지날 때 계란껍질이 깨지는 것은 누구도 피할 수 없는 현상으로 인간이 살면서 죄를 범하는 것은 매우 자연스러운 현상이므로 죄에 대하여 지나치게 민감할 필요가 없다는 것이다. 이것은 죄를 약화 또는 희석하려는 의도일 뿐이다. 어거스틴도 인간이 '죄를 짓지 않는 것은 불가능하다'(*non posse non peccare*)고 주장했다. 인간은 누구나 타락하여 죄 없는 삶을 사는 것은 불가능하지만, 그렇다 하여 거리낌 없이 죄를 짓는 것은 바른 태도가 아니다.

　심리적으로 불편하고, 불쾌하고, 불안하더라도 죄를 회피, 일반화, 합리화, 은닉화, 정당화해서는 안 된다. 또한 죄는 크거나 작거나, 많거나 적거나 분명히 '죄'라는 사실을 인식하고, 그것을 인정하며 회개할 때 심리정서적, 영적 건강을 얻을 수 있다.

　1931년 5월 미국 뉴욕(New York)에서 사람을 많이 죽인 유명한 살인범

프랜시스 크라울리(Francis Crowley)가 경찰에 체포되었다. 그는 아무 이유도 없이 지나가는 사람들을 죽이고, 또 사람들이 자신의 모자를 건드리기라도 하면 "왜 기분 나쁘게 내 모자를 건드리느냐?"고 하면서 총을 쏠 정도로 잔인한 사람이었다. 그는 경찰을 포함하여 수많은 사람들을 죽이는 살인자가 되었는데, 놀라운 사실은 그렇게 많은 사람들을 죽이면서도 그는 단 한 번도 죄책감을 가져보지 않았던 것은 물론, '자신은 항상 정당하고 잘못한 것이 없다'는 생각을 가지고 있었다. 그가 체포되어 법정에서 사형을 언도받은 후 마지막 순간에 이르러서야 마침내 고백하기를 "내가 오늘 나의 삶을 비참하게 사형으로 마치게 되는 것은 내 죄를 죄로 보려고 하지 않고 끝까지 합리화하려고 했기 때문이었다"고 고백했다. '이 세상 모든 사람이 다 죄를 범한다' 하여도 죄는 여전히 죄이기 때문에 심리정서적, 정신적, 영적 민감성을 가지고 죄를 죄로 보며, 그것을 바르게 인식, 인정하는데서부터 문제의 해결점을 찾을 수 있다.

상담심리학에는 '감각 순응성'(adaptation of sensory)이라는 용어가 있는데, 이 단어의 뜻은 반복된 경험을 통해 심리적 민감성이 무뎌지고, 그에 적응하게 된다는 것이다. 마치 발뒤꿈치와 같이 계속 바닥에 발을 디디다 보면 나중에는 딱딱하게 굳은살이 배는 것과 같다. 그래서 발뒤꿈치에는 손을 갖다 대도 느낌이 없지만 발바닥 중앙 부위에는 손을 갖다 대면 간지러워 자지러지게 놀라게 된다. 반복되는 죄도 '감각 순응성이 나타난다'고 볼 수 있다.

감각 순응성을 가장 잘 설명한 예는 '화장실 냄새'라고 할 수 있다. 우리나라에 수세식 화장실이 일반화되지 않았을 때는 대부분의 가정에서 재래식 화장실을 사용하였다. 재래식 화장실은 여름에는 더위로 인해 공기의 팽창과 부패 등으로 지독한 냄새를 유발하기 때문에 사용하기가 매우 힘들었다. 그 시절 미국인들이 한국을 다녀간 느낌을 기록한 글들에 보면 '한국은 화장실 냄새가 심하여 그것 때문에 생활하기가 매우 불편한 나라'

로 묘사한 기록들이 많다.

1950년 한국전쟁 당시에 미군들이 한국에 파병되어 전투에 참여하고 글을 쓴 내용들을 보면 "두려움도 참을 수 있고, 공포도 참을 수 있고, 추위도 참을 수 있었지만, 여름에 비료를 주기 위해 농촌에 인분을 모아둔 구덩이가 있었는데 여기에 빠지는 일이 잦았고, 그 냄새는 참으로 견디기 어려웠다"는 기록이 있다. 그런데 아무리 지독한 냄새가 진동하는 재래식 화장실이지만, 일을 보기 위해 2-3분 만 앉아 있으면 나중에는 냄새가 독한지 알 수 없게 되고, 더 오래 있으면 냄새를 맡을 수가 없게 된다. 물론, 냄새가 안 나는 것이 아니라 후각이 곧 피로를 느껴 일종의 마비현상이 발생하여 냄새를 맡을 수 없게 되는 감각 순응성이 나타난 것이다.

죄를 반복하면 역시 감각 순응성이 생겨 심리정서적, 영적으로 죄에 대한 감각이 무뎌지고, 양심이 마비되는 것은 당연한 이치이다. 신앙에서 어긋나는 행동을 반복하다 보면 처음에는 양심의 가책과 불안감, 죄책감을 갖게 되다가 급기야 아무 느낌이 없어지게 되거나 죄에 익숙해질 뿐만 아니라 담대해지게 된다.

매스컴을 통해 드러난 사건들 가운데 수많은 여성들을 성폭행한 범인, 수많은 사람들을 죽인 살인마, 살인 후 인육을 먹은 괴수, 상상하기도 끔찍한 사건을 야기한 범인에게 기자가 "어떻게 이런 행동을 하게 되었느냐?"고 질문을 하면 대부분의 범인들은 똑같은 말을 한다.

"처음에만 두렵고 떨렸지, 몇 번 해보니 전혀 양심의 가책이나 두려움이 없어졌다."

"처음 한 사람 죽이는 것이 어렵고 힘들었지, 그 다음부터 사람을 죽이는 일이 쉬웠다."

"사람을 먹는 일이 처음에만 끔찍했지 자주 먹게 되니 아무 느낌이 없어졌다."

이렇게 진술하는 내용을 보도에서 대할 수 있다.

반복된 범죄로 인해 양심의 가책이나 죄책감이 순응될 수 있다. 죄에 대한 감각이 무뎌지면 양심의 소리에 귀를 기울이지 않게 되다가 점차 더 큰 범죄와 타락의 늪으로 빠져들게 되는 것이 일반적이다. 양심, 윤리, 도덕, 신앙을 지키면서 조그마한 잘못에도 민감성을 유지하는 것이 사람됨이라 할 수 있고, 이것을 회복하는 것이 신앙이며 영성이다. 양심이 무뎌지면 인격을 포기하는 것이고, 인격을 포기하면 결국, 인간이기를 포기하는 것이다. 이것을 성경은 '화인(火印) 맞은 양심'(딤전 4:2)으로 표현했다.

3. 죄책감과 불안, 공포

콜린스는 상담을 통해 내담자들을 분석해 보았을 때 죄책감은 자기 정죄, 후회, 수치심, 열등감, 낙심, 불안과 공포를 가져오는 정서라고 분석했다. 죄책감으로 인해 가장 심각하게 발생하는 감정은 불안, 공포이다. 이는 죄로 인해 처벌받게 될 것에 대한 본능적인 두려움으로 죄책감과는 서로 사촌 간이라 할 만큼 매우 밀접한 관계에 있다.

최초의 인간인 아담과 이브가 죄를 범하고 나서 곧바로 갖게 된 정서가 바로 두려움이었다. 죄를 범하기 전에는 두려움이라는 감정이 없었으나 죄로 인해 불안과 공포가 엄습해 오자 숨게 되었다. 하나님은 숨어 있는 아담과 이브에게 "네가 어디 있느냐?" 하며 찾았을 때 그들의 답변은 "두려워하여 숨었나이다"(창 3:10)였다. 죄는 사람을 두렵게 만들고, 두려움은 사람을 위축되게 만든다.

아담과 이브의 아들인 가인이 그 동생을 죽이는 죄를 범하고 에덴동산에서 추방당할 때 그는 불안과 공포에 사로잡혀 "나를 만나는 사람이 나를 죽이면 어떻게 하나요?"(창 4:14)라고 하나님께 자신의 두려움을 드러냈다. 자신은 사람을 죽여 놓고, 다른 사람이 자신을 죽일까 봐 두려웠던 것이다.

콜린스는 인간이 죄를 범하고 나서 죄책감이 발생하는 것은 매우 자연스러운 현상이라고 보았다. 하지만 그는 죄책감으로 인해 발생된 불안과 공포에 오랫동안 노출되면 정신장애에 걸릴 수 있다고 보았다. 죄책감을 계속 가지고 있으면 그 심리정서적 부담으로 인해 정신적 에너지가 많이 소모되고 결국 질환에 노출될 수 있다.

그래서 기독교상담학자 윌리엄 커완(William T. Kirwan)은 죄책감을 인간의 정신건강에 매우 부정적인 요인으로 보고, 인간이 반드시 해소, 해결해야 할 '4대 부정적 감정'(공포, 죄책감, 우울, 분노)에 이것을 포함시켰다. 인간의 수많은 감정 가운데 4가지를 대표적인 부정적 정서로 보고 이것이 해소되지 않으면 신체적, 심리정서적, 정신적 질환에 노출될 수 있다는 그의 연구결과를 염두에 두고 주의하는 것은 지혜로운 일이라 하겠다. 마음에 평안을 얻기 위해서는 회개를 통해 죄를 해결하고, 죄책감을 씻어내야 한다.

심리학에는 '죄'라는 개념이 없다. 죄는 종교적 개념이거나 법적인 용어로서 인간에게 매우 불편하고, 불쾌하고, 불안한 정서를 야기하므로 '죄'라는 말을 사용하지 않으려고 한다. 심리학자들 가운데는 기독교가 이렇게 인간의 죄를 조장하여 사람들에게 죄책감을 갖게 하는 것이 정신장애의 원인이라고 주장하는 일각도 있다. 이것은 죄를 약화 또는 희석하려는 의도이며, 죄를 회피, 일반화, 합리화, 정당화하려는 생각이다. 죄와 죄책감에 대한 심리학적인 해결책이란 영혼의 초회, 회심, 회개, 갱신, 회복이 아니라 불편하고, 불쾌하고, 불안한 정서의 해소에 초점이 맞추어져 있을 뿐이다.

4. 건전한 죄책감 vs. 불건전한 죄책감

트루니에는 죄책감을 '거짓 죄책감'과 '참된 죄책감'으로 구분했다. 콜린스는 죄책감을 '건전한 죄책감'(합당한 죄책감)과 '불건전한 죄책감'(합당하지 않은 죄책감)으로 나누었다. 건전한 죄책감을 참된 죄책감이라고 한다면 참된 죄책감은 하나님의 말씀에 위배된 죄를 성령께서 책망하심으로 느끼는 정서이고, 거짓 죄책감은 다른 사람의 판단과 비난 때문에 일어나는 감정이라 할 수 있다.

영국의 경건한 신자 가운데 C. S. 루이스(Clive S. Lewis)는 "참된 죄책감은 인간의 죄를 들추어 내게 하지만 회개케 하여 하나님과의 바른 사귐을 갖도록 하기 위한 경고"라고 했다. 인간의 잘못된 행위에 대한 책임감과 가책을 느껴 회개하도록 하는 것은 성령의 역사이다. 그래서 회개하지 않은 죄가 생각날 때는 성령의 역사이지만 이미 회개한 죄가 생각나서 괴로울 때는 사탄의 역사일 수도 있다.

복음주의 상담학자 에릭 존슨(Eric L. Johnson)은 신자들은 거짓 죄책감과 참된 죄책감을 구분해 내는 것을 배워야 한다고 주장했지만, 기독교상담학자 브루스 내래모어(Bruce Narramore)는 거짓 죄책감과 참된 죄책감을 명확하게 구분해 내는 것은 쉬운 일이 아니며, 참된 죄책감 속에 항상 거짓 죄책감이 숨어 있다고 분석했다.

이에 대하여 콜린스는 '건전한 죄책감'이란 회개로 인도하는 경우를 의미하며, 결과적으로 회개와 관련없는 죄책감은 모두 '불건전한 죄책감'이라고 보았다. 만일 어떤 사람이 죄를 범하고 나서 불안과 공포로 두려움에 휩싸이다가 낙심하고 좌절하거나 자신의 잘못을 깊이 반성하고 후회하는 정도로 끝났다면 그것은 불건전한 죄책감이라 할 수 있다.

테리 쿠퍼는 "잘못된 죄책감은 끊임없이 자신의 실수, 단점, 약점, 허물, 결함, 부족한 것들에 대해서 정죄하고, 계속적으로 자신을 비난한다"

고 분석했다. 죄책감의 부담에서 벗어나고 해방될 수 있는 방법은 그것을 회개하는 방법밖에는 없다. 죄책감을 구별하는 것은 중요한 것이 아니고, 죄책감을 해결하는 것이 중요하다. 죄책감이 들 때는 하나님께 자신의 죄를 낱낱이 고백하고 사죄의 확신을 갖는 것이 중요하다.

죄책감은 객관적 죄책감과 주관적 죄책감으로 나눌 수도 있는데, 객관적 죄책감은 실제로 법을 어기거나, 범죄를 저지르거나 혹은 어떤 기준을 어긴 사람이 갖게 되는 죄에 대한 책임감이고, 주관적 죄책감은 자신의 행위나 생각이 양심에 어긋남으로 인해서 발생하는 내적 기분 또는 감정을 말한다.

5. 죄책감 다스리기: 죄책감에 대한 태도

죄나 죄책감이 심리적으로 부담스럽기 때문에 자신의 죄책감을 억압, 억제하거나 회피, 도피하는 사람이 있다. 아담과 이브가 죄를 범하고 죄책감이 들었을 때 취한 행동은 도피였다(창 3:8-12). 하나님은 도피한 그들을 부르셨지만 그들은 피해버렸다. 대개 사람들은 죄책감이 발생하면 이를 직면하려고 하지 않고 회피, 도피하는 현상을 나타낸다. 즉, 하나님으로부터의 도피, 사람으로부터의 도피, 일로부터의 도피, 심리적 부담으로부터의 도피가 나타난다. 교회를 안 나온다든지, 집을 나가버린다든지, 회사를 그만두는 것도 도피이고, 더 나아가 죄책감에 시달리다가 자살하는 것도 회피이며, 도피이다. 이를 상담심리학에서는 '회피성 자살'(avoidant suicide)이라고 한다. 하지만 피한다고 되는 것은 아무것도 없다. 회피는 모든 문제를 여전히 거기에 남겨두는 것에 불과하기 때문에 진정한 해결책이 될 수 없다.

영적 민감성을 회복해야 죄를 죄로 보게 된다. 죄에 대하여 민감한 반응을 갖지 못하는 것을 '감각 순응성'이라는 상담심리학 용어로 설명할 수 있다. 이것은 마치 발뒤꿈치와 같이 계속 바닥에 발을 디디다 보면 나중에 딱딱하게 굳은살이 배는 것과 같다. 그래서 발뒤꿈치에는 손을 갖다 대도 느낌이 없지만 발바닥 중앙부위에 손을 갖다 대면 자지러지게 놀랄 만큼 민감하게 된다.

종교개혁자 마틴 루터(Martin Luther)는 영적 민감성이 발달하여 자신 죄와 죄책감 때문에 매우 괴로워했던 적이 있다. 그는 자신을 괴롭히는 죄책감을 해결해보려고 라테란(Lateran)대성당의 '스칼라 산타'(Scala Sancta: 거룩한 계단) 28개 대리석 계단을 무릎으로 기어 올라가고, 기어 내려오기를 반복했다. 그렇게 고행을 하면 자신의 내면에서 자신을 괴롭히는 죄와 죄책감이 사라질 것이라고 생각하여 주기도문을 외우면서 무릎으로 한 계단씩 올랐던 것이다. 하지만 이렇게 하면 할수록 루터는 죄사함 받았다는 확신이 생기지 않았고, 오히려 마음의 평안과 기쁨도 없었다.

루터는 수도원에서 생활할 때 성경말씀을 보면 볼수록 자신의 죄가 깨달아지고, 죄책감이 생길 때마다 주임신부에게 찾아가서 고백성사를 했다고 한다. 그러고 나서, 또 성경을 읽다 보면 새로운 죄가 생각나니까 또다시 주임신부에게 가서 "신부님, 고백성사 할 죄가 또 있는데요…" 했다. 이렇게 주임신부에게 자주 가서 고백성사를 요청하니까 주임신부가 루터에게 "루터야, 죄를 좀 모아서 오면 안 되겠느냐?"라고 했다고 한다.

이것이 사실인지는 알 수 없으나 루터는 이렇게 죄에 민감했다고 전해지고 있다. 사실, 이런 태도는 '훌륭한 영성'이라고 평가할 만하다. 죄가 생각나거든 곧바로 하나님께 아뢰어 회개함으로써 처리하는 것이 죄와 죄책감을 해결하는 가장 좋은 방법이다. 사소한 죄라도 모으지 말고 빨리 처리해야 한다.

양심과 죄책감

죄책감과 관련하여 우리가 깊이 생각하고 넘어가야 할 주제가 있는데 그것은 '양심'이다. 기독교상담학자 게리 콜린스(Gary Collins)에 따르면, '양심은 자신의 내면에서 개인적 기준을 어기는 생각과 행동을 할 때 그것을 감시하여 평가하는 내적 기준'이라고 하였다. 양심은 자신이 하지 말아야 하는 일을 했을 때 또는 해야 할 일을 하지 않았을 때 죄의식을 갖게 하여 '내가 무엇인가 잘못했구나!' 하는 인식을 갖도록 한다. 단순하고 쉽게 표현한다면 양심의 기능은 자신의 죄를 고발하는 것이다. 양심 때문에 죄책감이 발생하는데, 죄책감은 죄를 처리해야 한다는 일종의 호소이며 경고라고 할 수 있다.

양심은 하나님이 인간에게 주신 귀한 선물 가운데 하나이다. 양심은 인간이 기본적으로 죄를 느끼도록 하는 기능을 한다. 그래서 영국의 의사 출신 복음주의설교자 데이비드 마틴 로이드 존스(David Martyn Lloyd-Jones, 1899-1981)는 다음과 같이 설교했다.

> 만일, 죄로 인하여 가책을 느끼지 못하는 사람이라면 기독교인이 될 수 없다. 베드로의 설교를 듣던 사람들은 죄로 인해 가책을 느꼈습니다. 그들은 심히 고뇌하며 "형제들아 우리가 어찌할꼬!"라고 부르짖었습니다. 그들은 성령께서 자신들에게 역사하고 계신다는 것을 의식했습니다. 자신들의 실상을 직시하게 된 것이었습니다.

하지만 인간의 양심도 타락하여 죄성에 물들어서 제기능을 하지 못한다. 양심은 각기 다른 시대, 사회, 문화, 교육, 종교, 전통, 윤리 등에 의해 그 기능이 왜곡될 수도 있기 때문에 '절대적인 것'이라고 볼 수 없다. 하나님은 인간에게 기본적인 양심을 주셨기 때문에 신앙이 없어도 잘못한 일에 대하여 양심의 호소나 경고를 들을 수 있고, 죄책감을 가질 수 있다. 하지만 그 죄책감이 과연 옳은 것인지에 대해서는 좀 더 살펴봐야 한다. 콜린스는 양심의 정의에서 '개인적 기준'이라는 용어를 사용했는데, 그 말이 함의하고 있는 것은 양심을 '절대적인 기준'으로 볼 수 없다는 것이다.

대개 어린아이들은 양심의 발달에 따라 3세에서 5세경에 죄책감을 경험하기 시작한다. 그리고 인간은 평생 이 죄책감을 갖고 살아간다. 양심은 죄에 대해서 기본적으로 우리에게 경고를 보내는 메시지이기는 하지만, 양심에 의한 죄책감은 바람직한 죄책감이라 할 수 없을 것이다.

심리학자 라스 그랜버그(Lars Granberg)는 '양심은 옳고 그른 것, 악하고 선한 것을 결정하도록 격려한다'고 보았다. 그는 '양심이 문화와 교육, 상황에 따라 그 기능을 달리할 수 있다'는 사실을 간과한 것 같다. 즉 양심이 문화와 교육, 상황에 따라 달라져서 옳고 그름을 구분하는 능력이 무뎌지거나 결여될 수도 있고, 죄에 대하여 지나친 민감성을 가질 수도 있다.

양심은 문화와 교육, 상황에 따라 상대적으로 발달된 죄책감을 갖게 할 수도 있는데, 이는 '잘못된 목회자나 이단 등이 신자들에게 부당하게, 특별한 의도를 가지고 지나치게 죄책감을 자극하여 감당할 수 없을 정도의 민감성을 야기함으로써 소기의 목표를 이룰 수 있다'는 말이 되기도 한다. 또한 깡패 조직에서 수없이 반복되는 악행과 그것을 합리화하는 반복된 교육으로 양심이 보내는 호소와 경고를 무시하여 담대하게 악을 행하도록 하고, 죄책감을 갖지 않게 만들거나 죄에 대하여 무감각해지도록 만들 수도 있다.

콜린스는 자신의 다양한 상담 경험들을 정리해 볼 때 '상담실에서 만나는 내담자마다 양심의 기준이 모두 달랐다'고 분석했다. 양심의 발달 및 형성 등에 대해서는 심리학과 신학의 입장이 달라서 논쟁만 일으킬 뿐이지만 '양심이 절대적 기준이 아니고, 완전하지도 않으며, 그렇게 될 수도 없다'는 점에서는 이의가 없는 듯하다. 신학적인 입장에서는 '인간의 양심이 죄로 인해 부패되고, 타락되고, 왜곡되었다'는 것을 주장하지만, 심리학적 입장에서는 어린 시절의 경험(특히, 부모의 옳고 그름에 대한 교육)에 의해 양심이 발달되는데, 부모의 교육 및 양육 태도에 따라 양심이 변형 또는 왜곡되거나 무뎌질 수 있다.

빨리 처리해야 할 죄

러시아의 문호 레프 톨스토이(Lev N. Tolstoy)의 단편소설(*Divine and Human and Other Stories*)에 수록된 "돌맹이"(Stones)라는 제목의 글은 "두 여인이 노 스승 앞에 가르침을 받기 위해 나왔다"는 글로 시작한다. 노인은 두 여인에게 말하기를 "현재 마음속에 무거운 짐이 되고 있는 죄의 문제가 있으면 말하라"고 했더니, 한 여인은 "저는 젊었을 때 남편을 한 번 바꾼 일이 있었는데, 그것이 너무도 큰 죄로 생각되어 지금도 마음이 괴로워서 견딜 수가 없습니다"라고 고백하며 눈물을 흘렸다. 또 한 여자는 대답하기를 "저는 지금까지 도덕적으로 살아왔기 때문에 별로 큰 죄를 범하지는 않았습니다"라고 말했다.

이때 노인은 처음 여인에게 "신의 뜻을 따라 지시하는 것이니 그리 알고, 너는 지금 당장 밖에 나가 큰 돌 하나를 가져오라"고 요청했다. 그리고 두 번째 여인에게는 "너는 가능한 한 작은 돌들을 많이 가져오라"고 했다. 두 여인은 노인이 시키는 대로 밖에 나가서 큰 돌과 작은 돌들을 가지고 돌아왔다. 이때 노인은 그 여인들에게 "수고했다! 이제 다시 그 돌들을 제자리에 갖다 놓아라" 이렇게 요구하는 것이었다.

그랬더니 큰 돌을 가지고 온 여인은 있던 자리를 알고 그대로 제자리에 갖다 두었으나, 작은 돌들을 많이 가져온 여인은 제자리에 갖다 놓을 수가 없었다. 어디에서 어떤 돌을 가져왔는지 정확하게 기억할 수 없기 때문이었다. 그러자 노인은 이렇게 말했다.

"죄라는 것은 바로 이런 것이다. 큰 죄는 기억이 나기 때문에 분명히 후회하고, 반성하고, 회개할 수 있지만 작은 죄는 기억할 수 없기 때문에 돌이키기가 쉽지 않다."

사소한 죄라도 빨리 처리하고 죄를 모으지 말아야 할 것을 교훈한 내용으로 이해된다. 그러므로 순간순간 영적 민감성을 갖고, 회개는 그때그때 하는 것이 좋다. 회개하지 않고 죄를 오래 가지고 있으면 나중에 그 죄를 잊어버려 죄를 범했는지조차 기억할 수 없고 회개하지 못할 수도 있다.

죄를 인정하기와 직면하기

죄를 대하는 가장 바른 자세는 죄를 분명하게 죄로 보고 자신이 범한 죄를 죄로 인정하는 것이다. 이 세상 모든 사람이 다 죄를 범한다고 해도 죄는 죄이기 때문에 죄를 일반화, 합리화, 정당화해서는 안 되며, 죄를 죄로 인정해야만 한다. 하지만 대부분의 사람들은 자신이 범한 죄를 솔직하게 인정하고 직면하려고 하지 않는다.

상담심리학에서는 인간의 죄책감을 회피, 약화 또는 희석, 해소하기 위해 여러 가지 방법들을 동원하고 있다. 게슈탈트(Gestalt, 형태) 심리학을 창시한 프레드릭 펄스(Fredrick S. Perls, 1893-1970)는 "대부분의 사람들은 '죄책감'이라는 고통스런 정서를 직면하려고 하지 않고 이를 합리화하거나 회피하려는 경향이 있다"고 분석했다. 이를테면, "그 당시에는 어쩔 수 없이…," "그때는 도저히…," "그런 상황이 되면 누구라도 그럴 수밖에 없었을 거예요," "이 세상에 완전한 사람은 없어!"라고 자신이 범한 죄를 '합리화,' '일반화'하여 직면을 회피하는 것이다.

게슈탈트 심리학에서는 죄책감을 회피, 약화 또는 희석, 해소하는 방법 가운데 이른바 '빈 의자 치료'(empty chair therapy)라는 것을 활용하기도 한다. 빈 의자 치료는 다른 사람과의 관계에서 발생한 자신의 억울한 분노의 심리정서를 빈 의자에 상대방을 심상하여 앉혀 놓고 그것에 드러내는 심리치료 기법이다. 단지 그런 형태만이 아니라, 다른 사람과의 관계에서 범한 자신의 죄와 죄책감을 약화 또는 희석, 해소하기 위한 방법으로 빈 의자에 앉힌 대상에게 자신의 죄를 적나라하게 드러내어 용서를 구하거나 용서를 받는 방법을 취하고 있다. 하지만 이것은 실존적인 것이 아니고, 단지 약화 또는 희석, 해소하기 위한 방법일 뿐이다.

인간이 죄를 일반화, 합리화, 은닉화, 정당화하려는 심리적 성향은 본능과도 같은 것이다. 이 회피의 극단적인 방법이 자살일 것이다. 죄와 죄책감을 해결하기 위해 자신의 죄를 인정하는 데서 문제가 해결되지만 죽음으로써 골치 아픈 상황을 피해보려는 것이 회피성 자살이다. 그러나 "만일 우리가 죄가 없다고 말하면 스스로 속이고, 또 진리가 우리 속에 있지 아니한 것"(요일 1:8)이다.

기독교상담학자 캐롤 와이즈(Carroll A. Wise, 1909-1985)는 "만일 인간에게 죄책감이 없었다면 그 사람은 아마 죄를 고백을 하지 않거나 충분히 고백하지 않을 것"이라고 분석했다. 그렇기 때문에 죄책감의 순기능은 죄인의 심장을 더욱 세게 박동시켜 불안하고, 불편하고, 불쾌하게 함으로써 죄를 죄로 보도록 안내하는 역할은 한다고 할 수 있다. 그래서 콜린스는 "죄책감은 우리가 하나님께 그리고 다른 사람에게 용서받고자 손을 내밀게 만들고, 회개로 이끌며, 하나님을 만나는 마당이 될 수 있다"고 보았다. 죄를 일반화, 합리화하는 것은 그의 잠재의식 속에 심리정서적, 정신적, 영적 문제를 여전히 남겨두는 것이므로 죄를 죄로 보고 회개하는 것이 중요하다.

정신분석학에서는 '기독교(성경)가 지나치게 사람들의 양심을 자극하고 그것을 발달시킴으로써 죄책감을 조장하는데, 이것이 결국 정신장애의 원인'이라고 비판한다. 이것을 정신분석학의 표현으로는 '초자아'(super ego)가 발달함으로써 '자아'(ego)가 압력에 짓눌린다고 표현하며 그 짓눌린 압력상태를 정신장애로 본 것이다. 초자아를 발달하게 하는 것은 윤리, 도덕, 종교 등을 의미한다고 볼 수 있다. 사람에게 초자아가 발달하면 이것 때문에 옳고 그름에 대한 민감성이 발달하고 아울러 죄책감도 함께 발달한다고 본다. 즉 정신분석학의 창시자 시그문드 프로이드(Sigmund Freud)는 죄책감을 사회적 규제, 종교적 규범의 결과라고 이해했다.

이를테면, 남성이 아름다운 여성을 보고 음욕을 품으면서 별 상상을 다 하면서 즐거워할 수 있는데 "여자를 보고 음욕을 품으면 이미 간음했느니라"는 말씀 때문에 신앙을 가진 사람들은 그렇지 않은 사람들에 비해 죄책감이 더 크고 스트레스를 받는다고 한다. 하지만 이런 정신분석학의 주장은 기독교의 '회개'를 알지 못한 주장이라 할 수 있다. 즉 신앙을 가진 사람들은 죄를 처리하는 '회개'의 방법이 있지만, 신앙이 없는 사람들은 죄를 처리할 수 있는 방법이 없다. 세제를 먹는다고 양심이 청결해지거나 죄가 없어지고 깨끗해지는 것이 아니다.

인간의 죄를 용서해 주시기 위해 죄 없으신 예수님이 십자가에서 보혈을 흘려주셨다는 사실을 믿고 받아들임으로 죄의 문제를 해결할 수 있다. 그래서 프린스턴(Princeton)신학대학원 목회상담학 교수로 생을 마친 시워드 힐트너(Seward Hiltner, 1909-1984)는 진정한 기독교상담의 목표는 "죄를 범한 인간에게 죄에 직면하도록 인식시키고, 그것을 회개하도록 인도하며, 예수 그리스도의 거저 베풀어 주신 용서와 구원을 받아들이도록 돕는 것"이라고 주장했다.

죄를 고백하기와 회개

하나님의 말씀에 기초하여 죄를 고백하고 회개해야 양심도 청결해지고, 죄책감에서 벗어날 수 있다. 하나님의 말씀, 진리가 우리 속에 들어와 자리잡게 되면 죄가 깨달아지면서 죄책감을 갖게 되는데, 이는 자연스러운 현상이다. 기독교상담학자 브루스 리치필드(Bruce Litchfield)와 넬리 리치필드(Nellie Litchfield)는 "진정한 회개를 경험한 사람은 마음속에서 죄책감이 사라지는 것도 아울러 경험하게 된다"고 주장했다.

집단상담에서 심리학적 고백의 문제를 발견할 수 있다. 집단상담에서는 참여자들에게 고백(자기노출)을 강조한다. 집단 구성원들이 자기고백을 드러내놓지 않으면 집단상담이 진행되지 않기 때문에 어떤 집단상담에서든 솔직한 자기노출을 요구한다. 그래서 집단상담에서 죄와 죄책감을 적나라하게 드러나는 경우가 많다. 다른 집단참여자들이 자신의 잘못을 진솔하게 드러내는 모습을 보고, 서로 용기를 내어 드러냄으로써 집단역동이 나타난다.

점점 자기고백의 수위가 높아지면 일반적인 대화에서는 듣기 어려운 여러 가지 죄와 죄책감이 낱낱이 드러나게 된다. 그리고 이런 자기고백을 통해 구성원들은 매우 홀가분한 마음을 갖게 된다. 이것을 집단상담에서는 치료로 이해한다. 이렇게 집단에서 자신의 죄와 죄책감, 잘못을 드러내고 나면 마치 면죄부(indulgence)를 받은 것처럼 착각하게 되는 심리현상이 발생한다. 죄와 죄책감을 다른 사람에게 고백하고 나면 그것이 약화 또는 희석되거나, 사라져 버리는 심리현상이 나타나는데, 상담심리학에서는 이것을 일컬어 '고백 효과'(confession effect)라고 한다. 일반심리학에서는 이런 정서를 갖도록 하는 것을 치료로 이해하기도 한다.

다윗은 "내가 입을 열지 아니할 때에 종일 신음하므로 내 뼈가 쇠하였도다"(시 32:3)고 고백했다. 자신의 죄를 사람에게는 속일 수 있을지 몰라도 하나님이 보시고, 아시기 때문에 근본적으로 죄를 숨길 수는 없다. 그래서 다윗은 "내 허물을 여호와께 자복하리라 주께 내 죄를 아뢰고 내 죄악을 숨기지 아니하였더니 주께서 내 죄의 악을 사하셨나이다"(시 32:5)라고 고백했다. 죄의 고백이 죄를 해결하는 가장 분명하고 좋은 방법이다.

고백이 심리적 배설감뿐만 아니라 죄책감을 해소하여 해방감을 가져오는 중요한 '변인'(variable)이라는 입장은 대부분 심리학 이론의 주장이다. 하지만 기독교상담학 일각에서는 집단상담을 신학적 입장에서 수용하기 어렵다고 말하며 부정적인 눈으로 보는 학자들이 있다. '동쪽에서 뺨맞고

서쪽에서 화풀이 한다'는 옛말처럼 A라는 사람에게 마음의 상처를 주고는 그와 아무 상관도 없는 장소에서, 아무 상관도 없는 사람에게 심리적 부담, 자신의 죄책감을 속시원하게 고백함으로써 대리만족을 얻거나 용서를 받으려는 태도는 바르지 못한 것이라고 보는 이들도 있다.

누구라도 문제가 있으면 그 당사자에게 고백하는 것이 문제해결의 바른 방법이며, 지름길이다. 죄책감에서 벗어나기 위해 자신이 범한 죄를 구체적으로 고백해야 하지만 진정으로 용서해 주시고 이것을 처리해 주실 하나님께 먼저 고백한 후에 당사자에게 고백해야 한다. 당사자가 멀리 있어서 고백하기 곤란한 경우나 세상을 떠나서 고백하기 어려운 경우라면 하나님께 고백하는 것으로 충분하다고 볼 수 있다. 하나님은 우리가 고백한 죄에 대하여 가장 망각을 잘하는 분이시다. 하나님은 우리가 회개한 모든 죄를 다 잊어버리시고, 아예 기억조차도 하지 않으신다고 말씀하셨다. 그렇게 기억하지 않는다는 것이 우리에게는 얼마나 다행한 일이며, 얼마나 큰 복인지 알 수 없다.

바른 회개를 하기 위해서는 죄에 대한 구체적이고 올바른 자각이 필요한데, 이것은 성령으로부터 오는 것이므로 죄를 구체적으로 깨닫게 해달라고 성령께 간구해야 한다. 그런데 대개 사람들이 왜 회개를 안 하고, 못 하는가 분석해 보면, 똑같은 죄를 너무 반복해서 범하는 경우 사람들은 '지난 번에도 이 죄를 짓고 회개했었는데 또 그 죄를 졌네! 이제 내가 회개기도를 해도 하나님이 귀찮아 하시고 듣지 않으실 거야!'라고 생각하며 낙심하고, 회개 자체를 하지 않게 된다는 것이다.

내래모어는 "많은 사람들이 죄를 범하고, 죄책감을 느끼고, 죄를 자백하고, 일시적인 평안함을 누린 다음, 다시 죄를 범하는 순환주기를 반복한다"고 분석했다. 이것은 두 가지 뜻을 가진다.

첫째, 진정한 회개가 이루어지지 않은 것일 수 있다.

둘째, 죄를 증오하는 것이 아니라 단지 자신의 죄책감을 회피할 목적으로 피상적인 회개를 의미할 수 있다.

진정한 회개는 죄를 거부하고 죄와 등지는 것이며, 이것이 인식에서뿐만 아니라 행위에서도 나타나야 한다. 하나님의 은혜와 자비를 간구하고 변화를 추구하는 회개가 아니라면 진정한 회개가 아닐 수 있다. 죄를 범했다면 회개 말고는 죄를 씻을 다른 방법은 없다. 그래서 리차드 백스터(Richard Baxter, 1615-1691)는 "회개한 자만이 죄 없이함을 받게 되고, 회개하지 않아도 되는 사람이 이 세상에는 단 한 사람도 없다. 죄인은 반드시 회개해야 한다"고 주장했다. 이것은 성경에 있는 내용을 자신의 말로 요약하여 강조한 것에 불과하다.

기독교상담학자 마크 맥민(Mark McMinn)은 다음과 같이 주장했다.

> 나는 심리학자로 여러 해 동안 활동하면서 죄의 고백을 통해 깨끗하게 되는 은혜와 능력, 회복된 관계의 아름다움을 수없이 목격하고, 체험하고, 감동을 받았다. 만약 회개가 없다면 모든 사람은 괴로움에서 벗어날 수 없을 것이다. 생동적 은혜를 체험하기 위해서는 하나님 앞에서 자신의 죄를 인정하고 회개하는 것에서 비롯된다.

인간의 감정을 전문적으로 연구한 미국의 의학자 돈 콜버트(Don Colebert)는 "모든 죄가 우울증의 원인이라고 단언할 수는 없어도 회개하지 않은 죄는 우울증의 원인이 될 수 있다"고 주장했다.

사죄의 확신 갖기

베드로는 과거에 예수 그리스도의 수제자로서 있을 수 없는 과오를 저질렀었다. 그는 자신의 스승이신 예수님을 모닥불 앞에서 세 번씩이나 부인하고, 맹세하고, 저주했던 사람이다. 이후에 그는 모닥불만 보면 깜짝깜짝 놀라는 콤플렉스에 걸렸을지도 모른다. 예수님께서는 부활하신 후,

베드로에게 나타나 모닥불을 피워놓고 베드로를 부르셨다. 이것을 상담심리학에서는 '직면'(confrontation)이라고 한다.

베드로는 과거에 모닥불 앞에서 예수님을 부인, 맹세, 저주했는데, 다시금 모닥불 앞에서 예수님과 맞닥뜨리는 상황에 처하게 되었고, 예수님은 베드로에게 "네가 나를 사랑하느냐?"라고 세 번 질문을 하셨다. 베드로는 예수님에게 "제가 주님을 사랑합니다"라고 세 번 사랑의 고백을 하게 되었다. 베드로는 예수님에게 세 번 사랑의 고백을 함으로써 죄책감이 사라졌을 것이다.

그 후, 베드로는 이런 과거의 모습에서 벗어나 사죄의 확신을 안고 5,000명 앞에서 담대히 복음을 증거하는 사람이 되었다. 베드로에게 죄와 죄책감을 해결하는 이런 사죄의 현장이 없었다면 그는 설교할 때마다 과거의 죄로 인해서 힘이 빠졌을지도 모른다.

사탄이 그를 가만 두었겠는가?

"야, 이 녀석아! 네가 예수를 맹세하고, 저주하고, 부인한 놈이 무슨 설교야?"라고 속삭이면 그 죄와 죄책감 때문에 어깨에 힘이 쭉 빠져버리고, 목소리도 줄어들고, 낙심할 수밖에 없을 것이다. 베드로가 예수님을 맹세하고, 저주하고, 부인한 것은 보통 죄가 아니다. 만약, 사람들이 베드로에게 "예수를 맹세하고, 저주하고, 부인한 놈이…'예수 모른다'고 도망간 놈이 설교는 무슨 설교야?"라고 고함이라도 지른다면 그는 기운이 다 빠지고, 식은땀을 흘리고, 용기를 잃고, 심리적으로 위축될 수밖에 없다.

루터도 1517년에 당시 부패하고 타락했던 교회를 개혁하려고 했을 때 마귀가 자신의 마음속에서 죄책감을 일으키며 용기를 꺾으려고 했다는 기록이 있다.

"루터야! 너는 형편없는 녀석이야! 누구보다도 내가 너를 잘 아는데, 네까짓 것이 무슨 종교개혁이냐?"

이런 속삭임이 들릴 때면 그는 온 몸의 기운이 다 빠져버리고 용기를 잃게 되었다. 루터는 하나님 앞에서 철저히 회개하고 죄사함을 받으며 사죄의 확신을 갖는 길밖에 다른 길이 없다고 생각했다. 사람이 마음에 죄와 죄책감이 있으면 자신감이 없어지고, 자괴감에 빠져서 담대해질 수도 없고, 수치감 때문에 당당해질 수가 없다. 루터는 자신의 죄를 하나님께 철저히 회개한 후, 마음속에 마귀가 자신의 과거를 들먹거리며 힘을 빼려고 할 때 "사탄아, 물러가라! 내가 그 죄를 회개한지가 언제인데! 하나님께 용서받은 지가 언제인데!"라고 외치면서 담대하게 물리쳤다고 한다.

죄책감은 걸림돌과 같은 것이어서 죄를 범한 사람으로 하여금 앞으로 나가지 못하게 막고 발목을 잡는다. 그런데 베드로의 변화된 모습에 대하여 성경은 '그가 서서 소리 높여 말하였고'(행 2:14), '기탄없이 말하였고'(행 4:13), "내가 너희 말 듣는 게 옳으냐 하나님 말씀 듣는 게 옳으냐"(행 4:19)라고 말할 정도이다. 베드로는 이렇게 담대해진 것이다. 본래, 베드로는 이런 사람이 아니었다.

어떻게 베드로가 이처럼 바뀔 수 있었는가?

베드로는 자신이 바뀐 이유를 "회개하고, 죄사함을 받으라. 그러면 성령을 선물로 받게 된다"(행 2:34)고 설명했다. 죄책감은 사람을 심리적으로 나약하게 만들고, 위축되게 만든다. 그런가 하면 사람을 당당하게 하는 것은 성령의 역사이다. 회개하면 사죄의 확신을 얻고 성령을 힘입어 담대해지게 된다.

6. 죄의 상처에 대한 회상

회개함으로써 죄와 죄책감을 해결하고 나서 다시 죄책감에 빠지는 경우가 있다. 이럴 경우에는 심리적으로 매우 혼란을 겪게 되는데, 자신의 죄가 용서되지 않은 것으로 의심이 들 수도 있고, 죄책감으로 인해도 또다시 심리적 고통을 경험할 수도 있다. 이것을 상담심리학에서는 심리적 문제가 해결된 것 같은데 다시 과거 상처로의 '회상'(flashback)이라고 한다. 대개 심리적 외상(trauma)을 경험한 사람들이 심리치료가 된 것처럼 보이다가 다시 그 외상의 장면이 떠올라서 괴로워하는 것을 일컫는 말이다.

회상이 죄와 죄책감에 대해서도 동일하게 발생할 수 있다. 그 의미는 사죄의 확신을 가졌다가도 순간적으로 과거의 죄와 죄책감, 과거의 고통, 과거의 기분 나빴던 상황으로 기억과 감정이 되돌아가는 것이며, 사죄의 확신에 대하여 의심을 갖게 되는 것이다. 이것은 누구라도 겪을 수 있는 일반적인 심리적 증상으로서 진정으로 회개한 사람에게도 나타날 수 있는 일이다. 하지만, 그런 순간에 다시 죄책감으로 빠져서는 안 된다. 그 순간에 사탄이 틈을 탈 수 있다고 생각하고 '회상'을 허용해서는 안 된다. 이것을 허용하게 되면 누구라도 다시 낙심하게 되고, 좌절하게 되며, 의심이 발생하게 된다. 그렇기 때문에 사죄의 확신은 잠깐 갖는 것이 아니라 꾸준히 가져야 하는 것이다.

성경에는 하나님이 우리의 회개한 죄를 다시 기억하지 않는다(히 8:12)고 기록했다. "동이 서에서 먼 것같이 우리 죄과를 우리에게서 멀리 옮기셨다"(시 103:12)라고 성경은 묘사하고 있는데, 이것은 약속이다. '하나님은 진실로 회개한 사람들에게는 그들의 죄가 주홍같이 붉을지라도 눈같이 희어지고, 진홍같이 붉을지라도 양털같이 희게 해주신다'(사 1:18)라고 성경에 기록하고 있다.

그러므로 죄를 해결하고자 하는 사람은 누구나 "만일 우리가 우리 죄를 자백하면 주님은 모든 불의에서 우리를 깨끗하게 해주신다"(요일 1:9)는 약속을 신뢰하고 받아들여야 한다. 회개한 후에 느낌이 없더라도 '죄를 용서해 주시고 죄를 씻어주시고 멀리 옮겨주신다'는 하나님의 약속을 믿고 사죄의 확신을 갖는 것이 죄의 해결방법이다. 이것을 믿지 못하면 누구라도 여전히 죄책감 가운데 빠져 살 수밖에 없다. 하나님도 기억하시지 않는 죄를 자신이 꺼내어 기억할 필요는 없다. 이를 기억나게 하여 인간을 괴롭히는 것은 '마귀의 계략'이라고밖에 볼 수 없다.

하나님이 우리의 죄를 용서하셨다면 누구도 그 죄를 다시 거론할 수 없다. 회개는 한 번이면 충분하고 그 다음에는 사죄의 확신을 갖고, 죄책감에서 벗어나야 한다. 내래모어는 "죄와 죄책감의 해결에 대한 유일하고도 명확한 답변은 성경 외에는 얻을 수 없다"고 했다.

루터가 1517년 종교개혁을 일으키면서 비텐베르크(Wittenberg)성당 문 앞에 당시 로마 가톨릭교회의 잘못된 교리를 지적하는 95개 조항을 부착했는데, 그 내용 가운데 36번째 내용이 "어떠한 사람이라도 진심으로 자기 죄를 뉘우치고 회개한다면 그는 면죄부(indulgence)가 없이도 그 죄의 완전한 용서를 받게 된다"이다. 그리고 76번째 내용에서도 "교황도 누구도 면죄부 같은 것으로는 인간의 조그마한 죄도 사할 수 없다"고 밝혔다.

예수님 외에 누구도 인간의 죄를 용서해 줄 사람은 없다. 사제나 목사라 하여 신자들의 죄를 사해줄 자격이나 능력이 있는 것은 아니다. 죄인은 결코 죄인의 죄를 사할 수가 없다.

7. 양심의 자유를 위한 보상

자신이 행한 잘못에 대한 보상이 회개와 직접적인 관계는 없다. 하지만 보상행위는 죄책감으로부터 자유롭게 되고, 그것을 해소하는 주요 방법 가운데 하나가 될 수 있으며 죄의 일부를 책임진다는 면에서는 의미 있는 일이다. 보상은 상대방에게 가한 손해를 상환하는 것이다. 환경이 허락하고 가능하다면 보상하는 것이 마음의 평안과 심리적 자유, 그리고 양심의 청결을 얻게 하고, 정신건강에 대단히 좋은 효과를 가져다준다.

성경에 기록된 보상의 원리에 대한 대표적인 예가 신약성경에 등장하는 세리 삭개오의 경우이다. 그는 자신의 죄를 회개한 후에 다른 사람에게 피해를 입혔던 것들을 보상하겠다고 예수님과 약속했다. 보상함으로써 죄가 용서되는 것은 절대 아니지만 보상행위는 양심의 청결을 경험할 수 있다. 바른 보상행위는 평안과 자유, 기쁨, 청결 등 회개의 표시가 되어야 하며, 보상하지 않았다 하여 회개가 이루어진 것이 아닌 것은 아니다. 진정한 회개가 없는 보상행위는 죄책감만 약화 또는 희석하여 결국에는 진정한 회개에 이르기 어렵게 만든다.

보상의 1차적인 대상은 바로 피해를 준 당사자이다. 하지만 보상할 수 있는 다른 방법을 생각할 수 없거나 대상자를 만날 수 없다면 회개에 대한 표현으로 피해 당사자의 가족들에게나 그가 속한 집단 또는 그와 유사한 상황에 처한 사람들에게 호의를 베푸는 것을 고려해 볼 수도 있다. 대기업을 운영하는 부호들 가운데 어떤 사람은 과거에 범한 죄, 다른 사람의 마음을 아프게 하여 돈을 번 것에 대하여 반성하는 의미에서 불우 이웃 돕기에 상당한 금액을 내놓는 경우도 있다. 또 사회봉사를 통해 죄책감을 약화 또는 희석하려는 노력을 하는데, 회개 없는 보상행위는 자기 위로의 의미를 넘어설 수 없다.

진정한 보상은 '에베소서 정신'으로 하는 것이다. '에베소서 정신'은 에베소서 4장에 잘 나타나 있다. 도적질했던 사람이 철저히 회개하고, 다시는 도적질하지 않기로 결심하는 것은 매우 바람직한 신앙이다. 하지만 거기서 끝나는 것이 아니라 '도적질했던 손을 돌이켜, 수고하여 얻은 것으로 이웃에게 선을 행할 때' 신앙의 성숙과 온전한 회복이 따른다. 또 거짓말했던 사람이 거짓말의 죄를 회개하고, 다시는 거짓을 말하지 않기로 굳건하게 마음먹는 것은 대단히 훌륭한 신앙이다. 하지만 거기에 그치지 않고, '거짓된 혀를 돌이켜 참말을 할 때 온전한 회복을 경험하게 된다'는 것이다. 아울러 욕을 했던 사람이 회개하고 다시는 욕을 하지 않겠다는 각오로 끝나서는 안 되며, '욕했던 말들을 돌이켜 선한 말, 위로의 말, 격려의 말을 할 때' 비로소 회개의 합당한 열매를 맺는 것이다.

　에베소서 정신에 입각하여 7가지 치명적인 죄를 회개했다면, 교만했던 사람은 앞으로 교만하지 않으려는 의지적 결단과 노력뿐만 아니라 겸손하기 위해 기도하고 다른 사람을 높이 올려주는 노력을 해야 한다. 시기·질투에 노출되었던 사람은 앞으로 시기·질투를 하지 않으려는 굳은 각오도 중요하지만, 다른 사람을 인정해 주기 위해 넓은 마음을 달라고 하나님께 기도하고 시기·질투의 대상이 되었던 사람을 축복하려고 노력해야 한다.

　분노했던 사람은 앞으로 분노하지 않고 참아내려는 결단도 중요하지만, 다른 사람의 감정을 이해할 수 있는 마음을 달라고 하나님께 기도하고 다른 사람을 이해하며 보듬어 주는 노력이 중요하다. 나태했던 사람은 앞으로 나태하지 않으려는 노력도 중요하지만, 부지런한 마음을 달라고 하나님께 기도하고 하나님께 영광을 돌리는 일을 위해, 다른 사람과 자신의 유익을 위해 수고하는 노력이 중요하다.

　음욕에 노출되었던 사람은 앞으로 음욕과 음란한 행동을 하지 않으려는 확고한 의지를 갖는 것도 중요하지만, 다른 사람의 영혼을 바라볼 수 있는 눈을 달라고 하나님께 기도하고 다른 사람을 하나님의 고귀한 존재로 인정하고 존귀히 여기는 노력이 중요하다. 탐욕을 충족하며 살았던 사람은 앞으로 욕심을 부리지 않으려는 각오와 결심도 중요하지만, 가난하고 불우한 이웃을 바라보고 그들을 긍휼히 여길 수 있는 마음을 달라고 하나님께 기도하고 자신이 수고하여 땀 흘려 얻은 것의 일부를 기꺼이 그들을 위해 나누어 주는 노력이 중요하다.

　탐식에 노출되었던 사람은 '앞으로 절제하겠다'는 의지를 갖는 것도 중요하지만, 지구촌에 먹지 못하는 사람들을 생각하고 그들을 위해 기도하며 금식, 절식한 것으로 그들을 돕는 노력이 중요하다. 이런 태도가 바른 신앙이고, 영성이 함양된 삶이며, '그리스도 닮은 성품'이라고 할 수 있다.

8. 지지그룹 활용하기

'지지그룹'(support group)이란 자신을 지원해 주는 집단을 의미한다. 지지그룹은 다른 용어로 '지탱그룹'이라고도 하는데, 자신을 죄악에 빠지지 않도록 지탱해 준다는 의미로 이해될 수 있는 용어이다.

2002년 6월 14일, 우리나라의 역사에 길이 남을 만한 일이 있었다. 그것은 월드컵 축구대회에서 세계 40위였던 한국 대표팀이 세계 6위인 이탈리아와 세계 5위인 포르투갈도 꺾고 4강에 오른 것이다. 축구는 11명의 선수들이 경기하는 것인데, 우리와 경기를 했던 폴란드 축구감독은 "한국의 12번째 선수가 두렵다. 그 12번째 선수는 바로 응원단이다"라고 말했다. 이탈리아의 축구감독도 기자회견에서 "한국과의 경기에서 가장 두려운 것은 응원단!"이라고 했다.

한 스포츠 신문기사(「스포츠조선」 2014년 6월 12일자)는 경기장에서뿐만 아니라 광화문, 시청, 대학로 등 밖으로 나와서 응원한 사람의 수가 서울에만 무려 143만 명이었고 전국적으로 650만 명이었다고 분석했다. 이처럼 온 국민들이 경기장에서, 길에서, 각 가정에서 같은 시간에 한 목소리로 '대한민국'을 외쳐댈 때, 선수들은 힘을 얻었다. 응원 받지 못한 상대 선수들은 마치 사자굴에 들어온 것 같은 느낌이 들었을 것이고 외로움과 두려움마저 느꼈을 것이다. 이렇게 되면 자신의 실력을 발휘하기가 어려웠을 것임에 틀림없다. 운동경기에서 중요한 것은 선수들의 실력이지만 그 실력을 충분히 발휘할 뿐만 아니라 실력보다 더 큰 능력을 발휘하도록 하는 무형의 정신 전력이 바로 응원이다. 허다하게 둘러싼 수많은 군중들이 바로 내 편이 되어서 나를 지지하고 응원해 준다고 생각할 때, 마음이 든든하고 힘과 용기가 생긴다.

어린아이가 엄마와 함께 길을 가다가 엄마가 장난으로 숨어버리면 처음에는 엄마가 따라오는 줄로 알고 씩씩하게 걸어가지만 엄마가 없다는 것을 알면 아이는 곧 두려워서 운다. 이런 모습은 개에게서도 나타난다. 강아지라도 주인이 함께 있으면 힘을 얻어서 큰 개를 향해 짖기도 하고 달려들기도 한다. 힘이 없지만 뒤에서 자신을 후원하고 위급할 때 도와주리라고 믿는 든든한 주인이 곁에 있기 때문이다. 만약 자신을 보호하고, 지켜봐 주고, 지지해 주는 주인이 곁에 없다면 강아지는 곧 꼬리를 내리고 말 것이다.

상담심리학에는 '지지치료'(supportive therapy)라는 개념이 있다. 그것은 내담자에게 용기를 줄 목적으로 내담자의 어떤 행동이나 상태에 대해서 칭찬과 격려 등의 지지를 나타내거나 일련의 행동방향을 제시해 줌으로써 계획한 일에 대해서 확신을 높여주고 잘 할 수 있도록 용기를 북돋아 주는 치료방법이다. 이러한 방법은 상담자가 내담자에게 깊은 관심을 갖는 데서 시작되는데 상담자는 내담자를 적극적으로 지지함으로써 내담자에게 행복감을 주고, 내담자는 상담자를 이해하고 신뢰할 때 효과를 기대할 수 있다.

일반적으로 지지치료는 내담자가 고통스러워하거나 낙심, 좌절, 절망 등의 상태에서 심리적 지지가 필요한 시기에 효과적이다. 지지치료는 내담자의 약화된 자아를 견고하게 지지해 줌으로써 현실 생활에서 야기된 문제를 좀 더 잘 극복하고 사고의 전환을 통해 미래의 행동 변화가 발생할 수 있도록 돕는 것이다. 이를테면, 어렵고 힘든 일을 당하고 있는 사람에게 "그렇게 어려운 일을 당하셨는지 몰랐어요. 듣고 보니 제가 무심했었네요. 오늘 저녁식사 제가 사겠어요"라고 말했을 때, 이러한 말은 상대방을 충분히 지지하고 격려하는 것으로서 치료에 근접하게 되는 것이다. 모든 칭찬과 격려는 지지치료의 한 방법이라고 할 수 있을 것이다.

히브리서에는 하나님께서 신자들을 위해서 수많은 지지그룹(신앙의 선조들)을 준비해 놓으셨다고 기록하고 있다. 그들은 '구름같이 둘러싼 허다한 증인들'(히 12:1)이다. 여기서 '구름같이 둘러싸였다'는 말은 우리 주변에 신앙의 응원단이 빼곡하게 둘러싸여 있다는 말이다. 왼쪽을 보나, 오른쪽을 보나 온통 자신을 위로해 주고, 지지해 주고, 격려해 주며, 힘과 용기를 북돋아 주는 응원단들이 있다는 말이다. 이들은 주님께서 불러 모은 응원단들이다.

수많은 믿음의 선조들이 자신을 지지해 주고 용기를 북돋아 주는 응원 소리에 귀 기울여 들어야 한다. 지지를 얻기 위해서 아브라함의 응원 소리에 귀를 기울여 한다.

"나는 가장 사랑하는 아들을 하나님 앞에 바치라는 명령을 받고 갈등 상황에서도 하나님을 우선으로 섬기며 살았다! 너도 나처럼 하나님을 최고로 섬겨라! 신앙의 갈등이 생길 때마다 나를 생각하라!"

우리에게 응원하고 있는 저 소리를 들어야 한다. 요셉의 응원 소리에도 귀 기울여야 한다.

"나는 형들에게 모함을 당하고 오해를 받고 억울한 일을 당했지만 좌절하지 않고 하나님만을 바라며 견뎠노라! 너도 조금만 더 힘을 내라! 조금만 더 믿음으로 견뎌라!"

아벨이 우리에게 응원을 보내고 있다. "

"나는 형에게 시기와 질투를 받아서 억울하게 죽었다! 시기와 질투를 당할 때 나를 생각하라!"

에녹, 노아, 이삭, 야곱, 모세 등 외에도 히브리서 기자는 "내가 무슨 말을 더하리요 기드온, 바락, 삼손, 입다, 다윗, 사무엘과 선지자들의 일을 말하려면 내게 시간이 부족하리로다"라고 기록하고 있다. 이 모든 신앙의 선배들이 지금은 경기장에서 뛰지는 않지만 관중석에서 우리의 신앙 경주에 응원을 보내고 있다. 이 응원 소리를 들을 수 있어야 한다. 그것은 설교를 듣는 것이며, 성경말씀을 펴서 읽는 것이다. 그럴 때 우레와 같은 함성으로 우리를 응원하는 이 소리를 들을 수 있다. 성경을 덮을 때, 설교에 귀를 막을 때, 이 응원 소리는 들리지 않는다. 신앙의 선조들에게서 영적 지지를 받는 것이 이 힘든 세상을 살아가는 데 큰 활력소가 될 것이다.

경건하게 살고자 하는 신자들은 신앙을 가진 자들과 연대를 형성하여 서로 위해서 기도해 주는 것이 대단히 중요하다. 영적으로 부모 없는 고아와 같다는 생각이나, 고독과 외로움은 도움이 되지 않을 뿐만 아니라 지지를 약화시켜 바른 삶을 지탱하지 못하게 하고 죄에 빠지게 한다. 물론, 지지그룹에 속해 있다고 하여 죄로부터의 안전보장이 되는 것은 아니지만, 무리에서 항상 뒤쳐지는 것들이 무리에서 이탈된 사람은 굶주린 사탄의 밥이 될 가능성이 높다.

미국의 유명한 전도자 드와이트 무디(Dwright L. Moody)가 자신이 목회하던 교회에서 있었던 일을 소개했다. 어느 날 한 여집사가 무디에게 와서 이렇게 불평했다.

"선생님! 저는 교회에 안 나오겠습니다. 이 집사도 보기 싫고, 최 집사가 하는 짓도 싫습니다. 교회에 안 나오고 혼자서 신앙생활 열심히 하겠습니다."

이때가 겨울이었던지, 무디는 그 여집사를 데리고 벽난로로 가서 장작을 하나 집어들고 물었다.

"집사님, 이 장작이 잘 탑니까, 안 탑니까?"

"잘 타는데요!"

"이것이 계속 잘 탈 것 같습니까, 곧 꺼질 것 같습니까?"

"곧 꺼지겠지요!"

"그렇습니다. 장작은 함께 모여 있을 때 잘 타는 것입니다. 잘 탄다고 하여 떼어놓으면 곧 식고 마는 겁니다."

함께 위로하고, 격려하고, 기도하고, 사랑하고, 지지하는 것은 신자에게 대단히 중요한 일이다. 믿음으로 함께 뜨거워질 수 있기 때문이다.

텔레비전에서 동물의 특성을 소개하는 프로그램에 보면 호랑이나 사자가 먹잇감을 찾을 때 항상 집단에서 이탈한 동물을 겨냥하여 공격한다. 함께 기도한다는 것은 그런 의미에서 중요하다. 함께 기도하는 것은 사탄의 공격을 피하고, 사탄의 유혹을 물리치고, 극복할 수 있는 가장 좋은 방법 가운데 하나이다. 믿음의 동지가 있고 그들의 지지를 받는 것은 신앙생활에서 대단히 중요하다. 내 문제를 위해서 함께 기도해 줄 사람이 있다는 것처럼 행복한 일은 없다. 나를 위해서 누구도 기도해 주지 않는다는 것처럼 외롭고, 괴로운 일은 없다. 그런 의미에서 영적으로도 '믿음의 품앗이'가 있을 수 있다.

히틀러 치하에서 나치의 죄악에 침묵했던 어느 목사의 "뒤늦은 탄식"이라는 제목의 글이 있다. 그 내용은 다음과 같다.

> 히틀러가 유태인을 공격했을 때, 나는 유태인이 아니었기 때문에 관심이 없었다. 히틀러가 카톨릭교회 신자들을 공격했을 때, 나는 카톨릭교인이 아니었기 때문에 관심이 없었다. 히틀러가 노동조합을 공격했을 때, 나는 조합원이 아니었기 때문에 관심이 없었다. 그런데 히틀러가 기독교회를 공격했을 때, 내 주변에는 아무도 그 일을 걱정해 주는 사람이 남아 있지 않았다. 나는 외롭게 당하고 말았다.

이글의 내용은 이렇게 바꿀 수도 있다.

> 사탄이 신자 중의 한 사람을 병들게 했을 때, 나는 병에 안 걸려서 다행이라고 생각했다. 사탄이 신자 중 한 사람을 부당 해고 당하게 했을 때, 나는 직장이 있었기에 '휴!' 다행이라고 생각하고 하나님께 감사했다. 사탄이 신자 가운데 한 사람을 교통사고 당하게 했을 때, 나는 사고 나지 않은 것에 대해서 하나님께 감사했다. 그런데 사탄이 우리 가정을 공격했을 때, 내 주변 신자들은 다른 사람을 위해서 기도해 주는 것을 해본 적이 없었기에 누구도 내 문제를 위해 중보기도를 해주는 사람이 없었다. 나를

보고 그들은 '자신의 가정이 깨지지 않은 것을 다행이라고 생각하며 감사한다'고 안도의 한숨을 쉬었다.

똑같은 얘기이다. 신자들이 어려움 당할 때 모르는 척하면 안 된다. '우리'가 맞서서 사탄을 대적하고, '우리'가 하나가 되어 기도하고, '우리'가 힘을 합하여 용기를 주고 믿음을 지키려고 해야 한다.

성경에 "혼자 싸우면 지지만, 둘이 힘을 합하면 적에게 맞설 수 있다. 세겹줄은 쉽게 끊어지지 않는다"(전 4:12)고 했다. 서로 지지그룹을 형성하여 마음 아파하며, 기도해 줄 때 하나가 된 모습에 주님도 감동하신다. 신약성경에는 예수님께서 한 병자의 주변사람들의 믿음을 보시고 병자에게 치료의 은혜를 베풀어 주신 내용이 기록되어 있다(눅 5:17-20). 자신의 문제가 아니어서 무관심하면 안 된다. 서로 마음 아파하면서 기도해 주는 것이 신앙이다. 서로 무관심하면, 나중에 아무도 도와주는 사람이 없다.

지지그룹이 없으면 신앙이 성장하지 못한다. 동료 그리스도인과의 유대를 강화하여 함께 기도하고, 말씀을 공부하고, 위로하고, 격려하고, 친교하며, 사랑과 돌봄의 공동체를 형성하는 것이 중요하다. 지지그룹에서 서로를 격려하여 힘겹게 살아낸 한 주간을 서로 지지하고, 격려하고, 죄악을 이길 힘과 용기를 북돋아 주며, 그 지혜를 서로 나누는 것은 대단히 중요한 일이다.

저자 소개

전요섭 교수(신학박사, 교육학박사)

학력
성결대학교(신학전공)
총신대학교신학대학원(수료) 및 대학원(기독교교육전공 석사)
미국 Oral Roberts University 신학대학원(목회상담전공 박사)
연세대학교 교육대학원(상담심리전공 석사)
단국대학교대학원 교육학과(상담심리전공 박사)

경력
육군종합행정학교(장교영어과정) 졸업
육군 군종장교 소령(국방부 정보사령부, 육군정보학교, 제21, 36사단 군종참모)
미국 South Western Theological Seminary, New York Theological Seminary 논문 지도교수
캐나다 Trinity Western University 교환교수
中國 人民大學校 방문교수
평택대학교 목회상담학 교수
성결대학교 학생생활상담소장, 진로상담소장, 심리상담연구소장, 학생지원처장, 신학대학장, 신학전문대학원장, 교목실장 역임

자격 및 임상
한국상담학회 상담전문가(수련감독상담사)
정신보건전문상담사(한국상담학회, 한국상담심리학회)
한국복음주의상담학회 기독교상담전문가(수련감독상담사)
한양대학교 병원 임상목회상담 교육(CPE)인턴 수료
국립 암센터 정신종양 전문가과정 수료

학회
전국상담대학원협의회 총무
한국복음주의상담학회 회장(현)
한국복음주의실천신학회 회장
한국상담학회 교정상담학회 부회장(현)
한국기독교학문연구회 상담심리학회장(현)

저서
『신학에서 본 심리학』, 『기독교상담의 이론과 실제』, 『구조화 집단상담학』, 『복음주의 기독교상담학』, 『효과적인 기독교상담기법』, 『성경에서 상담보기』, 『생각을 바꾸면 행복이 보인다』, 『행복한 우리집』, 『알기 쉬운 생활 속의 심리』, 『기독교신앙활용 상담학』 외 45권

역서
『성경적 상담학개론』, 『신학과 심리학의 통합』, 『영혼 돌봄의 상담학』, 『목회상담과 설교』, 『기독교상담심리학개론』, 『죽음에 이르는 죄』, 『영혼치료상담』, 『위기상담학』, 『희망 소식』, 『용서와 상담』, 『기독교 상담 윤리』 외 25권